Uwe Klaus Hotz
Unternehmer Deines Business Ecosystems

C000061248

Uwe Klaus Hotz begeistert der Erfolg von Unternehmen zum Nutzen aller Beteiligten. In seinen drei unterschiedlichen Laufbahnen in drei Jahrzehnten, mit zuletzt zwanzig Projekten als Interim Manager, schälten sich Chancen und Risiken auf dem Weg zum nachhaltigen Unternehmenserfolg heraus. Mit diesem Buch möchte er Erfahrungen teilen und Anregungen geben, wie Unternehmer, Selbstständige und ambitionierte Mitarbeitende diesen Erfolg gemeinsam erzielen können. Das Buch soll dazu beitragen, in einer Zeit immer schnellerer und unübersichtlicher Veränderung eine menschliche und kooperative Zukunft insbesondere im mittelständischen Umfeld zu finden.

Für meine Familie und Freunde.

UWE KLAUS HOTZ

Unternehmer
Deines
Business Ecosystems

Vernetzt und kooperativ aus der Krise
– ein Pulsgeber für nachhaltige Veränderung

© 2020 Uwe Klaus Hotz

Umschlag: HOCH WERK STUDIOS Sabrina Hochstetter & Mara Blazincic
Icons auf Umschlag: iStock 1129069842 ©Valentin Amosenkov,
1188604040 und 1189107315 ©justinroque,
1010014390 ©Peacefully7, 990288238 ©da-vooda

Lektorat, Korrektorat: Heike Breuer, Stefan Carthaus
Fotos, Abbildungen: Uwe Klaus Hotz

Verlag und Druck: tredition GmbH, Halenreie 40-44, 22359 Hamburg

ISBN
978-3-347-17089-6 (Paperback)
978-3-347-17090-2 (Hardcover)
978-3-347-19208-9 (e-Book)

Hinweis zur geschlechtsneutralen Schreibweise: In diesem Buch wird aus Gründen der besseren Lesbarkeit überwiegend die männliche Form verwendet. Sie bezieht sich auf Personen aller Geschlechter.

Inhaltsverzeichnis

Vorwort

Liebe Leserin. Lieber Leser. Du hältst also nun dieses Buch in Händen. Es ist ein Pulsgeber, der Dich unterstützen möchte, Unternehmer Deines Business Ecosystems zu werden.

Warum kein Ratgeber?

Rat ist starr. Rat kommt von außen. Er ist dann richtig, wenn die Person, die ihn gibt, relevante Erfahrung in derselben Situation hat, wie die Person, die ihn erhält. Hier erkennst Du das Problem jedes Ratgebers. Soll er für Dich passen, sollte auch der Rat-Geber Dich gut kennen. Soll er für viele passen, muss er sehr allgemein gehalten sein. Die meisten Ratgeber sind genau das. Allgemeine Sammlungen von Wissen, grundsätzlich zutreffend, und unpersönlich. Als ich mich selbstständig machte, gab es nur solche Bücher zum Thema. Heute gibt es auch noch dieses.

Was genau will dieser Pulsgeber?

Er möchte Dich unterstützen, Deinen eigenen Antrieb und Dein richtiges Tempo als Unternehmer zu finden. Der Puls eines Menschen ist sein wichtigster Antrieb. Dein Puls ist Dein ganz persönlicher, eigener Takt, auf den Du hören solltest. Er ist immer richtig, denn er verändert sich mit allem was Du tust. Bist Du fit in dem was Du tust, passt er sich automatisch an. Dieses Buch hilft Dir in Bezug auf Dein Vorhaben den richtigen Puls zu finden. Es ist im Grunde wie beim Marathon. Findest und läufst Du Deinen richtigen Puls, kannst Du die 42 Kilometer sicher und mit Begeisterung finishen. Nur darauf kommt es an.

Was erhältst Du, wenn Du das Buch gelesen hast?

Du erhältst einen Eindruck davon, was selbstständiges Arbeiten, Unternehmertum und Transformation bedeutet. Wie es sich anfühlt. Welche Herausforderungen und Chancen die momentane Lage und langfristige Perspektive als Unternehmer - oder auch als ambitionierter Angestellter - mit sich bringt. Welche unerwarteten Dinge passieren können. Wie die ‚einmal-im-Leben-Momente' sein können, die guten und die schlechten. Wie Du Deinen Verstand und Dein Bauchgefühl richtig einsetzen kannst, um richtige Entscheidungen in Momenten zu treffen, die Dir niemand vorhersagen kann. Welche Fähigkeiten Du einsetzen kannst, um Deinen Erfolg sicher zu erreichen. Wie Du vielleicht einmal aus erfolgreicher Selbstständigkeit oder Unternehmenstransformation auf die Anfänge Deines Vorhabens zurückblickst. Und vor allem: wie wichtig es ist, Kooperation und Nachhaltigkeit zu Prinzipien des Handelns zu machen.

Was bekommst Du mit diesem Buch nicht?

Ich gebe Dir keinen Rat. Davon gibt es in jeder Buchhandlung in der Abteilung Ratgeber schon genügend gute und prozessorientierte Bücher.

Ich wünsche Dir, dass Du in Deinem ganz persönlichen Pulsgeber schon bald Anregungen findest, und Du ihn später immer dann aufschlägst, wenn Du ausgetretene Pfade verlassen und auf neue Gedanken kommen möchtest.

Uwe Klaus Hotz, im Oktober 2020.

WAS IST HINTER MEINEM HORIZONT?

Der Weg ist das Ziel.

Höre auf zu sein. Werde.

„Der Weg ist das Ziel."
Konfuzius (551 - 479 v. Chr.), chinesischer Philosoph

Man hat uns beigebracht, sobald wir die Phase des Kleinkinds verlassen, etwas zu SEIN. Wir dürfen nicht mehr einfach nur tun und lassen was uns gerade in den Sinn kommt. Wir erhalten eine Rolle zugewiesen. Wir SIND Grundschüler, Gymnasiasten, Lehrlinge, Studenten, Angestellte, Mütter, Väter, Führungskräfte. Irgendwann haben wir so lange an unserem Lebenslauf gefeilt, dass wir glauben, das zu SEIN, was darin geschrieben steht. Wir sind dann so um die 40. In der typischerweise darauffolgenden Midlife-Crisis spielen wir beinahe unsere letzte Rolle. Manche drehen nochmal eine oder mehrere Schleifen. Dann sind wir noch Rentner und irgendwann sind wir Geschichte. Eine wertvolle Phase unseres Lebens, die der Familiengründung, ist eine Phase der Überforderung. Daher zieht sie wie im Flug vorbei. Wir ahnen, dass ein Kleinkind es besser hat als wir selbst, weil es noch nicht in eine Rolle gepresst wird. Und schon ist das Kleinkind Schüler.

Letztlich finden wir uns mit unseren oft mehrfachen Rollen ab. Das ist die große Schleife des Lebens. Darunter liegen viele kleine Schleifen. Werktags fahren wir zur Arbeit. Mit Musik und Nachrichten versuchen wir unterwegs Mini-Abwechslung in unseren Tag zu bringen. Bei der Arbeit angekommen, erwartet viele von uns Routine. Auch mit dieser kleinen täglichen Schleife finden wir uns ab. Wir träumen noch manchmal davon eigener Herr über unser Leben zu sein. Im Urlaub schaffen wir das mehr oder weniger, falls nicht die gegenseitigen Erwartungen in der Beziehung überzogen sind.

Mit Ende 40 hatte ich es satt, etwas zu SEIN. Mein Lebenslauf sah zwar toll aus, aber das Gefühl wie meine Zukunft aussehen sollte war miserabel. Die Finanzkrise hatte gerade viele Kollegen aus ihrem bisherigen SEIN gerissen. Wer noch einen Job hatte, ohne jegliche Zukunftsangst, war in einer glücklichen Lage.

Heute sind wir durch die COVID-19 Pandemie wieder in einer Zeit angelangt, in der kein Stein auf dem anderen zu bleiben scheint. Man hat uns unserer Sicherheit beraubt. Plötzlich können wir uns nur noch auf weniges verlassen. Dabei dämmert uns, dass die Sicherheit, in der wir uns jahrelang innerhalb unserer bequemen Rollen bewegt haben, eine Illusion war. Können wir unsere Rollen verändern? Wollen wir sie durchbrechen? Oder einfach nur zurück in die vermeintliche Sicherheit einer Rolle? Wann, wenn nicht jetzt, macht man sich solche Gedanken?

Erfolg ist auch eine Frage des richtigen Zeitpunkts für eine große Veränderung. Heute ist der erste Tag vom Rest meines Lebens, sagte ich mir Anfang 2009.

Ich gehe also damals in die Buchhandlung und suche nach Ratgebern für die Selbstständigkeit. Da ist schon wieder dieses schlimme Wort: Selbstständigkeit. Klingt wie Bedürftigkeit, Geschäftsfähigkeit, Gerichtsbarkeit, Schwierigkeit, Skrupellosigkeit. Schreckt das Wort Dich nicht auch ab? Was ich jedenfalls dort unter der Rubrik Existenzgründung und Selbstständigkeit finde, reicht von amerikanischen Start-up Bestsellern, über Bücher warum ‚man sich das Unternehmertum überhaupt noch antun sollte‘, bis zu Ratgebern über das Einmaleins zur Existenzgründung. In einfachen, nachvollziehbaren Schritten wird erläutert, wie man ein erfolgreiches Unternehmen gründet. Und dann ist man Unternehmer.

So einfach ist das?

Ja, ich habe diese Ratgeber, die in kleine, gut verdauliche Aktivitäten strukturiert sind, damals auch gelesen. Und ja, es waren einige wertvolle Tipps darin. Doch am eigentlichen Thema, dem was selbstständig werden, selbstständig sein, und seine Selbstständigkeit immer wieder zu transformieren bedeutet, gingen diese Bücher aus meiner Sicht vorbei.

Eine Rakete auf dem Cover suggeriert, dass Du eine Reise zu den Sternen antrittst, und dann irgendwann ankommst. Oder die Glühbirne über dem Titel symbolisiert, dass Dir die Erleuchtung zuteil werden wird. Mal ehrlich, das wird nicht passieren! Weder kommst Du an, noch erleuchtet! Kein Ratgeber sagt Dir, wie sich selbst ständig sein anfühlt, was Dir mitunter für ein Mist auf dem Weg passiert, und warum gerade das im Nachhinein die Garantie dafür ist, dass Du die vielleicht erfüllteste Reisen Deines Lebens vor Dir hast.

Du stolperst auf Deinem Weg immer wieder unvorbereitet in Situationen, für die Du kein Verhaltensmuster hast. Dein Gehirn sucht verzweifelt nach Verknüpfungen zu ähnlichen Situationen, um eine Idee für richtiges Handeln zu bekommen. Je mehr solcher Situationen Du selbst erlebt hast, und je mehr andere Dir darüber berichtet haben, desto besser kannst Du auf Deinem Weg navigieren. Navigieren heißt nicht, Muster zu kopieren, sondern Wege zu adaptieren. Adaptieren deshalb, weil Du Deinen eigenen Weg finden musst. Er beruht auf Deinen Fähigkeiten. Diese verändern sich laufend. Selbstständigkeit ist daher kein Zustand, sondern ein Lebensinhalt. Selbstständig werden ist kein Ziel, sondern der Beginn eines Wegs. Den Begriff Selbstständigkeit ersetze ich daher im Folgenden durch selbst ständig werden.

Erst als ich selbst ständig war, erkannte ich, wie tief meine Frustration in der Rolle als Angestellter gewesen war. Ich erkannte, dass viele Firmen heute in Mustern des letzten Jahrhunderts gefangen sind. Spezialisierung, kleinteilige Aufteilung von Arbeit und zu viele Schnittstellen erzeugen steigende Ineffizienz. Es wächst die Frustration der Mitarbeitenden. Der Gewinn sinkt. Eine Negativspirale entsteht. Firmen werden regelrecht von ihren Wurzeln abgeschnitten. Wachstum wird zum Selbstzweck. Dabei wird die Unternehmerseele zerteilt und verschwindet allmählich.

Nach zwei Dekaden als Angestellter und einer Dekade des selbstständigen Arbeitens mit etablierten Unternehmen und Start-ups schälte sich ein immer deutlicheres Bild heraus, wie diese Probleme entstehen. Es wurden Muster sichtbar. Es entstanden Ansätze, diese zu vermeiden. Und es realisierten sich neue und spannende Umsetzungen. Ich wurde zum Unternehmer meines Lebens. Diese spannende Reise möchte ich mit Dir teilen.

Die Themen dieses Buchs sind prinzipiell unerschöpflich. Also bin ich zu einer sehr persönlichen Auswahl gekommen. Sie zeigt Dir möglichst relevante Aspekte, die Dir auf dem Weg als Angestellter, Selbstständiger oder Unternehmer begegnen können. Viele liegen im zwischenmenschlichen Bereich. Denn es schälte sich auch heraus, dass die größte Hürde für positive Transformation zwischen unseren beiden Ohren liegt. Zu einem guten Teil besteht die Hürde auch darin, unabhängig von der beruflichen Position eine erfüllende Verbindung von Leben und Arbeit zu finden. Die Aufgabe betrifft also zu gleichen Teilen beide Seiten - die Mitarbeitenden und die Unternehmer. Ohne diese menschliche Transformation kann keine digitale Transformation gelingen. Parallel dazu müssen wir genau definieren, welche Rolle wir dem Digitalen zuweisen. Wollen wir uns Unterstützung für einfache, repetitive, anstrengende und zukunftssichernde Aufgaben suchen - oder wollen wir zulassen, dass alles was denkbar ist getan wird, und die Vorhersage eintrifft, dass schon in wenigen Jahren 15 bis 20 große Unternehmen die Welt der Wirtschaft komplett beherrschen, und dass künstliche Intelligenz im schlimmsten Falle außer Kontrolle geraten kann?

Teil 1 dieses Buchs geht von der aktuellen Krise aus, und macht eine Bestandsaufnahme der Herausforderungen, vor denen wir stehen. Welche Muster treten immer wieder auf? Welche technologischen Veränderungen treiben die Wirtschaft an, welche Probleme werfen

Sie damit auf? Er behandelt die Frage, wie wir als Menschen, Unternehmer, Politiker einen Ausweg aus immer chaotischeren globalen Veränderungen finden können. Und wie dieser Weg aussehen könnte. Daraus ergibt sich, wo jeder Einzelne seinen Beitrag leisten und seine Berufung finden kann. Für Dich und mich sehen diese Beiträge sicher unterschiedlich aus. Denn sie beruhen letztlich auf Deinen und meinen individuellen Fähigkeiten. Viele unserer Fähigkeiten werden in den Schulen und Hochschulen weder richtig entdeckt noch gezielt gefördert. Das gilt insbesondere für die sogenannten Soft Skills. Für diese haben wir ja nicht einmal einen passenden deutschen Begriff, was schon tief blicken lässt. Wir erhalten im Großen und Ganzen Wissen eingetrichtert. Für eine erfolgreiche selbstständige Entwicklung und Transformation sind jedoch unsere mentalen und emotionalen Fähigkeiten von entscheidender Bedeutung. Wissen ist in digitalen Zeiten jederzeit abrufbar und zur Ware geworden.

Teil 2 ist der Praxisteil. Ich beschreibe wichtige Situationen, die Dir auf Deinem Weg begegnen, in der Reihenfolge wie sie sich typischerweise ausgehend von der Gründungsabsicht stellen.
- Relevante Situationen für Selbstständige und Unternehmer bilden die Kapitel.
- Ein persönliches Erlebnis stimmt auf das Thema ein.
- Eine persönliche Erfahrung zeigt, was zum Thema wichtig sein kann.
- Ein Praxisnutzen soll Dir helfen, mehr gute und weniger schlechte Erfahrungen zu machen.
- Mein persönliches Fazit mit den dazu nötigen Kompetenzen rundet jedes Kapitel ab.

Teil 2 ist also eine sehr persönliche Sicht auf das selbstständig(er) Werden und das Unternehmertum. Es geht mir dabei NICHT primär um die Vermittlung vermeintlich wissenschaftlich gesicherter Erkenntnisse. Es kommt AUCH meine Meinung zum Ausdruck. Ich wollte eben NICHT den Ratgeber liefern, den Google oder eine KI dazu verwendet, ihn beliebig zu zerlegen und in Einzelteilen wieder zu etwas völlig anderem, vermeintlich richtigen, zusammen zu puzzeln. Sondern ich möchte Dir mit erlebten Zusammenhängen Nutzen stiften und, wenn Du magst, sogar mit Dir in die Diskussion einsteigen Dazu biete ich Dir den direkten Kontakt an der jeweiligen Stelle an. Teil 2 gibt Dir daher auch keine Patentrezepte für Situationen. Er zeigt Dir unter anderem, in welche Fallen Du nicht geraten solltest - denn das habe ich manchmal schon für Dich erledigt. Oder was wichtig war, aber in keinem Buch nachzulesen ist. Ich wollte auch besonderen Wert auf Geschichten legen, bei denen etwas definitiv nicht funktioniert hat: Misserfolge, die -aus heutiger Sicht- damals schon zu erwarten waren. Und gehe der Frage nach, warum das so ist.

In diesem Teil sind also auch Geschichten wichtig, die aus den Berufs- und Lebenssituationen stammen. Ich wünsche mir, dass sie auf Dich spannend, interessant und inspirierend wirken.

In **Teil 3** komme ich darauf zurück, was wir alle tun können, um die Herausforderungen der Zukunft besser zu bewältigen. Ein Ausblick zu den Aufgaben und Chancen rundet in diesem Teil das Thema ab. Er befasst sich mit den Perspektiven Politik und Gesellschaft, Wirtschaft und Mensch.

Reale Personen und Unternehmen, soweit sie zu den Geschichten beigetragen haben, bleiben anonym und wurden verfremdet. Sie können meiner aufrichtigen Wertschätzung für ihren Beitrag zu diesem Buch sicher sein. Nicht jedem von Ihnen hätte ich zum Zeitpunkt des echten Erlebnisses diese Wertschätzung bereits zum Ausdruck bringen können. Heute kann ich es, denn es sind gerade die fuck-ups, die im Nachhinein die Würze ausmachen. Die schönsten Geschichten stammen -wie nicht anders zu erwarten- von Familie, Freunden und Viechern. Ein ganz herzliches Dankeschön an Euch, Ihr werdet wissen wo Ihr gemeint seid.

Es gibt übrigens keine vorzuziehende Reihenfolge für die nummerierten Kapitel dieses Buchs in Teil 2. Jedes Kapitel steht für sich als *snackable content* [1] und soll Dich, liebe Leserin und lieber Leser ein wenig anregen, den Überblick zu gewinnen und zu behalten.
Beginnen wollen wir jedoch bei möglichen Ursachen der gegenwärtigen Krisen. Los geht's.

Teil 1: Krisenmuster und Auswege

WAS LÄUFT FALSCH?

Krisenmuster.

Von Lehmann bis Corona.

Wir schreiben den 31. März 2020.
Die Zahl der durch das Corona Virus infizierten Menschen überschreitet weltweit die 800.000. Fast 40.000 Leben hat das Virus bereits gefordert. Die Weltwirtschaft steht Fachleuten zufolge am Beginn der schwersten Krise seit dem 2. Weltkrieg. Unternehmen rund um den Globus bereiten sich auf eine mögliche Rezession vor, die Welt nach Corona wird anders aussehen. Niemand weiß, wie es ausgehen wird.

Jetzt, da jeder froh sein kann, einen Job zu haben, ein Unternehmen, das an ihm festhält, gerade jetzt ist die landläufige Meinung, jedes berufliche Risiko zu vermeiden. ‚Keep a low profile', bloß nicht auffallen, sich arrangieren. Vordergründig die logische Sichtweise.

Ich bin selbstständig. Anstatt jetzt Aufträgen hinterher zu jagen, die vielleicht nicht kommen, habe ich beschlossen, dieses Buch zu schreiben. Jetzt ist der richtige Zeitpunkt.

Wie komme ich darauf, mich in solchen Zeiten zurückzulehnen, oder gar mit dem Thema Selbstständigkeit zu beschäftigen, wo Millionen Menschen in Kurzarbeit sind oder vor einer möglichen Arbeitslosigkeit stehen? Und was bringt es Dir als Leser? Gute Frage!

Rückblende: Es ist der 31. März 2009.
Die Welt steckt in einer der größten Wirtschaftskrisen der letzten Jahrzehnte. Ein Kollaps, beinahe aus dem Nichts, ausgelöst durch die Pleite einer Investmentbank, deren Namen zu diesem Zeitpunkt die meisten Deutschen nicht kennen. Die Lehmann Brothers Pleite reißt nicht nur weitere Banken und beinahe das gesamte Finanzsystem in den Abgrund, sondern viele Unternehmen in vielen Branchen. Man sagt, die Bank sei *systemrelevant* gewesen. Anscheinend hat das nur vorher keiner gewusst. Und wenn, dann hat niemand versucht es zu verhindern. Denn auch andere Branchen wie die Automobilbauer geraten durch den Systemkollaps mit Absatzeinbrüchen von bis zu 50% ins Wanken. Unternehmenspleiten grassieren rund um den Globus, Menschen verlieren ihre Jobs. Hunderttausende von Ihnen können in USA ihre Darlehen fürs Eigenheim nicht mehr bezahlen. Viele verlieren in den folgenden Jahren fast alles. In manchen Gegenden Floridas werden in den nächsten beiden Jahren mehr Wohnungen und Häuser zum Verkauf stehen, als bewohnt sind. Mancher landet auf der Straße oder im Obdachlosenheim, da die amerikanische Altersvorsorge auf Aktien und Immobilien beruht. Beide stehen gleichzeitig am Abgrund. Das System versagt zuverlässig - auf der ganzen Linie. Kann uns das in Deutschland auch passieren? Ich weiß es nicht, aber habe einen Vorsatz.

Morgen, am 1. April 2009 beginnt mein erster Schritt in ein neues Abenteuer, ich möchte mich selbstständig machen und den Traum von einem selbstbestimmten Berufsleben verwirklichen. Zugegeben. Es klingt eher nach russischem Roulette, in Zeiten, wo kleine und große Unternehmen vor ungeahnten Herausforderungen stehen, eine eigene Existenz gründen zu wollen. Heute weiß ich, es war der richtige Zeitpunkt. Es war das richtige Bauchgefühl, ich habe das Richtige getan und mit jeder neuen Erfahrung ständig korrigiert. Diese Erfahrung möchte ich teilen und Dir Mut machen. Das ist einer der Gründe für dieses Buch.

Szenenwechsel: Silvester 2019

Die Welt ist in bester Ordnung. Die Börsen feiern seit Jahren neue Höchststände, Unternehmensgewinne sprudeln rund um den Erdball, ungebremst durch die Klimakrise.

In Deutschland wird ein jahrelang intakter Aufschwung getragen von guter Verbrauchernachfrage. Wir sind Exportweltmeister, allen Unkenrufen von Herrn Trump zum Trotz. 2020 wird aller Voraussicht nach wieder ein tolles Jahr, davon sind die meisten Experten überzeugt. Unternehmen feiern Rekorde, nur der Kleinsparer wird schleichend durch Nullzinsen enteignet, kennt aber keinen sinnvollen Ausweg. Neben der Klimakrise ist die zunehmende gesellschaftliche Spaltung das größte aktuelle Problem, wenn auch noch nicht im kritischen Bereich. Parteien werden von einem Gutteil der Bevölkerung mit Staatsversagen generell gleichgesetzt. Cyber-Security ist wegen steigender Nutzung von Cloud-Diensten und zunehmender Digitalisierung ein Mega-Thema. Unternehmenschefs weltweit fürchten sich davor, dass ihre Computersysteme von einem digitalen Virus befallen werden könnten, das ihr Geschäft möglicherweise für Tage lahmlegt.

Niemand hat auf der Rechnung, dass gerade in der chinesischen Stadt Wuhan, verdrängt vom Staatsapparat im fernen Peking, ein biologisches Virus seinen Verbreitungszug um die Welt antritt, im Angesicht dessen jeder bekannte Computervirus eine Randnotiz ist. Auch ich ahne nichts. Ich sehe mich mal wieder in meiner Einschätzung getäuscht, dass eine Wirtschaftskrise unmittelbar bevorsteht. Eine Krise, für die ich mich seit drei Jahren wappne, und die wohl wieder ausfällt. Erfahrungswissen täuscht mich? Klar ist, niemand wird vorher wissen, wodurch der Abschwung ausgelöst wird. Auch wenn zwei deutsche Autoren mit ihrem Buch ‚Der größte Crash aller Zeiten' bereits die Bestsellerlisten anführen. Ich befinde mich im Urlaub, genieße mein Leben und meine Freiheit.

Drei Monate später. Am 31. März 2020 ist die Welt eine andere geworden

Obwohl im bundesdeutschen Pandemieplan aufgeschrieben steht, dass im Falle einer Pandemie ‚mit weltweitem Mangel an Atemschutzmasken, Sicherheitsausrüstung und medizinischem Gerät zu rechnen ist, und daher diese Ausrüstung in ausreichender Menge vorher am Lager zu halten ist', sterben Menschen in großer Zahl in Pflegeeinrichtungen: Sie sterben, weil nirgendwo Atemschutz für ihre Pfleger vorhanden ist. Wir können weder die Alten noch die Kranken vor einer Virusinfektion durch das Gesundheitspersonal schützen. Der Bundesgesundheitsminister betreibt derweil Krisenmanagement auf höchstem Niveau, er schwebt gleichsam über der Krise. Heißt managen, nur den anderen zu sagen was sie zu tun haben? Er fordert von den Ländern das Überarbeiten der Pandemiepläne. Die Länder fordern wiederum von den Kliniken, zu handeln. Da die Kliniken aber auch keine Vorsorge getroffen haben, ermutigt der Gesundheitsminister vorsichtshalber die Bevölkerung, Mund- und Nasenschutzmasken gleich selbst zu nähen. Diffusion von Verantwortung bis zur Unkenntlichkeit. Wen hätte diese Situation nicht vor kurzem noch an einen Flughafenbau oder das Management eines Eisenbahnkonzerns erinnert? Nun verdrängt man angesichts der medialen Corona-Überforderung jeden Gedanken daran. Der Liefertermin der von der Bundesregierung im Standard-Ausschreibungsverfahren bestellten, lebensrettenden Cent-Artikel Mund-Nasenschutz bleibt weiter im Ungefähren. Die Amerikaner lachen womöglich über so viel Einfalt und setzen Spezialkräfte ein, die Atemschutzmasken gleich auf den chinesischen Flughäfen aufkaufen und mit der Air Force nach USA schaffen. In der Krise ist jeder sich selbst der nächste.

April 2020. Mediale Überforderung: Angst essen Seele auf
Die Deutschen gehen sich aus dem Weg. Niemand weiß genau, welche Gedanken in Millionen Homeoffices kreisen, gut sind sie eher nicht. Ich erhalte täglich E-Mails von Menschen, die mir unaufgefordert ihre Lebensläufe schicken und ihre Dienste anbieten, aber sich offensichtlich mit meinem Unternehmen überhaupt nicht beschäftigt haben. Die Angst vor Massenarbeitslosigkeit geht um. Mittlerweile landen aber alle diese E-Mails kurz überflogen mit einem Klick im Papierkorb.

Mai 2020. Culture eats strategy for breakfast
Dieser berühmte Satz des Management-Gelehrten Peter F. Drucker kann seit Wochen in global vergleichenden Infektions- und Sterberaten-Statistiken verifiziert werden, auch wenn er für einen völlig anderen Zusammenhang geprägt wurde. Diejenigen Länder haben die Ausbreitung des Virus im Griff, in denen einfache Schutzmasken in den von Menschen berstenden Großstädten zum normalen Straßenbild gehören. China, Südkorea, Japan. Dagegen bricht das Leben in New York City schlimmer zusammen, als man es sich jemals hätte vorstellen können. Die amerikanische Politik behauptet, sie habe eine Strategie. Leider wird nicht klar, welche. Gibt es eine Strategie, geht sie offensichtlich nicht auf. Schutzmasken gibt es praktisch nicht. Die löchrigen Einmalhandschuhe des amerikanischen Klinikpersonals erschrecken mich in der Tagesschau.

Das Wort ‚strategisch‘ wird in der Wirtschaft oft mit ‚verlustbringend‘ gleichgesetzt. Niemand konnte ahnen, dass diese Gleichung einmal für einen solch dramatischen Zusammenhang in Bezug auf den Verlust von Menschenleben gelten würde.

„You must always have a plan B. "
Dieser Lieblingssatz meines guten Freundes aus England war niemals so gemeint, dass man dabei getrost auf den Plan A pfeifen könne. Aber Regierungen, Firmen und Menschen in aller Welt überraschen mich immer wieder dadurch, dass sie Krisen-Szenarien rechnerisch als so unwahrscheinlich abtun, dass sie dafür entweder keinen Plan haben oder einen Plan, den sie mangels Masse nicht ausführen können. Und erst recht keinen Plan B. An die Einsatzbereitschaft deutscher Verteidigungssysteme im Angriffsfall dachte ich jetzt nicht. Davon geht man ja bereits aus. Egal ob COVID-19, Fukushima, Tschernobyl, die Landung eines deutschen Sportflugzeugs auf dem Roten Platz in Moskau oder der Einschlag von absichtlich dorthin gelenkten Passagiermaschinen im Pentagon und in den Twin Towers: alle diese Szenarien waren zwar VORSTELLBAR, aber als UNWAHRSCHEINLICH aussortiert. Im Falle der Pandemie hatten wir in Deutschland einen Plan, im Internet abrufbar und nachlesbar. Er wurde nur im Vorfeld nicht eingehalten. Es gab keine Bevorratung von Schutzausrüstung. Dann brauchen wir auch keinen Plan! Und hier sind wir bei dem was Deutschland am besten kann: Krisenmanagement. Als sei die Krise der anzustrebende Zustand.

Fazit

Was das alles mit Dir, und erfolgreicher Transformation zu tun hat? Nun, die Meisten sind keine Experten für Transformation und für Projektmanagement. Doch da man in aller Regel nur einmal selbstständig wird, eine Firma gründet, oder eine große Transformation eines Unternehmens anstößt, sollte das Projekt mit hoher Sicherheit gelingen. Gelingen bedeutet in diesem Zusammenhang, dass dieses Projekt für den Rest Deines Lebens oder für Dekaden des Unternehmenslebens funktionieren sollte. Egal ob Krise oder nicht. Vor dieser Herausforderung stand ich vor gut 10 Jahren. Anders als manche Politiker können Du und ich, wenn der Erfolg ausbleibt, nicht auf die nächste Legislaturperiode warten, die Schuld für die Krise unserem Nachfolger anlasten, und unseren Lebensunterhalt fortan als Lobbyisten verdienen. Zynisch? Mag sein, doch wahrgenommene Realität ist Realität.

Pläne sind oft das Papier nicht wert, auf dem sie gedruckt sind. Pläne sind eindimensional. Ein Plan B ist der eindimensionale Ersatz für einen Plan A. Oft funktionieren beide nicht. Was dann? Pläne beinhalten Aufgaben, Termine und sogenannte Ressourcen, also Geld, Arbeitskraft, Maschinen und so weiter. Jedes Mal, wenn in einem (eindimensionalen) Plan etwas fehlt, zu spät kommt, in der falschen Qualität zur Verfügung steht, ist der Plan Makulatur. Der entscheidende Nachteil von **Planung** ist, dass sie ständig (oft täglich) aktualisiert werden muss, um valide zu bleiben.

Planung

Definition
> *Gedankliche Vorwegnahme von Handlungsschritten zum Erreichen eines Ziels*

Vorteile
- *Mitgestaltungsmöglichkeit zukünftiger Ereignisse*

Voraussetzungen für die Validität einer Planung
- *Machbare Zieldefinition*
- *Anfangs- und Endbedingungen klar definiert und rechtzeitig vorhanden*
- *Alle Ressourcen rechtzeitig verfügbar (Zeit, Geld, Personen, Kompetenzen...)*
- *Ständige Aktualisierung*

Charakteristika
- *Zukunftsbezogenheit*
- *Modellcharakter*
- *Phasenfolge*
- *Informationsbasis*

Erfolgsfaktoren
- *Früherkennung von Abweichungen*
- *Handlungsspielraum durch Orientierung*
- *Sachliche Wechselwirkungen erkennen*
- *Ausgleich von Interessenskonflikten durch Moderation zur Planungsgrundlage*

Wenn wir einen Plan erstellen, gehen wir bei der Einschätzung der Zeiten, die wir zum Ausführen benötigen, von unseren Fähigkeiten und denen unserer Mitstreiter aus. Wir wissen, was wir uns zutrauen. Wir glauben dann eine exakte Planung erstellen zu können, weil wir annehmen, dass alle Nebenbedingungen so bleiben wie sind. Ein klassischer Blend-Effekt oder Bias. Das macht Planung zum angerosteten Werkzeug aus der Zeit des Taylorismus.

Treten wir also einen Schritt zurück, zum Vorhaben oder Projekt
Ein Vorhaben kann durch einen Plan beschrieben werden, muss es aber nicht. Ein Projekt kann dynamischer sein als seine Beschreibung durch einen starren Plan. Beispielsweise entsprechen agile Methoden zur Durchführung von Vorhaben oder Projekten besser unserer dynamischen Zeit. Dein Vorhaben wird durch Deine Ziele und Deine Möglichkeiten beschrieben.

Das Vorhaben selbstständig zu werden beinhaltet beispielsweise folgendes Ziel: Du willst es SELBST erreichen. Die Rahmenbedingungen sind: es wird Dich STÄNDIG beschäftigen und es wird beständig immer anders WERDEN, sich verändern. Schon daraus ergibt sich, dass es wenig Sinn macht, den Aufbau einer Selbstständigkeit in einem starren Projektplan zu beschreiben. Die entscheidende Basis für Deinen Erfolg bei diesem Vorhaben sind Deine Möglichkeiten, oder anders ausgedrückt, ob und inwieweit Du dazu FÄHIG bist.

Das Vorhaben der Selbstständigkeit muss daher zu Deinen vorhandenen Fähigkeiten oder Kompetenzen passen. Wo diese nicht vorhanden sind, solltest Du sie ausbauen. Das allein jedoch genügt noch nicht zum Erfolg. Falls die Nebenbedingungen sich ändern, brauchst Du die Gewissheit, dass Du mit den Veränderungen klarkommst. Dass die Nebenbedingungen sich ständig ändern, ist eine wiederkehrende Grunderfahrung. Du brauchst daher das beständige Vertrauen, dass Dein Vorhaben, egal was passiert, Dich wieder in eine Situation führt, deren sichere Beherrschung Du Dir zutraust. Du brauchst die Fähigkeit Krisen zu erkennen und rechtzeitig die richtigen Schritte zu ergreifen, um die Krisenauswirkungen gering zu halten und möglichen Schaden von Dir und Deinem Vorhaben abzuwenden.

Die meisten Krisen werden einem Vorhaben oder Projekt von außen aufgeprägt. Daher sollten wir uns ein wenig mit der Frage beschäftigen, ob Wirtschaftskrisen vom Ausnahmezustand zum Normalzustand geworden sind. Viele Wirtschaftszweige verlaufen zyklisch, wobei die Zyklen in der Regel etwa 5-10 Jahre dauern. Zugrundeliegende Muster solcher Krisen erkennt man daher erst wenn man, wenn man Zeiträume von fünfzig bis hundert oder mehr Jahren betrachtet.

WARUM SPRINGEN WIR VON KRISE ZU KRISE?

System nicht mehr geeignet.

Taylor ist tot - Nachfolger fehlt.

„Any customer can have a car painted any color that he wants,
as long as it is black. "
Henry FORD

Die Autoindustrie perfektionierte ein neues industrielles System
Als Henry Ford sein berühmtes T-Modell als erstes Auto der Massenproduktion auf den
Markt brachte, ahnte er nicht, welche Folgen der **Taylorismus** haben würde. Die *arbeitstei-
lige Herstellung wirtschaftlicher Güter*, Massenproduktion, Ingenieure an den Zeichenbret-
tern, hart arbeitende Werker an Fließbändern, Großunternehmen, Massenentlassungen in
der Krise, Streben um immer mehr Effizienz, Entmenschlichung von Arbeit, kleinteilige Spezialisierung von Unternehmen, Kostendruck, Globalisierung. Ford und Taylor waren zumindest teilweise Brüder im Geiste, denn sie einte der Erfolg eines viel kritisierten Konzepts.

Es wurde eine hundertjährige, einmalige Geschichte der immer weiteren Trennung
Nirgendwo konnte man diese Trennung besser beobachten als in der Autoindustrie. Trennung von Hand- und Kopfarbeit. Trennung von Entwicklung und Herstellung. Trennung in
Hersteller und Zulieferer. Trennung von automatisierter Produktion und Manufaktur. Trennung von Hardware und Software. Nach jeder Trennung wurden die einzelnen Teile weiter
optimiert. Mit jeder Optimierung entstand ein Fahrzeug das noch mehr Menschen haben
wollten. Mit jedem Verkaufsrückgang trennten Hersteller in mehr unterschiedliche Modelle. Sie trennten in Fahrzeugsegmente, in Premium und Massenhersteller. Sie trennten
die Mitarbeiter in High Performer und Low Performer. Sie trennten in Festangestellte und
Leiharbeiter. Die Festangestellten trennten sie in befristete und unbefristete. Als nicht mehr
weiter getrennt werden konnte, war das System ausgereizt, weitgehend am Ende. Dann
war man im Jahr 2020. Willkommen in der Zukunft?
    Die Geschichte des von TAYLOR beschriebenen Wirtschaftssystems hat vielen
Menschen Wohlstand und Sicherheit in ungeahntem Ausmaß beschert. Es hat an anderer
Stelle Millionen Menschen aus der Armut geholt, aber auch millionenfach ausweglose Armut festgeschrieben. Es hat uns als Gesellschaften aufblühen lassen und gleichzeitig gespal-
ten. Der Unternehmer als Inhaber der Produktionsanlagen beutet den Arbeiter aus. So sah
das klassische negative Wirtschaftsbild der frühen Jahre aus. Mit zunehmender Automatisierung und dem Wegfall der schweren körperlichen Arbeit brachten die Fabriken in denen
Autos hergestellt wurden, jedoch wahre Heilsversprechen für ihre Mitarbeiter. Jeder

konnte es zu einem gewissen Wohlstand bringen. Die Autohersteller verkörperten den beruflichen Traum vieler Absolventen. ‚Zum Benz geht man, aber man geht nicht mehr weg.'

Taylorismus

Definition
> *Prozesssteuerung von Arbeitsabläufen durch arbeitsvorbereitendes Management (Scientific Management), Einsatz mit Beginn des 20. Jahrhunderts*

Vorteile
- *‚Größtmögliche Prosperität' des Arbeitgebers und der Arbeitnehmer*

Voraussetzungen
- *Analyse & Verbesserung der Arbeitsabläufe durch Zeit- u. Bewegungsstudien*
- *Auswahl und Schulung der passenden Arbeiter nach Eignungsprinzipien*
- *Systematisierte Trennung von Hand- und Kopfarbeit*
- *Leitung der Arbeit in Form von detaillierter Anleitung durch den Arbeitgeber*
- *Vorgabe eines erreichbaren täglichen Arbeitspensums*

Charakteristika
> *Trennung von vorbereitender geistiger Arbeit und manuellen Arbeitsabläufen durch*
- *Zergliederung komplexer Arbeit in kurze, identisch wiederholbare Abschnitte*
- *Leistungsvorgaben für die Arbeitsabschnitte*
- *Kommunikation ‚von oben nach unten'*
- *Wissensverdichtung im Management, Wissensverarmung bei den Arbeitern*
- *Wissenschaftlich nicht verifizierbarer Glaubenssatz des ‚one best way'*
- *Qualitätskontrolle*

Auswirkungen
- *Gegenbewegung mit dem Ziel die Entmenschlichung der Arbeit zu stoppen*
- *Humanisierung und Demokratisierung der Arbeitswelt ab ca. 1960*
- *Vorwiegend negative Zuschreibung des Begriffs ab ca. 1970*
- *Einführung der akzeptierten REFA Methodenlehre*

Situation und Ausblick
- *In der Produktion hat der Taylorismus weitgehend ausgedient*
- *In der Administration sind tayloristische Strukturen bis heute weit verbreitet*
- *Neotaylorismus ist in der Dienstleistung vielfach präsent, beispielsweise in der Pflege, Systemgastronomie und Callcentern*
- *Risiko eines digitalen Taylorismus durch fortschreitende Digitalisierung*

Die duale Ausbildung in Deutschland verband in idealer Weise die schulischen und unternehmerischen Möglichkeiten. Wir konnten unsere wirtschaftliche Spitzenposition halten und beständig weiter ausbauen.

Angetrieben wurde diese Entwicklung von den ersten beiden industriellen Zyklen:

Der 1. Industrielle Zyklus begann, als mechanische Maschinen der menschlichen Arbeitskraft überlegen wurden. Begonnen hatte er bereits mit der Dampfmaschine um das Jahr 1769 und wurde befeuert von der fossilen Energie. Der 2. industrielle Zyklus wurde angetrieben von der Elektrizität. Er überlagert den fossilen Zyklus bis heute. Die elektrische Energie wurde der fossilen Energie überlegen. Sie hat das Öl und die Kohle bis heute nicht verdrängt. Nicht nur stand Strom sofort und an vielen Stellen gleichzeitig und ohne Transport zur Verfügung. Er war auch kleinteilig genug, um bis auf einzelne Elektronen herunter die Steuerung komplexer Schaltkreise zu ermöglichen. In ihrer Blüte ermöglichte die Elektrifizierung die Technologie des Computers und machte ihn zum Massenphänomen. Wichtigstes Kennzeichen des 2. industriellen Zyklus war, dass die Technik so komplex wurde, dass die Spezialisierung immer weiter vorangetrieben werden musste. Niemand konnte mehr alles verstehen. Also trennten Unternehmen und Hochschulen fleißig weiter. Aus der Elektrotechnik wurden um die 20 Vertiefungsrichtungen. Computer Programme nannte man fortan Software und trennte sie nach Programmiersprachen. Programmierer trennte man in Systementwickler, Anwendungsentwickler, Gaming-, App- und Datenbankprogrammierer. Und so weiter.

Das immer weiter zerlegte, in Einzelteilen perfektionierte System wurde anfällig

Viele Menschen als Öl im Getriebe, wenige Menschen im Steuerzentrum der Wirtschaft. Wenige große Akteure drehen das Rad im globalen System. Ein großer Player als Spielball weniger Egoisten, Betrüger oder Haie reicht schon, und wir haben eine globale Finanzkrise. Das Steuerzentrum kollabiert leichter, da es anfälliger geworden ist. Lehmann Brothers war nur ein erstes Beispiel. Auch eine Pandemie kann die Weltwirtschaft an den Abgrund bringen. Schon hört man vom Gesundheitsminister, Pandemien könnten öfter kommen. Die Politik versucht mit teuren Konjunkturprogrammen die Scherben aufzuräumen. Krisenmodus wird zum Normalmodus. Nach der Finanzkrise oder Pandemie wird wieder gespart, bis zur nächsten Krise. Wie auch immer die heißen mag. Dann schnell wieder Krisenmodus fahren, denn die Bürger belohnen gute Krisenmanager mit guten Umfragewerten. Ideal ist die Pandemie vor einer Wahl, falls man Krise beherrscht. Also wird man wiedergewählt. Perfekt. Wieder hinlegen und sparen. Bis zur nächsten Krise, denn wir wissen ja: sie kommt bestimmt.

Ahnst Du, das wird nicht mehr lange funktionieren? Ich denke, definitiv nicht. Der Grund: Wir neigen dazu, erprobte Vorgehensweisen zu überschätzen. Wir überschätzen den Wert unserer Erfahrung. Erprobtes Vorgehen funktioniert nur, wenn der Kontext sich nicht ändert. Doch:

Der Kontext ändert sich in rasanter Geschwindigkeit

Der Kontext heißt: ein neues industrielles Zeitalter bricht an. Das 1. und 2. industrielle Zeitalter gehen nahezu gleichzeitig zu Ende, und das 3. industrielle Zeitalter blüht auf: das Zeitalter der Daten.

Im Zeitalter der Daten haben sich die globalen Machtachsen komplett verschoben. Die neuen globalen Supermächte der Daten heißen USA und China. Sie haben zwei völlig unterschiedliche politische Systeme. Beide kämpfen um die globale Vormachtstellung. Amerikaner und Chinesen stehen nach Befürchtung vieler Experten vor einem kalten Krieg. Dieser wird auch überwiegend im Cyberraum stattfinden. Populismus wird durch Verbreitung von bewussten Falschinformationen angefeuert. Sogar Wahlen werden mit Datenströmen beeinflusst. Wir stehen nicht nur geografisch in der Mitte zwischen beiden Kontrahenten. Über Netzknoten in Deutschland laufen globale Datenströme, die im Begehren der Supermächte stehen. Es ändert sich *wer, wie, womit, wo* um die wirtschaftliche Vormachtstellung kämpft.

Daher nützen uns die Erfahrungsmuster der letzten hundert Jahre rein gar nichts. Der Taylorismus war das System seiner Zeit. Die ist endgültig vorbei. Globale Massenproduktion über tief verschachtelte Wertschöpfungsketten an deren Ende verarmte Wanderarbeiter stehen, wird schon bald der Vergangenheit angehören.

Wir fangen gerade völlig neu an zu lernen, wie Wirtschaft funktioniert. Man könnte es ‚Pandemic forced learning' nennen: Innerhalb von nur drei Monaten haben Unternehmen und Verbraucher rund um den Globus gelernt, was man braucht - und was nicht. Lokale Produktion wichtiger Medikamentengrundstoffe ist ein Muss. Eine Dienstreise für vier Tage First-Class nach Shanghai? Unnötig. Mit der Bahn quer durch Deutschland für ein Meeting? Verschwendung. Eine vierwöchige Kreuzfahrt in Südostasien? Riskanter Luxus. All das braucht plötzlich kaum ein Mensch mehr.

Die Auswirkungen dieses Lerneffekts stärken Digitalisierung, schwächen nicht nachhaltiges Wirtschaften, zerstören aber auch Existenzen. Die existenzielle Frage für Selbstständige und Unternehmer ist:

Wie kann ich wirtschaften, um abwehrfähig gegen Krisen zu sein?

Um sie zu beantworten sollten wir uns anschauen, welche **Veränderungen** sich im Detail anbahnen. Einige hilfreiche Fragen, die möglicherweise entlang der kommenden Kapitel beantwortet werden können, sind vorab in einer Checkliste zusammengefasst:

Checkliste der für mich relevanten Veränderungen

	Welches größte geschäftliche Ziel möchte ich in 15 Jahren erreicht haben?
	Was sollte in 10 Jahren passiert sein, damit ich dies erreichen kann?
	Welche vermuteten Veränderungen bringt das Datenzeitalter in 5 Jahren?
	Welche davon sind für mich im Kontext meiner Arbeit relevant?
	Welche Auswirkungen sind durch die relevanten Veränderungen zu erwarten?
	Wie schnell muss ich mit den Auswirkungen rechnen?
	Von welchen Auswirkungen kann ich möglicherweise profitieren?
	Welches sind meine größten zu erwartenden Vorteile?
	Wie müssen meine Maßnahmen aussehen, um diese Vorteile zu erreichen?
	Welche kann ich am ehesten umsetzen, welche sollte ich zurückstellen?
	Unter welchen Auswirkungen werde ich möglicherweise leiden?
	Welches sind meine größten erwarteten Nachteile?
	Wie müssen meine Maßnahmen aussehen, um diese Nachteile zu vermeiden?
	Welche kann ich am ehesten umsetzen, welche sollte ich zurückstellen?
	Wie sieht der Plan für 3 Jahre aus, um die Veränderungen in 5 Jahren bestmöglich zu nutzen?
	Was davon packe ich zuerst an?
	Wer kann mir dabei helfen und selbst profitieren?

WAS LÖST DIE DIGITALISIERUNG AUS?

Datenzeitalter.

Fluch oder Segen?

Alles immer und überall

Im kommenden Zeitalter der Daten stehen Strom, Sensoren, Speicherkapazität und Rechenleistung jederzeit und überall zur Verfügung. Beinahe jeder hergestellte Konsumartikel, egal ob Kühlschrank, Tasse oder Handschuh, produziert Daten. Aus Daten werden Muster. Aus Mustern wird Verhalten. Aus Verhalten werden Angebote. Aus Angeboten werden Käufe. Aus Käufen werden noch mehr Daten, Muster, Verhalten und Angebote. Am Ende stehen zielsichere Angebote. Angebote, die man aufgrund seiner eigenen Verhaltensmuster nicht mehr ablehnen wird, denn eine künstliche Intelligenz hat diese Verhaltensmuster analysiert und erfasst auch deren Veränderungen laufend über ihren Algorithmus. Wir merken es kaum. Wir können es nicht mehr überblicken. Die **Datenökonomie** hat uns im Griff.

Datenökonomie

Definition
> ➤ *Grundgedanke, Daten als Wirtschaftsgut zu sehen und in eigenständigen Geschäftsmodellen zu monetarisieren (Bundeszentrale für politische Bildung)*

Vorteile
- *Ermöglichung neuer Geschäftsmodelle*
- *2/3 der deutschen Start-ups setzen auf digitale Geschäftsmodelle*
- *Laut BDI 425 Milliarden EUR neues Wertschöpfungspotenzial in D bis 2025*

Voraussetzungen
- *Verfügbarkeit relevanter Daten*
- *Regulierung des Umgangs mit Daten z.B. durch DSGVO, aber auch in globalem Maßstab, im Rahmen der Persönlichkeitsrechte und internationalem Recht*

Charakteristika
- *EDV und Prozessautomatisierung*
- *Daten als strategische Ressource (data mining, process mining)*
- *Dreistufiger Entstehungsprozess*
  - *E-Commerce*
  - *Digitalisierte Produkte*
  - *Digitalisierte Geschäftsmodelle*

Nun kommen wir zum Kern des heraufziehenden Problems:

Die tayloristische Aufgabenteilung hat uns des ganzheitlichen Blicks beraubt

Wir agieren im Kleinen, wie man uns konditioniert hat, nach simplen Belohnungsmustern: Bonus für mehr Leistung, steigender Aktienkurs für mehr Gewinn. Keine Versandkosten als Prime Kunde. Senatorstatus. Influencer. Algorithmen bauen Dich auf und gaukeln Dir vor, Du könntest etwas beeinflussen. Du bemerkst es nicht, wie ausgeliefert und machtlos Du bist. Das ist zynisch.

Die Folgen einer immer kleinteiligeren Spezialisierung sind dramatisch

Die systemischen Folgen dieses eindimensionalen Input-Output Belohnungs-Schemas haben sich über Jahrzehnte herausgebildet: Burnout als Massenphänomen, gesellschaftliche Spaltung, Klimawandel und Artensterben haben ihren Ursprung in dieser Kleinteiligkeit.

In der Welt der Kleinteiligkeit wird das so wichtige Systemverständnis zur vernachlässigten Kompetenz. Ein Beispiel: Es gibt nahezu keinen Wirtschaftszweig, der seine ökologische Gesamtbilanz beziffern kann. Doch immer noch wirbt die Deutsche Bahn mit ‚100% Ökostrom‘. Der Anteil erneuerbarer Energien im Konzern Deutsche Bahn im Jahre betrug 2019 aber exakt 60,1% [2]. Wir lassen uns an der Nase herumführen. Erst im Kleingedruckten fällt auf, dass die 100% reine Ökobilanz nur für bahn.business Kunden gilt. Aha! Business = 100% Öko. Die anderen sind dann 0% Öko. Ich finde das ist eine merkwürdige Sicht auf die gesellschaftliche Transportaufgabe.

Technologie kann auf Basis relevanter Daten die Zusammenhänge herstellen

Die für Menschen bittere Wahrheit ist, dass künstliche Intelligenz auf der Basis massenhaft und oft kostenlos vorliegender Daten besser in der Lage ist als wir, komplexe Systeme zu verstehen und deren Verhalten zu prognostizieren. Wettervorhersagen werden immer genauer, Wahlergebnisse immer besser vorhersagbar. Anstatt diese Technologie einzusetzen, um Systemzusammenhänge zum Nutzen der Menschheit zu ergründen, überlassen wir bisher diese Macht einzelnen Konzernen. Unser Teil vom Kuchen ist reiner Konsum. Wir Individuen lassen uns von Tech-Giganten und mächtigen Einzelakteuren durch eine Flut irrelevanter Einzelinformationen permanent bombardieren. Jede einzelne Information ist dabei nicht mehr auf ihren Wahrheitsgehalt überprüfbar. Der sprichwörtliche ‚gesunde Menschenverstand‘ wird durch Alexa, Siri und das Internet der Dinge ersetzt. Sie stellen für uns Zusammenhänge her. Warum sie welchen Zusammenhang herstellen, bleibt uns verborgen. Das ist brandgefährlich.

IoT, Drohnen, Gadgets, Wearables, Smart Devices: Irrsinn oder Rettung?

Der nächste digitale Evolutionsschritt ist derweil im Anrollen. Schauen wir uns das Leben des imaginären Paul in einem Beispiel an. Paul lebt im München des Jahres 2025. Er ist Smart Home Fan. Alles läuft perfekt im Hintergrund, ohne sein Zutun. Sein Kühlschrank stellt fest: ‚*Gestern Abend wurde das Sprudelwasser leergetrunken.*‘ Er sprudelt sofort und selbsttätig frisches Wasser. Die vernetzten Tassen mit Fingerabdrucksensor wissen: ‚*Paul hatte gestern Abend Besuch, heute morgen zu wenig getrunken und damit sein Flüssigkeitssoll um 50% unterschritten*‘ und sendet eine Warnmeldung an Pauls Smartwatch. Pauls Smartwatch stellt fest: ‚*Paul befindet sich bei 32 Grad Außentemperatur auf seinem Mountainbike, in Isny im Allgäu, bergauf, mit einer Pulsfrequenz von über 150, Tendenz steigend.*‘ Sie informiert Paul mit einer Warnung per freundlicher Sprachnachricht auf seinen Innenohr-Transponder. Paul ignoriert die Warnung und fährt weiter. Pauls E-Bike stellt nach weiteren 5 Minuten den Antrieb ein und fordert Paul über seine Smartwach wegen drohender Dehydrierung zum sofortigen Umkehren auf. Falls Paul sich *‚fortgesetzt weigere'*, meldet die Watch, *‚erfolge eine Meldung an die Krankenkasse, welche Pauls Risikostufe und somit den Beitragssatz automatisch anpassen müsse'*. Alternativ kann Paul gegen Bezahlung eine Transportdrohne mit einem Liter Elektrolytgetränk an den momentanen Standort bestellen. Paul lenkt ein und entscheidet sich für die Drohnen-Versorgung zu 34,90 EUR, die innerhalb von 15 Minuten von der nächsten Gaststätte einfliegt.

Irrsinn ist dieses Szenario nur in seiner Überzeichnung. Die Technologie ist längst fertig. Die Anwendungen werden kommen.

Aber nicht nur Pauls Vernetzungswahn wird gefördert. Gleichzeitig tun sich Chancen auf, die Menschheit vor Katastrophen zu bewahren. Gensequenzen von Viren werden ultraschnell entschlüsselt und in Impfstoffe umgemünzt. Der Sensor direkt am Rebstock erkennt, ob die einzelne Rebe von einem Schädling befallen ist und die anfliegende Drohne bekämpft ihn lediglich lokal. Drastische Senkung von Chemieeinsatz ist die Folge, ein Segen für Landwirtschaft und Umwelt.

Der Schlüssel liegt einzig und allein in den Daten

Doch wem gehören die Daten? Wer darf sie verwenden? Zu welchem Zweck? Was ist Gemeingut? Was dürfen Unternehmen für sich schützen? Wie weit ist Dominanz von Plattformökonomie vertretbar? Wo beginnen Monopole? Diese Fragen sind noch weitgehend unbeantwortet. Ihre Beantwortung ist jedoch notwendige Voraussetzung, um zu beurteilen, ob ein Geschäftsmodell nach den Regeln, die wir uns als Gesellschaft geben, tolerierbar ist. Wenn sie unbeantwortet sind, verstoßen Konzerne und Regierungen nach Belieben gegen Menschenrechte. Firmen heizen ihre Aktienkurse immer weiter auf. Das Heizöl hierfür sind die Daten, die wir ihnen gratis zur Verfügung stellen.

Während ich diese Zeilen schreibe, hat der Europäische Gerichtshof den ‚Privacy Shield' genannten Vorstoß der EU-Kommission für rechtswidrig erklärt. Damit ist zum zweiten Mal eine Initiative der EU gescheitert, den transatlantischen Datenaustausch mit den USA auf eine sichere Grundlage zu stellen. Viele hatten Privacy Shield, wie auch zuvor schon das gescheiterte ‚Safe Harbour' Abkommen für eine Mogelpackung gehalten. Nun ist es gerichtlich bestätigt. Das Nachrichtenmagazin Spiegel fasst am 16.07.2020 einige Kommentare zu der Entscheidung zusammen [3]:

„
- Der SPD-Europapolitiker Tiemo Wölken schrieb auf Twitter von einer ‚heftigen Klatsche für die EU-Kommission' und einem ‚riesigen Sieg für digitale Grundrechte in der EU'.
- ‚US-Internetunternehmen sind jetzt gezwungen, die ausufernde Überwachung ihrer europäischen Kunden durch die US-Behörden einzuschränken und Druck auf die dortigen Gesetzgeber zu machen', kommentierte der Grünenpolitiker Jan Philipp Albrecht, der eine treibende Kraft hinter der Datenschutzgrundverordnung (DSGVO) der EU war."

Wie auch immer dieser Streit ausgehen mag, massiv beeinflussen wird er in jedem Fall die Geschäfte, die mit Daten gemacht werden können. Daraus folgt, dass wir uns als nächstes mit den Geschäftsmodellen beschäftigen müssen, die von Daten ausgehen.

WELCHE GESCHÄFTSFORMEN HABEN ZUKUNFT?

Geschäftsmodelle.

Befeuert vom Öl der Zukunft.

Unsere Daten befeuern als Öl der Zukunft viele neue Geschäftsmodelle

Daten fließen überall hin, ohne dass wir gefragt werden. Das Gehirn und sogar die Gesetzgebung werden dabei von Algorithmen smart ausgetrickst. Wo kein Bedarf ist, wird er erzeugt. Ein Elitepartner? Bitteschön. Im Casino in Schleswig-Holstein zocken? Online kein Problem.

Früher fragten sich Autohersteller ‚Welches neue Modell könnte die Nachfrage steigern?' Ergebnis: Der SUV für Madame. Hatte die Nachbarin das neueste Modell, musste die Gattin es selbst auch besitzen. Konsumverführung per Statussymbol.

Längst hat die Konsum-Verführung die Ebene des Statussymbols verlassen und ist in die letzten Winkel menschlicher Bedürfnisse mit viel subtileren Methoden vorgedrungen.

Im beginnenden Zeitalter der Daten fragte sich Facebook: ‚Wie kann ich so viele Nutzer wie möglich, so lange wie möglich dazu bringen, mir ihre Daten exklusiv zur Verfügung zu stellen?' Die Antwort: ‚Die Verbindung mit Freunden im Internet ermöglichen.'

Sehen wir uns das dahinter liegende **Geschäftsmodell** genauer an. Wenn man sich mit Freunden trifft, tauscht man Vorlieben aus. Die Informationen über Vorlieben sind die ideale Basis für passgenaue Werbung. Die Werbung ist der Einnahmekanal, der sogenannte Revenue Stream. 99% der Facebook Einnahmen werden über Werbung erzielt. Je mehr Freunde und Vorlieben je besser, was die Datenmenge rapide nach oben treibt. Facebook investierte also in ein Data Center und entwickelte eine Plattform für Daten. Auf der Plattform werden Nutzerdaten gesammelt, ausgewertet und den Werbenden zur Verfügung gestellt. Es gibt kaum einfachere und ertragreichere Geschäftsmodelle. Sobald das eigene direkte Nutzerpotenzial weitgehend ausgereizt war, kaufte der Konzern andere Firmen, um in den Besitz von mehr werberelevanten Informationen zu kommen. Bei Facebook waren WhatsApp und Instagram nur die bekanntesten Zukäufe. Mehr als 65 unterschiedliche Firmen hat der Tech Gigant bereits aufgekauft. Sucht man eine komplette Liste dieser Zukäufe, sind diese Informationen, zum Beispiel 2016 veröffentlicht, wie durch Zauberhand nicht mehr im Internet aufzufinden. Statt der versprochenen Infografik findet man belanglose Fotos von Tablets und Smartphones. Was der Nutzer freiwillig und teils unwissend mit Facebook teilt, nimmt das Unternehmen gerne an. Den Überblick über die Macht des Unternehmens behält es aber lieber für sich. Tech-Konzerne können auch unliebsame Spuren im World Wide Web tilgen, während der Einzelnutzer noch seine Spuren hinterlässt, wenn er längst verstorben ist.

Erstaunlich ist: durch den Sozialisierungseffekt der Gruppe macht bei der Frei-Daten-Orgie beinahe jeder freiwillig mit. Was wir Facebook nicht mitteilen, sagen wir

WhatsApp oder posten es auf Instagram. Begründung: Wenn ich nicht mitmache, bin ich out. Der Mensch als Herdenvieh.

Geschäftsmodell

Definition
> *Die Grundlogik, wie eine Organisation Werte schafft (Osterwalder, Pigneur)*

Vorteile
- *Gemeinsames Verständnis des eigenen Geschäfts*
- *Differenzierung im Wettbewerbsumfeld*
- *Skalierbarkeit beurteilen*
- *Innovationen ermöglichen*

Voraussetzungen
- *Zentrales Leistungsversprechen*

Charakteristika
- *Auf Unternehmensseite*
  - *Schlüsselressourcen*
  - *Schlüsselaktivitäten*
  - *Schlüsselpartner*
  - *Kostenmodell*
- *Auf Kundenseite*
  - *Kundenbeziehungen*
  - *Kommunikations- und Distributionskanäle*
  - *Kundensegmente*
  - *Erlösmodell*

Nun wird es gefährlich. Warum? Weil in unserem Gehirn noch die Muster aus der Steinzeit einprogrammiert sind. Es ist für digitale Bedrohung schlicht nicht gebaut.

Wir können die Schwere von Bedrohungen nicht mehr richtig einschätzen
Als Jäger und Sammler agierten wir aus einem sicheren Versteck, wenn wir auf die Jagd gingen, um uns zu ernähren. Wir konnten Geräusche aus allen Richtungen entweder als Beute oder als Bedrohung unterscheiden. Das setzte den ‚fight or flight' Impuls in Gang, der ohne bewusste Entscheidung sehr schnell aktiviert werden kann. Im digitalen Zeitalter werden diese Muster außer Kraft gesetzt. Ein sicheres Versteck gibt es in der digitalen Welt nicht. Wer heute 24 Stunden lang ohne Internet und Mobilfunk ist, fühlt sich unwohl. Fluchtreflexe werden stattdessen ausgelöst durch mediale Massen-Information, die zu Massen-Hysterie ausarten kann. Droht ein Lock down, kaufen wir Deutschen Klopapier. Die Italiener hamstern in derselben Situation Rotwein. Wir finden beides befremdlich, vorhersehbar war es nicht. Wir geben alles dafür, auf der Höhe der Information zu sein, vermeintlich um uns zu schützen. Doch wir wissen nicht, ob wir uns damit schützen oder gar einem anderen Risiko aussetzen. Genetisch programmierte Muster, die in Jahrmillionen der Evolution entstanden sind, stehen uns im Weg.

Und so kommt es bis zu der unheimlichen Perversion, dass ein Riesen-Aufschrei besorgter Bürger durchs Land geht, wenn die Bundesregierung Infektionsdaten mit einer App erheben möchte, um die tödliche Seuche COVID-19 in den Griff zu bekommen. Während zur selben Zeit, überwiegend dieselben Menschen, einer scheinbar belanglosen Kommunikations-App alles mitteilen, was sie im Innersten angeht. Ob Krise oder nicht. In der beispielhaften Liste von Datenfreigaben zweier Apps (Abbildung 1) wissen die wenigsten was die einzelnen Positionen an Daten bedeuten. Sie haben aber, teils ohne sich dessen bewusst zu sein, die explizite Freigabe zur Nutzung dieser Daten gegeben. Lassen wir uns von denen ausnutzen, die an uns verdienen und verdächtigen die, die uns schützen wollen?

	WhatsApp	Corona-Warn-App
Weiß, mit wem Du kommunizierst	ja	nein
Zeigt, wann Du online bist	ja	nein
Teilt Deine Daten mit Facebook	ja	nein
Kann Deine Kontakte einsehen	ja	nein
Der Quellcode ist geheim	ja	nein
Kann laut US-Recht dazu gezwungen werden, sämtliche Daten herauszugeben	ja	nein
Du bekommst ohne Vorwarnung Sprachnachrichten geschickt	ja	nein

Nach Quelle:https://www.facebook.com/CHIP/photos/a.182846728306/10158488467103307/?type=3&theater

Abbildung 1: Vergleich der Datenfreigaben von WhatsApp und Corona Warn-App

Was ist die große Herausforderung im Datenzeitalter?
Die Bündelung von Macht durch Daten und Information ist bereits zu Beginn des Zeitalters der Daten so weit fortgeschritten, dass weder Unternehmen noch Regierungen oder NGOs davon unbeeinflusst agieren können. Daher wäre es fatal zu glauben, dass wir es allein der Politik überlassen können, diese Machtkonzentration erfolgreich zu beherrschen oder gar einzudämmen. So werden wir noch immer tagtäglich Zeugen des Versagens von Politik, Aufsehern und Unternehmen. Wirecard ist überall, das kleinteilige System hat den Überblick verloren.

Erschwerend kommt hinzu, dass unsere Schulen und Hochschulen bisher ihre Absolventen eher zur technischen Wissensanwendung befähigten, als dazu, das menschliche Ziel dieser Anwendung zu hinterfragen. So begann ein Graben zwischen Technologie und Menschlichkeit aufzubrechen. Diesen Graben gilt es zu überwinden.

Menschliches Miteinander und ertragreiche Geschäfte in Einklang bringen
Verantwortungsvolles Handeln im Verbund - im Netzwerk - zum Nutzen aller, sollte eigentlich ein lohnenswertes Ziel sein. Das lehrt uns schon die Natur.

In der Natur sehen wir Beispiele für Nutzen bringende Zusammenarbeit überall. Natürliche **Ökosysteme** begeistern viele Menschen. Immer mehr Menschen erkennen, wie wichtig unsere natürlichen Ressourcen für eine funktionierende Umwelt und die darin enthaltene Vielfalt sind. Leider reichte unsere diesbezügliche Einsicht bisher nur für die Reise ans Great Barrier Reef, auf die Malediven oder in die Antarktis. Dort sehen wir, wie ein Ökosystem funktioniert. In die Wirtschaft übertragen können diese Erfahrung bisher nur wenige Firmen. Aber es gibt sie. Ist es denn eine Utopie, dass auch Unternehmen und vielleicht sogar die ganze Wirtschaft wie ein natürliches Ökosystem funktionieren können? Von vielen unbemerkt hat sich in einigen Industrien dieser Gedanke bereits durchgesetzt.

Ökosystem

Definition
> *Dynamischer Komplex von Gemeinschaften (...) die als funktionelle Einheit in Wechselwirkung stehen (Biodiversitätskonvention)*

Vorteile
- *Natürlicher Austausch von ‚Ökosystemdienstleistungen' durch Spezialisierung in den Gemeinschaften*

Voraussetzungen
- *Natürliches Gleichgewicht zwischen den Spezies*

Charakteristika
- *Offenes System*
- *Skalenunabhängig (unterschiedliche Größen möglich)*
- *Räumlich und zeitlich dynamisch*
- *Komplexe Wechselwirkungen*
- *Bis zu einem gewissen Grad Stabilität gegenüber Einflüssen von außen (Persistenz, Resistenz, Resilienz)*
- *Größere Ökosysteme kollabieren leichter als kleine*

Erfolgsfaktoren
- *Geschlossene Kreisläufe*

Auswirkungen
- *Menschengemachter Kollaps von Ökosystemen gefährdet die Artenvielfalt, die eine Grundlage für saubere Luft, sauberes Wasser und fruchtbare Böden ist*

Voraus sind uns wieder die Asiaten. Unternehmen wie Huawei sind auch durch die Erkenntnis groß geworden, dass sie nur in einem weit verzweigten weltumspannenden Netzwerk wachsen können.

Das Stichwort heißt *wirtschaftliche* Ökosysteme oder *Business Ecosystems*. Schauen wir uns im nächsten Kapitel an, was das bedeutet.

KANN MAN BUSINESS WIE NATUR BESCHREIBEN?

Business Ecosystems.

Quellen für gemeinsamen nachhaltigen Wert.

Komplexität ist ein Wert, kein Problem

Kein Computer, keine künstliche Intelligenz hat die Fähigkeit, als soziales Wesen zu denken und zu handeln. Kein Algorithmus kann in der realen Welt Menschen begeistern. Kein Computersystem kann unsere nächsten Verwandten, die Orang-Utan ‚Waldmenschen' in Borneo vor dem Aussterben retten. Und keine KI kann ein Unternehmen in seiner Einzigartigkeit begreifen und in die Zukunft führen. Dazu braucht es das Gegenteil von kleinteiliger Organisation: es braucht Menschen, die komplexe Zusammenhänge aus menschlicher Sicht verstehen, mit sozialer Verantwortung und nachhaltiger Prägung handeln, verantwortungsvoll, achtsam, unsere Lebensgrundlagen schützend, und Komplexität als Wert erhaltend.

Wie kommen wir also wieder in die richtige Spur?

Ökosysteme als Blaupause

Es braucht erst wieder einen gedanklichen Schritt zurück, um in diesem Thema vorwärts zu kommen. Wenn wir die Vielfalt und Ausgewogenheit natürlicher Ökosysteme betrachten, sehen wir die perfekte Blaupause für das was uns fehlt: Einzigartigkeit fördern, Zusammenarbeit belohnen, Unterschiede achten, Vielfalt als Chance nutzen.

Natürliche Ökosysteme entstehen langsam. Sie entwickeln sich mit der Evolution der Individuen und erleben immer weiter ansteigende Vielfalt.

Was genau ist ein wirtschaftliches Ökosystem oder Business Ecosystem?

Ein **Business Ecosystem** ist ein breites Netzwerk von Firmen und Organisationen, das Einfluss nehmen kann auf die Art und Weise, wie seine Unternehmen Werte schaffen und erfassen. Ziel ist die Bereitstellung eines Produkts oder einer Dienstleistung. Auch ein wirtschaftliches Ökosystem funktioniert durch Vernetzung und Vielfalt. Der Begriff geht auf den Anfang der 1990er Jahre zurück und wurde maßgeblich von James F. MOORE geprägt.

Moore war ein Naturfreund. Die Beschäftigung mit den Themen Natur und Industrie brachte ihn auf die Idee, Analogien zwischen beiden zu suchen. Er fand, dass unsere Beschreibungen von Wirtschaft und Industrie nicht mehr zutrafen, weil sich die Komplexität der Wirtschaft erhöht hatte. Er suchte eine Möglichkeit, um diese Situation besser beschreiben zu können. Die meisten Industrien hatten sich im 20. Jahrhundert in ihrer jeweiligen Branche durch steigenden Wettbewerb weitestgehend optimiert. Das tayloristische System hatte bereits seinen Zenit überschritten. Fruchtbarer Wettbewerb fand innerhalb eines Industriezweigs hauptsächlich zwischen den Top 3 Unternehmen statt. Kleinere Player wurden abgehängt und ihre Margen erodierten.

Schaut man sich dagegen die Natur an, findet dort Kooperation, Wettbewerb und

Evolution auch quer über alle Spezies hinweg statt. Diese Idee übertrug Moore auf die Wirtschaft. Den Austausch über verschiedene Industrien und Branchen hinweg bezeichnete er deshalb als Business Ecosystem. Der Begriff umschreibt in seiner Moore'schen Definition *die Mikroökonomie einer intensiven Koevolution, die sich um innovative Ideen dreht.* Was bedeutet das praktisch?

Moore fand, in einer Wirtschaft des ständigen Wandels „ist das, was Du tust, nicht so wichtig wie das Verhältnis Deiner Fähigkeiten zu dem, was andere tun". Daraus ergibt sich Deine Strategie. Die erfolgreiche Geschäftsstrategie hilft Dir nach Moore, gemeinsam mit anderen eine attraktivere Zukunft zu schaffen. Das Moore'sche Paradigma erfordert das Denken in ganzen Systemen - das heißt, Du sieht Dein Unternehmen als Teil eines umfassenderen wirtschaftlichen Ökosystems und einer breiteren Umwelt. *Systemdenken* sieht Moore als eine zentrale mentale Fähigkeit, die zu diesem Zweck gestärkt und verbessert werden sollte. Biologische Beispiele waren für Moore ganz einfach der direkteste Weg, um schwierige Systemkonzepte zu erklären, deshalb nutzte er die aus der Biologie entlehnte Begrifflichkeit.

Wichtige Elemente des Denkens in Business Ecosystems sind
- eine **Opportunity-Umgebung**: das große Feld von Chancen das Dich umgibt
- **Gemeinschaften gemeinsamer Vorstellungskraft**: die Vision über Unternehmensgrenzen hinweg einen überlegenen Mehrwert zu schaffen
- **Business Ko-Evolution**: Komplexes Zusammenspiel von wettbewerbsorientierten und kooperativen Geschäftsstrategien

Moore beschreibt **vier Stufen ihrer Entwicklung:**
Pionierarbeit, Expansion, Autorität, Erneuerung.

Zur sprachlichen Vereinfachung bei klarer begrifflicher Abgrenzung spreche ich im Folgenden von *Ökosystemen,* wenn die biologische Variante gemeint ist, und von *Ecosystems* für die wirtschaftliche Variante. Von Ecosystems wird auch im allgemeinen Sprachgebrauch meist synonym zu Business Ecosystems gesprochen.

Ecosystems brauchen wie ihre biologischen Vorbilder Zeit zur Entwicklung. Statt Jahrmillionen sind es jedoch nur Jahrzehnte.

Die Automobilindustrie, um zum Beispiel von Henry Ford zurückzukommen, hatte über hundert Jahre Zeit, um sich zu entwickeln. Leider hat sie sich im Verlauf dieser Entwicklung von anderen Industriezweigen entkoppelt und sich nur innerhalb ihrer eigenen industriellen Grenzen entwickelt. Die Softwareindustrie entwickelte sich unabhängig von der Autoindustrie. Software war für die Autohersteller von Anfang an etwas das man kaufen konnte. Es bestimmte nicht den Wert des Produkts Auto. Dass dies aber einmal völlig anders kommen könnte, erkannte die Autoindustrie viel zu spät. Bis heute wird die Autoindustrie von Maschinenbau Ingenieuren dominiert. Viele von Ihnen haben in ihrem Leben keine einzige Zeile Softwarecode geschrieben. Eine verhängnisvolle Fehleinschätzung nahm unter anderem hier ihren Lauf.

Zunächst hat sich innerhalb der Autoindustrie eine dominante Unternehmensform (der Autohersteller) herausgebildet, die im 2. Teil des letzten Jahrhunderts ihr eigenes Wohlergehen überwiegend auf Kosten der wirtschaftlich von ihr abhängigen Unternehmensform (der Zulieferer) in den nach außen abgeschotteten Silos der Autoindustrie steigerte. Dadurch sank der Druck auf die Hersteller, sich selbst weiterentwickeln oder gar ihre Geschäftsmodelle hinterfragen zu müssen.

Business Ecosystem

Definition
> *Vernetzung von Unternehmen, oft branchenübergreifend, mit dem Ziel ein überlegenes Leistungsversprechen gegenüber Einzelunternehmen zu erzielen*

Vorteile
- *Wettbewerbsvorteile, überlegene Wertschöpfung ggü. Einzelunternehmen*
- *Höhere Innovationsleistung durch individuelle Fokussierung der einzelnen Partner auf eigene Kernkompetenzen und flexible Leistungsbündelung*
- *KMU und Selbstständige werden im gemeinsamen Ecosystem konkurrenzfähig*

Voraussetzungen
- *Gemeinsames Leistungsversprechen (Value proposition)*
- *Vernetzter Unternehmensverbund (Alignment)*
- *Ein Orchestrator für das Ecosystem*

Charakteristika
   Erhöhung der Attraktivität von Kooperation und Ko-Kreation durch
- *Teilen von Ressourcen (Sharing)*
- *Informationsplattformen*
- *Digitale Marktplätze*
- *Vernetzung (idealerweise digital)*

Erfolgsfaktoren
- *Maximale Zentrierung auf die Kundenbedürfnisse*
- *Fokus auf gemeinsames überlegenes Leistungsversprechen*
- *Digitale Orchestrierung mit minimalem Aufwand*

Auswirkungen
- *Wettbewerb im Ecosystem verschwindet und wird auf eine höhere Aggregationsebene zwischen den Ecosystemen verlagert*
- *Im Ecosystem digital vernetzte und divers spezialisierte Start-ups und KMU haben Vorteile gegenüber Konzernen aufgrund der sinkenden Transaktionskosten der Vernetzung und der steigenden Geschwindigkeit der Leistungserbringung, insbesondere in Verbindung mit agilen Methoden und zunehmendem Selbstorganisationsgrad*
- *Konzerne, die ein Ecosystem orchestrieren können in marktbeherrschende Stellung kommen, was eine Regulierung erforderlich machen kann*
- *Konzerne mit klassischer Lieferkette haben hohen Transformationsaufwand*

Vor allem aber führte der unaufhaltsame Aufstieg der Hersteller zu einem krassen

Fehlurteil: In den Führungsetagen wurde implizit vorausgesetzt, dass es aufgrund der Dominanz der großen Hersteller niemanden mehr geben werde, der sie in ihrer eigenen Industrie verdrängen könne. Gekämpft wurde nur noch um die Krone innerhalb der eigenen Industrie. Und mit einer Absatzzahl als Maßstab: wer verkauft die meisten Autos, VW oder Toyota? Es war diese verhängnisvoll falsche Schlussfolgerung, die das aktuelle Problem auch der deutschen Automobilindustrie verursachte.

Zwar kam niemand, der die etablierten Autohersteller *in ihrer eigenen Industrie verdrängte*. Aber Tesla baute kurzerhand etwas ganz anderes auf: ein neues Ecosystem, das über die Grenzen verschiedener Industrien hinweg ein überlegenes Wertversprechen für die Autokäufer realisiert – den Lebensraum Auto als volldigitalisierten und umweltfreundlichen Begleiter im digitalen Lifestyle. Ein visionärer Unternehmer brauchte zum Aufbau dieses völlig neuen Ecosystems der Mobilität gerade einmal ein Jahrzehnt. Innerhalb von nur 15 Jahren brüskierte das Start-up sogar alle Automobilhersteller und wurde der wertvollste Hersteller der Welt nach Börsenwert. Doch Tesla ist im Kern eben kein Autohersteller, sondern der *Orchestrator* seines Ecosystems.

Wie konnte das geschehen? Der Erfolg von Tesla ist eine Tatsache, die von den meisten Fachleuten für unmöglich gehalten wurde. Das Unternehmen wurde zuerst belächelt, dann lange Zeit von den Großen der Branche ignoriert, später wurde der mögliche Erfolg negiert. Dann folgte der opportunistische Versuch, Tesla als Zulieferer für Komponenten wie Batterien und Antriebsmotoren zu nutzen. Im nächsten Schritt wurde das Unternehmen selbst von Experten als Insolvenzkandidat diffamiert. Das vorläufige Ende der Geschichte des unaufhaltsamen Aufstiegs: 2020 adelte der Vorstandsvorsitzende von VW seinen Mitbewerber in einem Interview: „Was mir am meisten Kopfzerbrechen macht, sind die Fähigkeiten bei den Assistenzsystemen", zitiert die Automobilwoche [4] VW-Chef Herbert Diess aus einem VW-internen Webcast. „Die rund 500.000 Tesla, die auf den Straßen rund um den Globus unterwegs sind, funktionieren laut Diess wie ein neuronales Netz". Kontinuierlich würden diese Daten sammeln. Späte Erkenntnis. Denn entwickelt wurde die Idee für dieses neuronale Netz, genau zu diesem Zweck, schon vor einem Jahrzehnt.

Netzwerke sind der zentrale Kern von Ecosystems. Netzwerke zum Zweck der Erhebung und Auswertung von Daten, genauso wie Netzwerke zur Zusammenarbeit in der Entwicklung von Produkten und Informationsnetzwerke zum Nutzen der Kunden. Das hat Tesla frühzeitig erkannt. Aus einem Produkt, das man einmal kauft und dann nur noch alle paar Monate oder Jahre in die Werkstatt unter Kontrolle des Autoherstellers bringt, wurde ein ‚always-on' Produktnetzwerk aus Internetvertrieb, Fahrzeug, Fahrzeugdaten, Nutzerdaten, Umgebungsdaten, Software mit Over-The-Air Updates, Stromversorgung über Supercharger, Wallbox in der Garage und so weiter. Die oberste Ebene des Ecosystems bildet ein vollständig geschlossenes, eigenes Produkt-Ecosystem. Apple Gründer Steve Jobs hätte seine wahre Freude daran. Er war, zu seiner Zeit unerkannt, aus heutiger Sicht ebenfalls ein ‚Godfather of Ecosystems'.

Ein weiteres prominentes Beispiel - und eines der ersten konsequent aufgebauten - ist das von Intel orchestrierte Ecosystem. Basierend auf seinen überlegenen Mikroprozessoren ging Intel Kooperationen mit verschiedensten Unternehmen der Personal-Computer Branche ein, um deren Produkte entscheidend zu verbessern. Den Leistungshunger der PC Nutzer konnte Mitte der 90er Jahre nur Intel bestens befriedigen. So wurde Intel zum Differentiator der Firmen in der darüber liegenden PC-Industrie und machte über weite Strecken viermal so hohe Gewinne wie seine Wettbewerber. Dieser Strategie liegt ein besonderes Geschäftsmodell zugrunde: Das sogenannte *Ingredient Branding*. Die Nutzer von Intel Prozessoren differenzieren ihre Produkte mit dem Aufkleber *Intel Inside*. Sie lassen die Markenkraft von Intel auf ihre Produkte ausstrahlen. Die Message: ‚Kunde sieh her, hier ist Intel drin, deshalb ist es gut.' Auf Ingredient Branding geht der Erfolg vieler anderer Unternehmen zurück wie Bosch, DuPont (Teflon) und W.L. Gore (Gore-Tex). In dem Buch ‚Business Model Navigator' zeigen GASSMANN und seine Mitautoren die 55 Geschäftsmodelle die 90% der erfolgreichsten Unternehmen der Welt zugrunde liegen.

Komplexität, richtig verstanden und genutzt, schafft mehr Wert

Ecosystems sind Quellen für nachhaltige Wertgenerierung, weil sie sich aufgrund ihrer Vielfalt ständig erneuern und weil Kernkompetenzen konzentriert entstehen und vielfältig genutzt werden. Das reduziert Blindleistung und somit Ressourcenverschwendung. Wo sie in der Wirtschaft neu entstehen, lösen sie hierarchische Strukturen zunehmend ab. Sie bilden den ersten logischen Schritt vom Familienunternehmen des 20. Jahrhunderts zum Gemeinschaftsunternehmen des 21. Jahrhunderts. Während Familienunternehmen von einem Unternehmer geführt wurden, und dem Wohl einer Familie dienten, können Gemeinschaftsunternehmen größeren, diverser aufgestellten Gemeinschaften und dem Gemeinwohl dienen. Eine Utopie? Heute noch, ja. Aber die Art und Weise wie Unternehmen sich in ihrem Umfeld oder Ecosystem aufstellen, muss sich genauso zwangsläufig verändern wie ihre Geschäftsmodelle. Damit kommen wir zum nächsten logischen Schritt, der Betrachtung wie Unternehmen sich im Datenzeitalter sinnvoll aufstellen.

GIBT ES EIN UNTERNEHMENSMODELL DER ZUKUNFT?

Unternehmensmodelle.

Anpassung an neue Gegebenheiten.

Rückblick

Um die Frage zu beantworten, wie Unternehmen sich in ihrem Grundaufbau zukunftssicher aufstellen sollten, hilft ein Rückblick ins 20. Jahrhundert. Wie waren klassische Familienunternehmen aufgebaut? Wo liegen die Probleme dieses Aufbaus in Bezug auf immer schnelleren Wandel?

Der Unternehmergeist als Triebfeder des Handelns

Betrachten wir, wie ein Familienunternehmen entstand, sagen wir in den Gründerjahren der Bundesrepublik, kurz nach dem 2. Weltkrieg.

Wir sind im Jahr 1949. Ein findiger Geschäftsmann in Hamburg sieht den steigenden Bedarf an Schuhen und Kleidung zu Beginn des Wirtschaftswunders. Mit selbst produzierten Schuhen hatte er zuvor in der Mark Brandenburg eine Pleite erlebt. Er zieht nach Hamburg. Er sieht: die Menschen in der Großstadt schuften, lange Arbeitszeiten lassen wenig Zeit für Einkäufe. Da er sich mit Schuhen auskennt, eröffnet er einen Versandhandel für gute Schuhe. Die Schuhe fertigt er nicht mehr selbst, sondern kauft sie zu. Das Start-Sortiment umfasst 28 Paar. Bestellt wird aus einem handgebundenen Katalog im Umfang von 16 Seiten. Nach Bestellung erhält man den linken Schuh. Bei Gefallen wird der rechte nachgeliefert. Der Unternehmer heißt Werner Otto. Anfangs arbeiten vier Mitarbeiter in einer Baracke in Hamburg-Schnelsen. Aus dem Unternehmen wird der Otto Versand, ein auch in Zeiten von Amazon Dominanz sehr erfolgreiches Unternehmen. Warum kann das Unternehmen bis heute erfolgreich sein?

Der Klassische Unternehmensaufbau

Bei der Gründung erkennt der Unternehmer die Bedürfnispyramide seiner Kunden. Ganz oben stehen ihre Träume: der Traum vom Erfolg im Nachkriegs-Deutschland. Dann kommen ihre Wünsche: der Wunsch gut gekleidet zu sein, nicht mehr in zerschlissenen Schuhen herumzulaufen. Der Alptraum von Staub, Schmutz und Überlebenskampf in ausgebombten Städten soll für immer der Vergangenheit angehören. Zum Erfolgstraum kommen die grundlegenden Bedürfnisse nach Zeit für die Familie und Bequemlichkeit. Für jedes Bedürfnis dieser Pyramide hat Werner Otto etwas zu bieten. Der Wunsch nach Erfolg drückt sich in der Möglichkeit aus, glänzende, schicke Schuhe zu besitzen. Dem Wunsch nach guter Kleidung liegt das Verlangen zugrunde gesehen zu werden - und angesehen zu sein. Der Wunsch nach Bequemlichkeit wird durch den Versand und den Schuh selbst befriedigt. Der Unternehmer hat sich perfekt in die Welt seiner Kunden hineinversetzt.

Der Erfolg lässt nicht lange auf sich warten. Wachstum, neue Produkte, ein Großunternehmen entsteht. Aus der anfänglich direkten Beziehung zwischen einem Unternehmer und seinen Kunden muss eine Organisation geformt werden. In dieser Organisation muss der Unternehmer die Bedürfnisse der Kunden und seine eigene Bedürfnispyramide verankern. Er sucht die richtigen Menschen als Mitarbeiter, wählt sorgfältig die Produkte aus, definiert die Prozesse. Irgendwann wird das Unternehmen so groß, dass er sich auf eine Kontrollfunktion zurückziehen muss.

Beim Otto Versand hat das ganz offensichtlich bis heute hervorragend funktioniert. Er stieg schon Mitte der 90er Jahre in den e-Commerce ein und setzte sich immer wieder technologisch mit an die Spitze. Mittlerweile sitzt die 3. Generation im Aufsichtsrat des Unternehmens. Mit 14 Milliarden Umsatz in der Gruppe rangiert Otto als zweitgrößter B2C Versandhändler in Deutschland und zeitweise unter den ersten 10 weltweit. Wie erreicht man Stabilität in instabilen Zeiten und über Jahrzehnte hinweg?

Krisensichere Aufstellung

Auf die Frage, wie Du ein Unternehmen krisensicher aufstellst, erhältst Du höchst unterschiedliche Antworten. Die Kreditversicherer verstehen darunter wie Du Risiken erkennst und bewertest, wie Du Deinen Cashflow absicherst, Deine Liquidität schützt und Verträge optimal gestaltest. Sie empfehlen Dir, dass Du nur unter Vorbehalt lieferst und helfen Dir Warnsignale dafür zu erkennen, dass Kunden vor der Pleite stehen. Ein Leasinganbieter, ein Factoring Unternehmen oder Deine Hausbank haben dafür wieder andere Rezepte, die besser ihrem Angebotsportfolio entsprechen. Gemein ist allen diesen Ratschlägen, dass sie statisch und passiv sind und im Wesentlichen auf Deiner letzt-instanzlichen unternehmerischen Entscheidung beruhen.

Wie wäre es, wenn Dein ganzes Unternehmen so aufgestellt wäre, dass seine Mitarbeiter eine heraufziehende Krise frühzeitig erkennen, erste Vorschläge zur Reaktion machen und selbstverantwortlich und dynamisch reagieren? Die gute Nachricht: solche Unternehmen gibt es. Um ihre Eigenschaften zu beschreiben sollten wir einige Begriffe einführen: Resistenz, Resilienz und Antifragilität.

Begriff	Bedeutung	Beispiel: Kollision	Fähigkeit	Bedeutung für Unternehmen	typ. Status
Resistenz	Fehler > Toleranz	kein Bruch > Verformung	Tolerieren	robuste Prozesse	😊
Resilienz	Fehler > Erholung	Verformung heilt aus	Ausgleichen	Agile Prozesse, Lernen, Fehlerkultur	😐
Antifragilität	Fehler > Verbesserung	nächste Verformung geringer & Ausheilung schneller	Adaptieren	Selbstorganisation, Co-Evolution	😞

In der Vergangenheit wurden Unternehmen möglichst robust oder **resistent** gegen Krisen aufgestellt, indem man sie mit ausgeklügelten Prozessen in die Lage versetzte, auf äußere Einflüsse angemessen zu reagieren. Die zugrundeliegende Annahme war, dass man die möglichen Bedrohungen hinreichend gut kannte, und dadurch eine Anleitung zu ihrer Bewältigung geben konnte. In der heutigen Zeit, die auch mit dem Schlagwort VUCA charakterisiert wird (volatile, uncertain, complex, ambiguous) ist die Annahme die meisten Bedrohungen vorab zu kennen, nicht mehr gültig. Ein Unternehmen benötigt die Fähigkeit, auf unvorhersehbare Bedrohungen schnell und angemessen zu reagieren. Diese Fähigkeit nennt man Resilienz. Noch einen Schritt weiter geht das Konzept der Antifragilität. Antifragile Unternehmen nutzen Bedrohungen und Stress, um daraus zu lernen und besser zu werden. Sie verändern sich permanent und passen sich somit evolutionär an. Sie entwickeln sich weiter, wie die Natur um sie herum.

Übergabe, Transformation oder schleichender Niedergang

Zurück zum Status Quo. Bei den meisten Familienunternehmen läuft es nicht so gut wie beim Otto Versand. Meist kommt nach 20-30 Jahren die Bewährungsprobe: Gibt es noch einen Unternehmer im Unternehmen, der eine direkte Beziehung zu den Kernkunden hat? Springt immer noch ein Funke der Inspiration zwischen den sich verändernden Bedürfnissen der Kunden und der wachsenden Organisation über? Fühlen sich die Zulieferer noch der Qualitätsphilosophie verpflichtet, die den Ur-Unternehmer geleitet hat? Ist das Unternehmen von einzelnen Personen abhängig oder hat es die Transformation zu mehr Eigenverantwortung geschafft? Verliert es seine innovativen Ideen oder hat es sich so aufgestellt, dass auch ohne einen Inhaber an der Spitze ein ständiges Innovationsfeuer von innen heraus brennt?

Üblicherweise taucht nach einer Generation die Frage nach der zukünftigen Organisationsform auf. Soll das Unternehmen inhabergeführt weiter existieren, aber niemand in der Familie kann oder will dies übernehmen, muss ein passender Nachfolger gefunden werden. Unternehmen sind in dieser Phase extrem anfällig für Krisen. Viele Unternehmer finden keinen passenden Nachfolger und müssen an einen Investor verkaufen. Die eher glücklicheren können die Leitung der Firma in der Familie weitergeben. Regelmäßig hat sich dann aber die 3. Generation derart stark vom Wissen und Geist des Gründers entfernt, dass das Unternehmen verkauft wird oder untergeht.

Das Problem: während es früher eine Unternehmergeneration oder länger dauerte, bis das Geschäftsmodell grundlegend verändert werden musste, schrumpft diese Zeit immer weiter zusammen. Nicht wenige Unternehmen müssen bereits nach 10 Jahren oder früher wesentliche Veränderungen vornehmen, um im Markt weiter bestehen zu können.

Die Gründe für eine notwendige Transformation kommen daher mittlerweile selten allein. Sie überlagern sich: Nachfolgersuche, Erosion des Kerngeschäfts, Mangel an Innovation, schwierige Personalsuche, überalterte Kernmannschaft, die möglichen Gründe könnten ein eigenes Kapitel füllen.

Die meisten Mittelständler sind jedoch völlig unerfahren in Transformation. Wie kann man auch Erfahrung sammeln in einem Thema, das einen nur alle 10-20 Jahre ereilt? Typischerweise müssen dann Berater oder Interim Manager einspringen, um zu versuchen das Ruder noch herumzureißen. Frage: Kann diese kritische Phase entschärft werden? Und wenn ja, wie? Die Antwort für gut etablierte Unternehmen heißt: ja, durch rechtzeitiges Erkennen und Einleiten der Transformation, solange es dem Unternehmen noch gut geht. Es ist eine der wichtigsten Transformationsaufgaben unseres Landes, die vielen erfolgreichen mittelständischen Unternehmen fit für die Zukunft zu machen. Eine Voraussetzung hierfür ist, rechtzeitig zu handeln. Die Aufgabe des Gründungsunternehmers besteht darin, frühzeitig den Unternehmergeist auf viele Schultern zu verteilen und im Kern des Unternehmens zu verankern. Durch das Verteilen von Verantwortung wird ein Unternehmen überhaupt erst in die Lage versetzt, sich antifragil aufzustellen. Die Organisation wird befähigt, rechtzeitig und angemessen zu reagieren. Das ist jedoch mit einem kompletten Umdenken und einer Umorganisation verbunden. Das Unternehmen sollte dazu die klassische hierarchische Struktur des Familienbetriebs gedanklich verlassen.

Das Future Fit Enterprise Modell
Betrachten wir zunächst den Unternehmenszyklus in Abbildung 2 links.

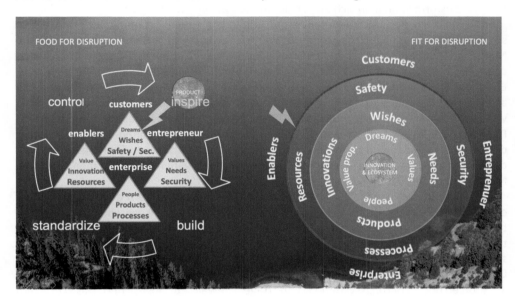

Abbildung 2: Ableitung des Future Fit Enterprise Modells

Ein neues Unternehmen entsteht klassisch durch die Inspiration und Interaktion eines Kunden mit einem Unternehmer. Die Bedürfnispyramiden beider Partner spielen dabei eine zentrale Rolle. Der Unternehmer baut, um den Kundenwunsch zu erfüllen, ein Unternehmen auf. Ebenfalls als Pyramide von unten nach oben betrachtet beinhaltet das Unternehmen die Prozesse als Basis, die Produkte als Kern und die Menschen, die es steuern an der Spitze. Im nächsten Schritt erreicht diese Organisation ausgehend von Ressourcen als Basis und Innovation als Kern eine standardisierte Wertschöpfung als Ziel des Unternehmens. Ressourcen, Innovation und Werterzeugung sind die Ermöglicher oder Enabler des Unternehmenserfolgs. Um immer gleichbleibende Qualität, kontrollierte Kosten und steigenden Ertrag zu erzielen, wird das Ergebnis – Produkt oder Dienstleistung - laufend überwacht bzw. kontrolliert und an den Kunden geliefert. Der Unternehmer erhält dann vom Kunden ein Feedback, ob das Produkt seinen Vorstellungen entspricht. In einem KMU, bei dem Unternehmer und Kunde in direktem Kontakt stehen, funktioniert diese Feedback-Schleife normalerweise reibungslos. Die Schwäche dieses Ablaufs tritt erst dann zutage, wenn das Unternehmen wächst. Oft wird dann der Vertrieb der direkte Ansprechpartner des Kunden. Agiert der Vertrieb wie ein Unternehmer ist weiterhin alles in Ordnung. Fängt der Vertrieb

49

aber an, die Kundenbeziehung nur noch nach abstrakten Kennzahlen zu steuern, geht die zentrale Inspiration zwischen Kunde und Unternehmer verloren. Das Unternehmen wird anfällig für Bedrohungen von außen. Wettbewerber können unbemerkt in die Kernwertschöpfung eindringen und andere Geschäftsmodelle können das eigene Geschäftsmodell bedrohen.

Um dies zu vermeiden kann man die Struktur des Unternehmens umdenken und die Unternehmerfunktion auf alle Schultern gleichmäßig verteilen. Eine mögliche neue Unternehmensform kann man sich als Schalenmodell wie in Abbildung 2 rechts vorstellen.

Im Kern des Unternehmens steht Innovation durch Zusammenarbeit in einem stabilen Werterzeugungs-Ecosystem. Die Werterzeugung wird in Gang gehalten durch die Menschen (Kunden, Mitarbeitende, Partner), ihre Werte, Träume und das Produktversprechen. Das bedeutet, dass Verantwortung zunehmend auf Mitarbeitende übertragen wird. Es ist der Einstieg in die Selbstorganisation. Lieferanten werden Ecosystem-Partner und agieren auf Augenhöhe. Kunden werden Innovationspartner und sind in die innersten Innovationsvorhaben mit eingebunden. Mitarbeitende werden Treiber des Wertversprechens. Die Absicherungsschale nach außen bilden die Prozesse, Investitionen und die Grundbedürfnisse der Kunden und Unternehmer. Führung wandelt sich stark: Führungskräfte werden zu Coaches, ein Teil der klassischen Führungskräfteaufgaben wird nicht mehr benötigt. Mitarbeitende werden zu Mit-Unternehmern im Netzwerk.

Der Vorteil dieser Schalen-Struktur liegt darin, dass im Kern der Wertschöpfung eine langfristige und nachhaltige Zusammenarbeit auf Augenhöhe zwischen allen Beteiligten einschließlich der Kunden stattfindet. Die Kunden werden zu Partnern in einer horizontalen Beziehung. Dazu bedient man sich eines stabilen Netzwerks. Wünschenswerte Eigenschaften dieses Netzwerks sollten Redundanz, Resistenz, Resilienz und Antifragilität sein. Dieses Netzwerk ist das Business Ecosystem. Nach außen ist das Ecosystem durch Regeln, Ressourcen und Sicherungssysteme wie Verträge, Firewalls etc. abgesichert. Das Ecosystem kann, muss aber nicht zwingend, digitale Plattformen zur Zusammenarbeit beinhalten.

Eine solche Transformation erfordert Mut, Zeit und finanzielle Investition. Das Unternehmen erhält dafür aber eine außergewöhnliche Belohnung: es wird bestens geschützt vor äußeren und inneren Krisen.

Mehr Unternehmer sollten erkennen, dass sie solche oder ähnliche Transformationen auf dem Gipfel ihres Erfolgs anstoßen müssen, weil sie dann noch die Investitionskraft und den unternehmerischen Schwung haben. Dann wäre schon viel zur Zukunftssicherung des Standorts Deutschland erreicht.

Was bedeutet Future Fit Enterprise für ein Start-up?

Die Erfolgsquote von Start-up Unternehmen liegt etwa bei 1:10 und kann somit als lausig bezeichnet werden. In Deutschland gibt es zudem immer noch zu wenig Gründergeist, eine international kaum wettbewerbsfähige Start-up Infrastruktur, und zu wenig Risikokapital. Trotzdem sollten wir den Kopf nicht in den Sand stecken. In Berlin und einigen anderen Städten entwickelt sich ein zartes Pflänzchen mit der Chance zu internationaler Geltung.

Gründer von heute denken vernetzt, sind kommunikativ und haben aufgrund der Digitalisierung viele Möglichkeiten, ihre Vorhaben frühzeitig zu testen und anzupassen. Die entscheidende Frage ist daher, welche innere Struktur sollte ein Start-up von vornherein aufweisen, um nicht frühzeitig auf dem Unternehmensfriedhof zu landen. Die zerstörerischen Kräfte von außen greifen in Unternehmen, die nach der hierarchischen Variante auf-gebaut sind, zwischen den Kunden und dem Unternehmer an. Sie entfalten sich, wenn der Unternehmer nicht mehr nah genug an seinen Kunden ist. Dann dringen Wettbewerber ein und schöpfen Teile des Geschäfts erfolgreich für sich ab. In einer Zeit immer schnellerer Veränderung dauert dieser Prozess heute keine Jahrzehnte, sondern eher nur wenige Jahre. So konnte sich Tesla als neuer Automobilhersteller in weniger als zwei Jahrzehnten an die Weltspitze katapultieren.

Daher ist das Denkmodell des Future Fit Enterprise gerade für ein Start-up interes-sant. Schaffen es die Gründer, von Anfang an eine Kultur im Unternehmen zu verankern, die ständige Innovation von innen heraus im Zusammenspiel mit dem gesamten Ecosystem als den Kern des Unternehmens begreift, dann können sie ein für lange Zeit stabiles, weil wandlungsfähiges Unternehmen etablieren.

Es gibt eine ganze Reihe von Unternehmensmodellen, die in der Fachliteratur beschrieben werden. Jedes betrachtet Unternehmen aus einem anderen Blickwinkel, beispielsweise aus der Sicht des Qualitätsmanagements oder der Strategiefindung. Ob ein anderes Modell für Dich vielleicht sogar besser geeignet oder verständlicher ist als das von mir dargestellte kannst Du beispielsweise bei MAREK nachlesen.

Egal wie letztlich die Aufstellung eines Unternehmens in seinem Netzwerk aussieht, der Er-folg kann nur dann langfristig gewährleistet werden, wenn alle Beteiligten auf Dauer parti-zipieren. Das geht in aufstrebenden Märkten leichter als in gesättigten. Diese Erkenntnis trifft auf Wirtschaft und Politik zu. Beispiel: China kann sich nur deshalb repressives Verhal-ten gegenüber seinen Bürgern erlauben, weil sie millionenfach durch ihre Regierung aus der Armut geholt werden. Das ist ohne Frage eine große transformatorische Leistung. Aber 6% Wachstum werden nicht ewig währen. Deutschland hingegen ist Teil eines stagnieren-den Marktes in Europa. Wir sollten vor unserer eigenen Haustür anfangen.

Wie ist es also zukünftig um den Standort Deutschland bestellt?
Welche Situation und Rahmenbedingungen finden wir vor?
Können wir eine neue Gründerzeit schaffen?
Können wir unsere Position in einer Zeit halten, in der die Großmächte ihr eigenes Süpp-chen kochen oder sogar Wirtschaftskriege entfesseln?
Ist gar eine Wiederholung des Wirtschaftswunders möglich?
Dass es seit 10-20 Jahren Unternehmer gibt, die völlig neu denken, zum Beispiel in Ecosys-tems, und deshalb ultra-erfolgreich sind, ist unbestritten. Auf welchen Prinzipien ihr Erfolg beruht, wissen wir größtenteils auch. Ist also alles relativ einfach.

WIE SCHAFFT DEUTSCHLAND DEN WANDEL?

Deutschland – Wirtschaftswunder 2.0

Verzweifelt gesucht.

Im Prinzip ist alles ganz einfach

Eine neue Form von Zusammenarbeit und Unternehmertum. Das müssten wir in Deutschland auch können. Stimmt das?

In Deutschland haben wir in den letzten 50 Jahren leider nur ein einziges Start-up von Weltgeltung hervorgebracht: SAP. Bis vor wenigen Wochen hätte noch Wirecard dazu gezählt. Nun ist der DAX Liebling insolvent, möglicherweise aufgrund einer Kombination von windigen Machenschaften und einer Kultur des Wegschauens.

Was zeichnete eine SAP in der Gründungsphase aus? Ein Gründerteam, nicht ein Einzelunternehmer stand dahinter. Auch gab es bei SAP schon in den 1970er Jahren eine Arbeitskultur, die in etablierten Weltkonzernen zur selben Zeit noch Kopfschütteln verursachte. Man hatte schon sehr früh Sportmöglichkeiten im Unternehmen geschaffen und die Mitarbeiter nutzten diese regelmäßig während der Arbeitszeit. Diese Kultur hätte man im Silicon Valley der 2000er vermutet, es gab sie aber schon im badischen Hinterland der 1970er Jahre. Es sollte noch Jahrzehnte dauern, bis Firmen auf breiter Front erkannten, wie wichtig das Wohlergehen der Mitarbeiter für den Erfolg des Unternehmens ist. Manche Mittelständler hadern mit diesem Thema noch heute.

Großkonzerne wie SAP sind nur die sichtbare Spitze des gesamtwirtschaftlichen Eisbergs. Die Masse an wirtschaftlicher Kraft, vor allem in Deutschland, liegt bei den kleinen und mittleren Unternehmen, sowie den Solo-Selbstständigen, den Freelancern. Das ist bereits heute so, und wird tendenziell in Zukunft wohl weiter ansteigen. Die Kernfrage zwischen Mitarbeitenden und Unternehmen heißt zukünftig nicht mehr, welchen vertraglichen Status die Zusammenarbeit hat, sondern welchen Wertbeitrag man sich gegenseitig zu bieten hat.

Nie war es prinzipiell leichter als heute, sich eine eigene Existenz aufzubauen. Findet man ein kluges Geschäftsmodell, kann man nahezu alles andere zukaufen. Allerdings hat die Risikobereitschaft zur Gründung in unserem Land wohl ständig abgenommen. Steigender Wohlstand scheint einer der Gründe hierfür zu sein. In der Gründungsaktivität liegt Deutschland auf Platz 107 aller Nationen. Hier beginnt das heraufziehende Desaster für unsere nahe Zukunft.

Doch damit nicht genug. Unsere ehemaligen und aktuellen Leitindustrien sind bedroht - bis akut gefährdet. Die Agenda 2010 hatte in den Jahren 2003 bis 2005 dem älter werdenden ‚Patienten Deutschland' eine Rosskur verordnet, die zunächst gelang und dem Patienten gut tat. Nun ist der Patient 15 Jahre älter. Einen gesunden Nachfolger, Deutschland 2.0, gibt es immer noch nicht. Die nötige Transformation des Exportweltmeisters wurde -in meiner persönlichen Einschätzung- durch die Agenda 2010 nur um 15 Jahre hinausgezögert.

Der Rückstand vergrößert sich – die „Transformationsschulden" wachsen
Verzweifelt sucht die Industrie Anschluss, wo wir ihn doch längst verloren haben:

- Kohle: ehemals führend, nun klimabedingt ein Auslaufmodell
- Stahlindustrie: hat sich in Deutschland weitestgehend selbst abgeschafft
- Metallindustrie: massiv bedroht durch neue Materialien und Produktionsverfahren sowie Elektromobilität, abhängig vom Fahrzeugbau mit Verbrennungsmotoren
- Autoindustrie: strukturelle Anpassung an die zu erwartende Softwaredominanz wurde mit Ansage verschlafen, 4-6 Jahre Rückstand in E-Fahrzeugen; Wasserstoffautos inkonsequent verfolgt, zuerst Anschluss an Asien verpasst, dann teilweise eingestellt, kurz bevor die Politik eine Wasserstoffstrategie verkündet
- Finanzindustrie: im internationalen Vergleich bedeutungslos (wir haben nicht einmal die größten Skandale, holen aber in diesem Punkt massiv auf)
- Agrarwirtschaft: globale Exporteure von Obst und Gemüse schicken den billigsten Mist nach Deutschland, weil wir ‚preissensitiv' kaufen; unsere Bauern machen den Preiskampf zuerst mit und geben dann reihenweise auf
- Öffentliche Verkehrsmittel: nach 30 Jahren von den Asiaten immer noch nicht gelernt wie Pünktlichkeit machbar ist
- Eisenbahn: aktiv die Technologie nach China exportiert und von dort technisch überholt worden
- Öffentliches Bauen und Projektmanagement: Bund und Länder lassen sich anscheinend von Projektkonsortien über den Tisch ziehen, typisch dreifache Bauzeit und bis zu zehnfache Kosten
- Chemie: deutscher Konzern kauft risikobelastetes US-Unternehmen und zahlt einen hohen Preis dafür
- Telekommunikation: weiterhin keine flächendeckende Breitband-Versorgung

Ich breche an dieser Stelle der Aufzählung ab, um keine Depressionen auszulösen. Bis auf den Maschinenbau, SAP, Versicherungen, Autofirmen im Abstieg und einige andere Dienstleistungen ist nicht mehr viel von Weltrang übrig. Wir sind also auf dem steil absteigenden Ast. Haben es unsere Konzerne geschafft, sich zu transformieren? Überwiegend: nein.

Was ist mit dem Mittelstand? Die meisten produzierenden Mittelständler in Deutschland sind Teil der Lieferketten, die aus dem Taylorismus entstanden sind. Sie sind eingebunden im System internationaler Großkonzerne. Ihre Kunden sind weltweit präsent, daher sind viele Mittelständler gezwungen, diese Internationalität nachzubilden. Der Preis dafür ist hoch. Darunter leidet mitunter die Profitabilität. Dienstleister im Mittelstand sind tendenziell mehr regional orientiert. Sie konzentrieren sich darauf, ihre Beratung, Software, Bildungsleistungen, Konstruktionen oder Entwürfe an die regionalen Gegebenheiten anzupassen. Dazu bedienen sie sich international üblicher Methoden und Prozesse. Sie müssen also keinen Vergleich scheuen. Deutsche Softwareschmieden im Mittelstand sind in der Regel höchst profitabel.

Hier sehen wir ebenso die Auswirkungen der zu Ende gehenden Blüte des Taylorismus: lokale Wertschöpfung in der Dienstleistung schlägt globale Produktion. Konzerne wie Google haben das längst erkannt. Sie konzentrieren sich stärker auf das Wachstum in lokalen Märkten. Wir sollten ihnen dieses Feld nicht kampflos überlassen. Die Frage, wo im Zeitalter der Daten Wert entsteht, wo er versteuert wird, und wie die Gesellschaft lokal davon profitiert. ist ganz entscheidend.

Nach dem Scheitern des Privacy Shield Abkommens müssen amerikanische Digitalkonzerne mehr lokale Strukturen in Europa aufbauen - oder die Gesetze in USA müssen sich ändern, was eher unwahrscheinlich ist.

Damit haben wir Europäer es eher in der Hand, auch auf dem digitalen Feld eine wichtige Rolle in der Zukunft zu spielen. Mutiges und gesellschaftlich akzeptiertes Handeln könnte uns einen internationalen Wettbewerbsvorsprung in einigen digitalen Technologien ermöglichen. Wie erreichen wir das?

Es wird klar: wir brauchen eine Agenda 2040. Doch wer wagt sich vor?

Meiner Meinung nach brauchen wir dringend bessere politische Rahmenbedingungen, aber wir sollten nicht auf sie warten. Wir brauchen auch wieder den/die Einzelne/n als Treiber für Veränderung.

- Unternehmer mit Mut, sich aus der vermeintlichen Sicherheit des Status Quo zu lösen.
- Willen, das Leben als ein Projekt aller Menschen auf dem Planeten zu betrachten.
- Handeln, das auf regionaler und lokaler Ebene nützt und akzeptiert ist
- Ansporn, dazu seine Gestaltungskraft und seine Leidenschaft einzusetzen.

Ich spreche Dich als Unternehmer Deines Ecosystems an

Wie Moore erkannte, sind Ecosystems ideal für kleine Unternehmen und Selbstständige geeignet, weil sie durch Ko-Evolution und Ko-Kreation eine überlegene Wertschöpfung erreichen können. Gleichzeitig sind sie mit ihrer Wendigkeit als Schnellboote den Supertanker-Konzernen überlegen.

Ich spreche genauso alle Mitarbeiter in Unternehmen an, die mutig vorangehen und bestehendes von innen heraus verändern wollen.

Auf welchen Grundlagen kann sich neuartiges zukünftiges Geschäft entwickeln?

Welche Möglichkeiten und Ideen gibt es grundsätzlich für neue Geschäfts-Gestaltung?

Ergeben sich besondere Chancen durch Digitalisierung und Daten?

Welche Risiken beinhalten sie und wie können wir die Risiken meistern?

Was bedeutet das für Dich ganz persönlich?

Das nächste Kapitel beinhaltet Denkanstöße, wie Leben und Arbeit in der digitalen Zeit menschlicher miteinander verbunden werden können. Daher habe ich es LifeBusiness genannt.

WORIN LIEGEN DIE SCHLÜSSEL ZUR TRENDWENDE?

LifeBusiness.

Leben und Geschäfte im Einklang.

Kannst Du selbst in diesem unübersichtlichen Szenario eine Veränderung erreichen?
Ich behaupte ja! Wenn Du es nicht tust, tun es andere an Deiner Stelle. Wenn Du startest und nicht auf bessere Rahmenbedingungen wartest, wirst Du voraussichtlich besser positioniert sein, wenn diese günstiger werden. Ich spreche aus eigener Erfahrung.

Der einfachste Start einer positiven Veränderung ist: erkenne, was Dir heute, bei der täglichen Arbeit im Weg steht. Welche Mechanismen in Unternehmen verzögern, festhalten, behindern, sanktionieren, missachten, bedrohen. Es sind zum einen die Strukturen und Mechanismen des Taylorismus, des Wirtschaftssystems der Vergangenheit, aber auch das Verhalten von Egoisten, Narzissten und Gefangenen in den alten Strukturen.

Diese Strukturen und Mechanismen trennen und spalten, in immer kleinere Teile. Bis niemand mehr das Ganze sieht. Sie begegnen uns privat und in Unternehmen gleich oft. Beispiele sind:

- Machtmissbrauch aufgrund der Position im Unternehmen oder der Lieferkette
- Wissensbündelung in Informationssilos zur Behinderung der Kollegen & Partner
- Diffusion von Verantwortung zur eigenen Absicherung
- Selbstbedienungsmentalität, Kartelle, Korruption, und so weiter

Sicher, diese Mechanismen hat es immer gegeben. Aber im alternden tayloristischen Wirtschaftssystem, in dem globale Player ans Ende ihres Wachstums geraten, nehmen sie bedrohlich zu. Ständige Bedrohung ändert das Verhalten, das ist nur zu menschlich.

Das erfolgreiche Wirtschaftssystem der Zukunft wird, falls wir es gemeinsam schaffen können, diese Mechanismen hoffentlich früher erkennen, strukturell verändern und darum systematisch vermindern. Dazu kann und muss natürlich jeder seinen Beitrag leisten. Einige Fragen die Du Dir stellen kannst:

- Wo muss ich besser hinschauen?
- Wann lasse ich mich nicht mehr zum Handlanger machen?
- Wie kann Erfolg mit Ethik Hand in Hand gehen?
- Wie macht gemeinsamer Erfolg Spaß?
- Wie messen wir den Erfolg nicht nur monetär?

Unabhängig davon, ob Du als Angestellter, als Freelancer, Gründer oder Unternehmer arbeitest, sind es diese Fragen der Zukunft, die Du stellen solltest. Auf der Kehrseite der Medaille sollten wir die Antworten aus der Vergangenheit, die wir als sicheren Erfahrungsschatz glaubten, vergessen. Weil Sie größtenteils einem System entsprungen sind, das der Vergangenheit angehört.

Worin liegen die Schlüssel zur positiven Systemveränderung?

1. Einzigartigkeit und Vielfalt aller Individuen

Jede/r von uns ist einzigartig und spielt eine wichtige Rolle auf unserem Planeten. Die Vielfalt dieser Einzigartigen hat uns die Intelligenz und Macht beschert, den Planeten von Grund auf zu verändern. Leider nutzen wir diese nicht nur zum Guten. Nur mit der Vielfalt aller Individuen, Menschen, Tiere, Pflanzen, können wir den Planeten lebenswert erhalten. Das heißt im Umkehrschluss, alles was Vielfalt reduziert, behindert, zentralisiert, muss hinterfragt und gegebenenfalls -zum Wohl der Vielfalt- reglementiert werden.

Dazu gehören Machtstrukturen, die Vielfalt ignorieren oder unterdrücken, dazu gehört auch der verantwortliche Umgang mit Algorithmen, die Menschen massenhaft beeinflussen können. Wir sollten die Frage stellen, ob es nicht zukünftig ein Jedermanns Recht auf Nutzung grundlegenden Speicherplatzes, Rechenkapazität und KI Algorithmen geben sollte. Ein open source Grundstock für jeden. Selbstverständlich steht davor die Beantwortung der Frage, wem welche Daten gehören. Algorithmen und künstliche Intelligenz sind wertlos ohne relevante Daten. Der Schlüssel liegt in den Daten. Sie sind das Öl des 21. Jahrhunderts. Wenn sie in der Hand einzelner konzentriert sind, kann der Kampf um sie genauso verheerend werden, wie der Kampf ums Öl im letzten Jahrhundert. Das müssen wir verhindern, wenn wir zukünftige Konflikte verhindern wollen. Bisher erweckt die Politik nicht den Anschein, das Thema zeitnah lösen zu können. Währenddessen bedienen sich die Großen weiter und die Kleinen werden abgehängt.

Im Grundgesetz der Bundesrepublik Deutschland, Artikel 1, Abs. (1) ist die Notwendigkeit und die Legitimation der Aufgabe ‚Einzigartigkeit schützen' eindeutig formuliert:
(1) Die Würde des Menschen ist unantastbar. Sie zu achten und zu schützen ist Verpflichtung aller staatlichen Gewalt.
Mit der Würde des Menschen ist es doch ganz offensichtlich unvereinbar, dass massenhaft menschliche Integrität verletzt wird, durch Verwendung unserer sensibelsten Daten, ohne dass Umfang und Zweck dieser Verwendung bekannt sind. Trotzdem verstoßen nach wie vor Konzerne und staatliche Institutionen weltweit und massenhaft gegen diesen Artikel, ohne dass es irgendwelche Konsequenzen hat. Ob dieser Verstoß auf deutschem Boden stattfindet, ist in Zeiten des Internets irrelevant. Und dafür, dass dies geschieht gibt es zwei dominante Gründe: wir lassen es zu oder werden gar nicht erst gefragt.

Ein Beispiel: Die Website newscientist.com [5] veröffentlichte am 11.11.2019 unter dem Titel ‚AI can predict if you'll die soon – but we've no idea how it works' einen Artikel über die Nutzung künstlicher Intelligenz in der Medizin. Ein amerikanisches Healthcare Unternehmen ließ 1,77 Millionen EKGs von 400.00 Personen von einer KI auswerten. Das Ziel: eine Vorhersage, wie hoch das Risiko ist, dass der Mensch, von dem das EKG stammt, nur noch weniger als 1 Jahr zu leben hat. Die Vorhersage der KI gelang recht gut. Kardiologen, die sich die EKGs anschauten, konnten allerdings das Risikomuster, nach dem die KI arbeitete, nicht erkennen. Sie waren ratlos, auf welcher Grundlage die gute Vorhersage des Computers beruhte.
Hier schließen sich eine Vielzahl von Fragen an:
Wussten die 400.000 Menschen, dass man ihre Daten benutzt hatte?

Wussten sie, wer Zugriff auf diese Daten hatte?

Wurden noch lebende Personen über die Ergebnisse informiert?

Was sind die Risiken falscher Vorhersagen?

2. Unverletzlichkeit und Unveräußerlichkeit ihrer Rechte

In Absatz 2 von Artikel 1 des Grundgesetzes folgt:

(2) Das deutsche Volk bekennt sich darum zu unverletzlichen und unveräußerlichen Menschenrechten als Grundlage jeder menschlichen Gemeinschaft, des Friedens und der Gerechtigkeit in der Welt.

Damit meinen wir, dass jeder, wo auch immer auf der Welt er oder sie lebt, in den Genuss derselben Rechte kommen sollte.

Die Erkenntnis und das mächtige Instrument Grundgesetz wurden in unsere Hand gelegt, um danach zu handeln. Daraus folgt die Aufgabe, die ich so formulieren möchte:

3. Unsere Natur und Gesellschaften (Ökosystem) und unsere Wirtschaft (Ecosystem) als nachhaltige Netzwerke begreifen und schützen

Milliarden Individuen mit ihren Eigenheiten, ihren individuellen Bedürfnissen, und ihrer spezifischen Bedeutung. Jeder Mensch, jedes Tier und jede Pflanze ist im Ökosystem SYSTEMRELEVANT, denn er/sie/es ist ein individuelles (=unteilbares!) Element dieses Systems. Konzerne, aber gerade auch KMUs und Selbstständige sind im Ecosystem systemrelevant.

Auf Daten bezogen heißt das: Jeder, der auf Dein Wissen, Deine persönlichen Daten, Deine Meinungen, Dein Netzwerk Zugriff haben möchte, in einem Umfang der über Dein aktives Zutun hinausgeht, muss dies explizit anfragen und Du musst ihm explizit die Erlaubnis dafür erteilen. Wir sollten aber auch im Blick haben, dass es Länder gibt, in denen das Teilen persönlicher Daten zur Mehrung des Wohlstands einer Gesellschaft weit weniger kritisch gesehen wird als bei uns. Diese Debatte tut auf breiter Front not.

Diese Schlüssel zur Veränderung sollten wir achten und beachten, wenn wir beispielsweise die künstliche Intelligenz als Leitbranche in Deutschland vorantreiben wollen. Wir müssen Geschäftsmodelle erschaffen, die im Einklang mit der Würde der Menschen, der Unverletzlichkeit und Unveräußerlichkeit ihrer Menschenrechte stehen.

Meiner Meinung nach heißt das: ja, wir können KI verantwortungsbewusst einsetzen. Wenn wir der Nutzung von KI und allen anderen Zukunftstechnologien, die wir heute noch nicht kennen, Leitplanken setzen, so dass alle davon profitieren, ohne dass sie dabei in ihren Rechten verletzt werden. Würden wir unsere Energie stärker auf dieses Ziel richten, könnten wir wieder Einzigartiges erschaffen. Deutschland könnte Bahnbrechendes entwickeln, das in der Welt als zukünftiger Exportschlager gelten kann. Dazu brauchen wir auch eine gesellschaftliche Anstrengung. Sie muss früher ansetzen als bei der Förderung bekannter Technologien. Wir brauchen eine Vision, wie wir das was uns in Deutschland und Europa einzigartig macht, der Welt nutzbar machen.

Als Optimist bin ich überzeugt, dass sich in den nächsten Jahren die Wirtschaft und ihre Rahmenbedingungen in diese Richtung verändern werden. Weitermachen wie im 20. Jahrhundert ist zwar möglich, bedeutet aber den ersten Schritt über die Klippe.

Was bedeutet das für Dich? Wenn Du heute in eine selbstständige Existenz, in ein Start-up oder in den Kurswechsel Deines Unternehmens investierst, und dabei das heute machbare in Bezug auf die zukunftsbestimmenden Themen anstrebst, erreichst Du mindestens dreierlei:

- Die individuelle Freiheit das zu tun, was Dir wert-voll erscheint
- Die individuelle Weiterentwicklung Deiner Zukunftsfähigkeit
- Die Chance, in Deinem Segment eine nachhaltige, führende Rolle zu spielen

Was ich mit dem Begriff LifeBusiness umschreibe, ist diesen Kurswechsel auf der Basis des Denkens in Ecosystems zu machen. Die Frage heißt: Wo können quer über industrielle Grenzen hinweg neue Werte entstehen, für die es sich lohnt zu leben? LifeBusiness bedeutet Leben, Geschäfte und Umwelt in Einklang bringen. Das Ziel: Finde Deine Berufung, indem Du tust, was Dir Freude macht und echten Wert bringt. Zusammenhänge verstehen, Menschen und Umwelt nützen, Technologie gezielt einsetzen. In diesem Suchfeld findest Du gute Startpunkte für Dein LifeBusiness. Mehr darüber und einige konkrete Ansätze für ein LifeBusiness findest Du im Kapitel Ideen.

Bevor wir dazu kommen, fehlt jedoch ein wichtiger Baustein: die Kompetenzen, die Du benötigst, um Dein Ziel zu erreichen. Sie sind das geistige Werkzeug, mit dem wir arbeiten können, um Neues zu bauen. Wir können dieses Gerüst verändern, verstärken, vergrößern, zu anderen Zwecken nutzen. Wissen ist recht statisch und hat eine Halbwertszeit, wenn es nicht ständig erneuert wird. Kompetenzen besitzen einen langfristigeren und dynamischen Wert. Sie sind die intellektuelle Basis, um jeglichen Wert zu schaffen. Wir müssen sie als Gesellschaft und Einzelne mehr schulen und besser nutzen. Davon handelt das nächste Kapitel.

WAS BEFÄHIGT MICH UNTERNEHMERISCHE WERTE ZU SCHAFFEN?

Fertigkeiten und Kompetenzen.

Was Du am besten kannst.

„Natürlicher Verstand kann fast jeden Grad von Bildung ersetzen, aber keine Bildung den natürlichen Verstand."
Artur Schopenhauer [6]

Systemverständnis: Unternehmen als komplexe Systeme verstehen
Wie erinnern uns: Moore sah Systemverständnis als die zentrale Kompetenz um Ecosystems gestalten zu können. Unternehmer müssen Komplexität beherrschen. Ein Unternehmen ist eines der komplexesten Systeme das man sich vorstellen kann. Mitarbeitende, Maschinen, Geldströme, Partner, Kunden, Behörden, Dienstleister, Märkte, Gesetze, Regeln:
das alles muss irgendwie verstanden und in die richtige Richtung gelenkt werden.

Wir denken dabei instinktiv, dass umfangreiches Wissen vorhanden sein muss, um
ein Unternehmen zu lenken. In gewissem Umfang ja. Aber Wissen ist heute für Geld überall
sofort abrufbar. Wissen ist eine Commodity. Viel wichtiger als Wissen ist die Kompetenz,
das Verhalten eines Systems zu verstehen. Das System ‚Unternehmen' verhält sich nicht
wie ein technisches System. Es ist nicht-linear, das heißt mehr Input bedeutet nicht zwangsläufig mehr Output. Es ist von sozialer Interaktion abhängig. Deshalb ist es bisher und wohl
auch in absehbarer Zukunft nicht durch Computer steuerbar. Solange Menschen in Unternehmen die Richtung vorgeben und die Verantwortung übernehmen, hat das System eine
Seele: sie besteht aus den Werten und Visionen der Menschen, die im Unternehmen zusammenarbeiten. Fragen wie Eigenverantwortung versus Kontrolle, Eigenmotivation versus
Belohnung, Kommunikation versus Vorschriften spielen eine große Rolle im Unternehmen.

Eine zentrale Frage ist, wie stabil das Unternehmen gegenüber Einflüssen von innen oder außen ist. Um diese Frage beantworten zu können benötigt ein Unternehmer
nicht nur Erfahrung, sondern eine ganze Reihe von Sensoren, die ständig aktiv sein sollten.
Wie entwickelt sich die Zusammenarbeit der Kollegen? Wo herrscht besonders gute oder
schlechte Stimmung? Woher kommt sie? Wie sehen uns die Geschäftspartner? Wie aufrich-
tig sind wir zu uns selbst, zu anderen?

Ständig passieren Ereignisse, die für sich allein betrachtet als zufällig erscheinen.
Nur wenn die unternehmerischen Sensoren sie richtig erfassen und verarbeiten, können
Muster daraus abgeleitet werden. Welche Muster fördern oder verhindern unsere Weiter-
entwicklung? Welche Muster liegen der herausragenden Performance eines Bereichs im
Vergleich zu allen anderen zugrunde? Das Verständnis des Unternehmens als System erfor-
dert viel Erfahrung. Schlechte Erfahrungen fühlen sich im Nachhinein wichtiger an als gute.
Systemverständnis ist also eine Kernkompetenz für Unternehmer jeder Art.

Wo ist diese Fähigkeit einzuordnen?
Was sind weitere wichtige Fähigkeiten?
Die komplexe Landschaft der Kompetenzen verdient nähere Beleuchtung.

Fähigkeiten, Fertigkeiten, Kompetenzen und Qualifikationen

Fähigkeiten sind die körperlichen und geistigen Voraussetzungen eines Menschen, die er mitbringt, um Leistungen zu erbringen. Sie sind teilweise ererbt und werden im Laufe des Lebens durch lernen und Sozialisierung ausgebaut. Merkfähigkeit wäre ein Beispiel hierfür. Sie ist zwar von Kindesbeinen an vorhanden, aber kann durch Training gesteigert werden.

Fertigkeiten oder Skills sind *weitgehend mechanisierte* Fähigkeiten, sie sind erst durch laufende Übung entstanden und können meist auch unbewusst ausgeführt werden. Dazu gehören Schreiben, Lesen, Rechnen oder Geschicklichkeit. Ein klassisches Beispiel der Fertigkeiten ist auch die *Schlagfertigkeit*. Im richtigen Moment auf einen persönlichen Angriff schlagfertig zu reagieren, hat schon manche Situation entschärft. Doch man kommt nicht schlagfertig auf die Welt, sondern hat diese Fertigkeit geübt, wenn nicht sogar ein Seminar dazu belegt. Hard Skills sind durch Zeugnisse oder Bescheinigungen klar nachweisbare Fertigkeiten, während Soft Skills überwiegend der sozialen Kompetenz angehören, wie z.B. Disziplin, Höflichkeit, Teamfähigkeit, Kreativität, Empathie oder interkulturelle Kompetenz.

Kompetenzen sind die Fähigkeiten einer Person, Anforderungen zu erfüllen. Sie bestehen aufgrund von Erfahrung, Können und Wissen. Sie ermöglichen selbstbestimmtes Handeln in wechselnden Situationen. Eine Kompetenz ist also mehr als Fachwissen. Sie ist die Ergänzung von Wissen durch Können (Handlungskompetenz), die Ergänzung des Technisch-Funktionalen durch Persönliches (Personale Kompetenz) und die Ergänzung des Technisch-Sachlichen durch Sozial-Kommunikatives (Soziale Kompetenz).

Qualifikationen fassen alle Kenntnisse, Fähigkeiten und Fertigkeiten zusammen, die für die Ausführung einer Tätigkeit notwendig sind. Qualifikationen sind beispielsweise Voraussetzungen für eine erfolgreiche Berufsausübung.

Basisqualifikationen sind allgemeine und fachliche Kenntnisse, psychomotorische Fähigkeiten und Fertigkeiten, Arbeitstugenden und soziale Kompetenzen, die für die Bewältigung von Aufgaben an unterschiedlichen Arbeitsplätzen von grundlegender Bedeutung sind. Sie sind nicht an den Vollzug bestimmter Arbeitsfunktionen gebundenen. Zu ihnen gehören das Beherrschen der Grundrechenarten, eine voll entwickelte Lese-, Schreib- und Verständigungsfähigkeit, die Fähigkeit zur Abstraktion und Systematisierung, Kritikfähigkeit, Kreativität und Teamfähigkeit.

Schlüsselqualifikationen sind alle Kenntnisse, Fähigkeiten, Einstellungen und Verhaltensweisen, die der Erweiterung bestehender Qualifikationen dienen. Sie sind arbeitsplatz- und fächerübergreifend, jedoch ist ihre Entwicklung an die Bewältigung konkreter beruflicher oder schulischer Anforderungen gebunden. Zu ihnen gehören z.B. abstrahierendes und logisches Denken, kooperatives Handeln, oder Selbstständigkeit. Die Abgrenzung zwischen Basis- und Schlüsselqualifikationen ist unscharf, Schlüsselqualifikationen beziehen sich in der Regel auf berufliche Funktionen.

Eine umfassende Übersicht der Definitionen und weiterführende Festlegungen und Informationen bietet der **Deutsche Qualifikationsrahmen für lebenslanges Lernen**.

DQR – Deutscher Qualifikationsrahmen für lebenslanges Lernen

https://www.dqr.de/content/60.php
PDF Übersicht: https://www.dqr.de/media/content/Der_Deutsche_Qualifikationsrahmen_fue_le-benslanges_Lernen.pdf

Definition
> *Beschreibt die Qualifikationen innerhalb des deutschen Bildungssystems mit dem Ziel der Transparenz von Qualifikationen*

Charakteristika
Beschreibung von 8 Kompetenzniveaus in den Bereichen
- *Fachkompetenz*
  - *Wissen*
  - *Fertigkeiten*
- *Personale Kompetenz*
  - *Sozialkompetenz*
  - *Selbstständigkeit*

Methodenkompetenz wird im DQR als Querschnittskompetenz betrachtet und nicht separat erwähnt.

Der DQR ermöglicht eine gute erste Orientierung und dient auch der Vergleichbarkeit von Qualifikationen im europäischen Maßstab, für den der europäische EQR gilt. Praxisnahe unternehmerische Kompetenzen im Detail werden dort jedoch nicht abgehandelt.

Unternehmerische Kompetenzen
Ein weiteres Beispiel: ein Unternehmer sollte ein komplexes System oder Ecosystem im Sinne von Moore nicht nur verstehen, sondern auch steuern können.

Es ist eine Handlungskompetenz, ein elektrisches System in seiner Funktion zu verstehen und auslegen zu können. Diese Kompetenz beruht auf Wissen: Welche Bauelemente gibt es, welche Schaltungstechniken verwendet man, und so weiter. Zur Handlungskompetenz wird sie durch das methodische Vorgehen, das an technischen Universitäten ausgiebig gefördert wird. Wer ein elektrisches System auslegen und gar neu erfinden kann, der kann von einer Uni erfolgreich ins Berufsleben als Entwicklungsingenieur gehen. Ein Unternehmen gründen und erfolgreich sein, kann er deswegen noch lange nicht. Fachliche und methodische Kompetenz allein werden einen Menschen kaum befähigen, erfolgreich ein Unternehmen aufzubauen und zu führen.

Was dem rein handlungskompetenten Ingenieur möglicherweise fehlt, um die Schlüsselqualifikationen eines Unternehmers zu erwerben, ist unter anderem die personale soziale Kompetenz. Je stärker Wissen zur Commodity wird, je stärker künstliche Intelligenz in unser Leben vordringt, die in Millisekunden Wissen abruft, um Entscheidungen zu treffen, desto unwichtiger wird das menschliche Wissen über Schaltungstechniken. Der Beruf des Ingenieurs wandelt sich. Er wird beispielsweise zum Produktmanager, oder vielleicht gründet er ein eigenes Start-up zur Entwicklung von Komponenten. Um so wichtiger wird dadurch seine personale und soziale Kompetenz.

Um dieser Verschiebung der Schlüsselqualifikationen aufgrund von Digitalisierung Rechnung zu tragen, muss unser Bildungssystem reformiert werden, Lehrpläne müssen sich beständig anpassen. Aber das allein genügt nicht. Die Verantwortung des Einzelnen ist gefragt, um zu erkennen welche Schlüsselqualifikationen er benötigt, und wo er gezielt Kompetenzaufbau betreiben sollte. Traditionell wird nach dem Eintritt ins Berufsleben überwiegend berufliche Weiterbildung in fachlich-methodischen Kompetenzen betrieben. Das tayloristische System brauchte keine Millionen von Unternehmern in unserem Land. Helle Köpfe, die im Familienbetrieb die Unternehmerkompetenzen von klein auf kennen lernten, übernahmen oft den elterlichen Betrieb. Unternehmerische Kompetenz wurde daher eher weitergegeben als öffentlich geschult. Die Unternehmer aus Erbfolge brauchten zum Erfolg ihrer Unternehmen viele tapfere Mitstreiter mit hoher Methodenkompetenz. Und genau diese Fähigkeiten wurden ihnen an den Schulen und Hochschulen vermittelt, mehr nicht.

Im Datenzeitalter werden Sozialkompetenz und Leadership bald gefragter als Wissen
Vor Jahren gelangte ich in den Genuss einer Führungskräfte Schulung, als ein früherer Personalchef zu dem Schluss gelangt war, meine Führungsqualifikationen seien ausbaufähig. Der Grund: ein Mitarbeiter hatte sich über mich bei ihm beschwert. Der Mitarbeiter hatte sich im gesamten Team bereits als wenig integrationswillig erwiesen, was die Kollegen reihum bestätigten. Er hatte jedoch einen guten Draht zum Betriebsrat und ging mit diesem zum Personalchef, um sich über mich zu beschweren und so einer möglichen Kündigung zuvorzukommen. Mir gelang es nicht, den Personalchef davon zu überzeugen, dass dieser Mitarbeiter keinen oder sogar negativen Wert für die Firma besaß, da seine sozialen Fähigkeiten -mit Verlaub- unterentwickelt waren. Der Personalchef handelte nach einem einfachen Muster: wenn der Mitarbeiter mich übergeht, den Betriebsrat einbindet, und direkt zu ihm kommt, wird er wohl einen triftigen Grund haben. Der Personalchef hielt mir eine Ansprache und verordnete mir eine Führungsschulung. Das Gespräch verlief ohne Wertschätzung, Einfühlungsvermögen, Anerkennung meiner Eigenverantwortung. Damit nicht genug: sein abgehobener Stil begann sich leider schon im Unternehmen durchzusetzen. Die Geschichte ging so aus: Ich kündigte kurze Zeit später, unter anderem da mein Vertrauen ins Unternehmen gelitten hatte. Der CEO war über meine Kündigung entsetzt. Er rief mich zu sich, um mich zu halten. Zu spät, ich hatte einen anderen Vertrag unterschrieben. Der Mitarbeiter wurde einige Monate später gekündigt, da er in seinem Bemühen Unfrieden zu stiften nicht nachließ.

Sozialkompetenzen wie Respekt, Toleranz, Empathie, Teamfähigkeit, Lernbereitschaft sollten Mitarbeiter ins Unternehmen mitbringen. In Vorstellungsgesprächen ist es nicht einfach, diese zu beurteilen, weshalb Referenzen und Assessments an Bedeutung gewinnen. Für Dich als Ecosystem Unternehmer sind sie zentrales Rüstzeug. In der Kompetenzen-Klaviatur möchte ich die strategischen Kompetenzen separat herausheben. Zu ihnen gehören Selbsteinschätzung, Selbstreflexion, langfristiges Denken, wie auch interkulturelle Kompetenz. Wichtig sind sie vor allem für die laufende Rückmeldung ob Du Dich in die richtige Richtung bewegst. Hast Du ein langfristiges Ziel musst Du Dich ‚von außen' betrachten können, einschätzen wie Deine Fortschritte auf dem Weg sind und was Du ändern musst. Diese Fähigkeiten sind nicht jedem in die Wiege gelegt, aber man kann sie erlernen. Möglichkeiten gibt es in Form von Weiterbildung wie Coaching oder auch indem Du Mitstreiter findest, die Dir Feedback geben. So kannst Du Stück für Stück herausfinden wie Deine Aussagen, Handlungen und Eigenschaften auf andere wirken. Diese Fähigkeit kann immer verbessert werden, das Arbeiten daran sollte nicht aufhören. Machst Du Selbstreflexion zu einem Kern der Weiterbildung Deiner Kompetenzen, wird die Belohnung dafür nicht ausbleiben. Selbstreflexion befähigt zu aufrichtigen, horizontalen Beziehungen. Sie unterstützt damit nachhaltigen Erfolg.

Meines Erachtens offenbart der DQR eine Schwäche unseres Bildungssystems: er spart explizit eine ganze Reihe wichtige Kompetenzmerkmale aus. Dazu gehören „Zuverlässigkeit, Genauigkeit, Ausdauer und Aufmerksamkeit, aber auch interkulturelle und interreligiöse Kompetenz, gelebte Toleranz und demokratische Verhaltensweisen sowie normative, ethische und religiöse Reflexivität". Die Begründung ist, sie seien „konstitutiv für die Entwicklung von Handlungskompetenz". Das bedeutet, diese Kompetenzmerkmale werden einfach vorausgesetzt. Während man das für Genauigkeit und Ausdauer noch rechtfertigen kann, bin ich völlig anderer Meinung für den Bereich der ethischen Kompetenzen. Es gibt zwar sogar Netzwerke und Verbände, die sich mit Wirtschaftsethik befassen. Was im Detail dieses Thema umfasst, sucht man aber auf ihren Internetseiten vergeblich. Es hat beinahe den Anschein, dass diese Themen entweder einer elitären Gruppe vorbehalten sind oder in der Wirtschaft keine Rolle spielen. Eine schöne Definition fand ich daher nur in der Gesundheitsbranche: DÖRRIES fasst die Aspekte ethischer Kompetenzen so zusammen:

- Moralische Sensibilität
- Verantwortungsgefühl
- eigenes beteiligt sein
- Wahrnehmung der Beteiligten eines Konfliktes
- Selbstwahrnehmung von eigenen Werten und Einstellungen
- Wahrnehmung der Einstellung anderer
- Begründung der eigenen Werte
- Austausch, Vergleich und Bewertung von Argumenten
- Abwägen der Argumente
- Entscheidungskompetenz
- Umsetzung und Rechtfertigung von Entscheidungen

Auch hierüber mag man unterschiedlicher Meinung sein. Wenn ich diese Liste am Firmenalltag messe, den ich seit über 30 Jahren erlebe, klafft eine große Lücke zwischen dem was ist und was sein sollte. Als Grund dafür vermute ich, dass in der Wirtschaft die Handlungskompetenzen überbewertet sind, während Wirtschaftsethik immer noch ein Stück weit Tabuthema zu sein scheint. Schaut man sich die Publikationen des Deutschen Ethikrats an, beziehen sich auch seine Themen weit überwiegend auf Fragestellungen aus der Gesundheit, bis hin zu ihrem Zusammenspiel mit Big Data. Unter dem Stichwort Wirtschaft findet sich die letzte Publikation aus 2017 mit dem Titel ‚Autonome Systeme in Wirtschaft und Gesellschaft'.

Warum neigen wir dazu, Handlungskompetenzen zu hoch zu bewerten? Ein Erklärungsversuch. Ein Ingenieur legt ein technisches System aus und lässt es von einem Techniker umsetzen. Dafür benutzt er ein Lastenheft. Werte, Moral oder Wahrnehmung Anderer sind für die Ingenieuraufgabe Nebensache. Ist er gut in seinem Job, wird dieser Ingenieur in unserem System schnell Abteilungsleiter, Bereichsleiter und vielleicht irgendwann CEO eines Mittelständlers. Dann spielen die Faktoren Methodenkompetenz und Fachkompetenz kaum mehr eine Rolle. Die Funktion als CEO hat fast nichts mehr mit der erlernten Welt als Ingenieur zu tun. Für das Ingenieurstudium brauchte er 10 - 12 Semester harter Arbeit. Danach hatte er mit Glück die eine oder andere mehrtägige Schulung seiner sozialen und strategischen Kompetenzen. Ansonsten bleibt nur ,learning on the job'. Wenn er mit 50 Jahren die letzte Stufe der Karriereleiter im C-Level eines Unternehmens erklimmt, besitzt er in der Regel keinerlei messbares Qualifikationslevel im Bereich sozialer oder gar ethischer Fragestellungen. Außer wenn er bei einer externen Bewerbung auf eine Führungsposition ein Assessment Center durchlaufen musste. Dabei wird sein Status quo festgestellt, aber dazulernen wird er nichts. Der solchermaßen qualifizierte Ingenieur an der Firmenspitze ist im technischen deutschen Mittelstand nicht die Ausnahme, sondern die Regel.

Wir müssen lernen, Kompetenzen umfassender zu entwickeln und zu bilanzieren
Ein typischer Einwand gegen obigen Stereotyp ist: ,wichtig ist doch nur was unterm Strich herauskommt'. Dem halte ich entgegen: Jedes konkrete ,Ergebnis' (Jahresergebnis, Gewinn, ...) ist eine Momentaufnahme und wird bei Firmen überbewertet. Das Ziel eines Unternehmens ist die langfristige Sicherung seiner Existenz zum Nutzen seiner Beteiligten. Um das zugehörige Kompetenzportfolio im Unternehmen festzustellen, reicht es nicht in die Zahlen zu blicken.

Ich möchte hierzu ein Gedankenexperiment durchspielen.
Du willst eine Firma kaufen und verfügst über 2 Angebote.
    Das Unternehmen A erbringt seit 20 Jahren Ingenieurdienstleistungen.
    Das Unternehmen B besteht erst seit 5 Jahren und erbringt exakt die gleichen Leistungen für die gleichen Kunden.
Die Ähnlichkeit geht so weit, dass beide Unternehmen im Jahresabschluss 2019 denselben Umsatz und Gewinn mit derselben Anzahl Mitarbeiter publizieren. Unternehmen B ist viel schneller gewachsen und zeigt Dir eine tolle weitere Umsatzperspektive auf.
    Als Investor möchtest Du mehr über das Kompetenzniveau beider Firmen erfahren. Du beauftragst eine Personalberatung, ein Assessment der Leistungsträger beider Unternehmen durchzuführen. Das Ergebnis: Die Mitarbeiter des ,etablierten' Unternehmens A erzielen im Schnitt viel höhere Ergebnisse in ihren Soft Skills. Mehrere leitende Mitarbeiter des ,dynamischen' Unternehmens B nehmen es mit Angaben in ihren Lebensläufen nicht so genau. Die Mehrzahl erreichen nur durchschnittliche Soft Skill Werte. Weiter hat es den Anschein, dass einige Leistungsträger von Unternehmen B bereits nach einer neuen Position Ausschau halten. Das Kernteam A wird als eine homogene und eingespielte Mannschaft geschildert, die stolz auf ihr Unternehmen ist, auch wenn es mit dem Erfolg nur langsam vorangeht. Besonders sticht hervor, dass sie sehr genau einschätzen können, wo sie stehen und was zu verbessern ist.
    Frage: welches Unternehmen kaufst Du?
Ich würde Unternehmen A kaufen. Der Grund: ich habe einen langfristigen Planungshorizont. Das Risiko beim Kauf der *ungewöhnlich* schnell wachsenden Firma B wäre mir zu hoch. Möglicherweise stecken irgendwelche Leichen im Keller.
    Dieses Gedankenexperiment ist nicht so willkürlich wie es aussehen mag. Es wird genügend Investoren geben, die sich für den Kauf von Unternehmen B entscheiden. Es verspricht auf den ersten Blick eine höhere Dynamik. Die Wahrscheinlichkeit, dass Unternehmen B innerhalb von 10 Jahren scheitert, wird höher sein. Wenn die Mitarbeiter es mit der

Wahrheit nicht so genau nehmen und hohe Fluktuation herrscht, dann ist in aller Regel mit der Kultur des Unternehmens etwas nicht in Ordnung. Ein Mindset- oder Kulturproblem zu lösen, ist extrem schwierig. Es lenkt von den eigentlichen Aufgaben ab.

Obwohl beide Unternehmen faktisch die gleiche momentane Leistung erbringen, und Unternehmen B nach einer Finanzbewertung monetär mehr wert sein wird, da seine Wachstumszahlen besser aussehen, hätte Firma A für mich einen höheren Wert. Ich würde also das Team A intensiv kennen lernen. Wäre ich mir danach sicher, dass die Analyse der Personalberatung stimmig ist, würde ich vermuten mit diesem Team mehr zu erreichen. Dieser Erfolg stünde auf einer soliden Basis. Unternehmen A würde ich auch zu einem niedrigeren Preis kaufen können als B, aufgrund der monetären Bewertung. Die Chance daraus innerhalb von 10 Jahren viel mehr zu machen, vermute ich schon an den Wachstumszahlen von B. Der Markt für beide Unternehmen ist derselbe. Wenn man so schnell wachsen kann wie Unternehmen B, sollte die gesamte Marktsituation günstig sein. Der Unterschied zwischen heute aufgewendetem Kaufpreis und Verkaufswert in 1o Jahren wäre voraussichtlich viel höher bei Unternehmen A. Wahrscheinlich würde ich aber auch nach 10 Jahren nicht verkaufen, sondern langfristig halten und damit das eigentliche Ziel eines Unternehmens und seiner Mitarbeiter verfolgen.

Der erreichbare höhere Wertzuwachs von Unternehmen B ist in keiner Bilanz oder Gewinn- und Verlustrechnung erkennbar.

Wir können für die gesamte Wirtschaft solche Werte auch nicht in Bruttosozialprodukt ausdrücken. Unsere Wirtschaft und Gesellschaft sind nicht in der Lage in Zahlen zu fassen, wie uns menschliche Kompetenzen weiterbringen. Und doch: gerade in der Zeit der Daten sind sie unschätzbar wertvoll.

Welche Kompetenzen sind für Dich als Ecosystem Unternehmer wirklich wichtig?

Es gibt Hinweise auf Fähigkeiten, die für Unternehmer im Allgemeinen zwar wichtig sind, aber meines Erachtens völlig unterschätzt werden. Vielleicht weil sie nicht cool sind? Alle sprechen von Kreativität. Kreativität ist cool. Der Hype um Kreativität und Innovationsfähigkeit verdrängt manche essentiellen Kompetenzen. Solche, ohne die nichts sicher entsteht und nachhaltig erfolgreich bleibt. Hier ist meine Liste der zehn Kompetenzen, die wir vernachlässigen, obwohl sie grundlegend sind:

- Schlagfertigkeit hilft Dir, gekonnt und ohne viel Aufhebens Angriffe anderer zu parieren. Sie hält das Stressniveau niedrig und vermeidet Eskalation, wenn sie gut geübt ist.
- Aufmerksamkeit ist für mich die am meisten unterbewertete Fähigkeit. Wer kann noch länger als 30 Minuten aufmerksam sein? Peripheres Sehen und Wahrnehmen gehören dazu. Wer mehr um sich herum wahrnimmt, und besser aufnimmt, ist immer im Vorteil.
- Fleiß ist uncool. Aber Fleiß ist die wichtigste Voraussetzung für Erfolg - wenn man kein Überflieger ist. Ohne Fleiß hätte ich nicht dreimal unterschiedliche berufliche Wege einschlagen können. Ich hätte auch definitiv nicht dieses Buch geschrieben. Ich finde, Fleiß sollte wieder cooler werden. Vielleicht sollte man ihn deshalb einfach Diligence nennen, da wir englische Begriffe als cooler wahrnehmen.

- Gewissenhaftigkeit und Sorgfalt sind ebenfalls aus der Mode geraten. Wer sie besitzt und pflegt, wird als zuverlässiger Partner wahrgenommen. Interessanterweise bedeutet „Diligence im Englischen sowohl Fleiß als auch Sorgfalt.

- Systemisches Denken hat bereits Moore betont. Warum reite ich darauf herum? Weil kaum jemand weiß was es wirklich bedeutet. Noch weniger Menschen beherrschen es. Systemisches Denken berücksichtigt alle möglichen Funktionen und Einflussgrößen in einem System. Es erlaubt das Finden kreativer und zugleich langfristig tragfähiger Lösungen nach dem ökologischen Win-Win-Prinzip. Und wieder grüßt Herr Moore.

- Anpassungsfähigkeit wird gerade neu entdeckt. Sie ist die wichtigste Grundlage fürs Überleben. Neuerdings misst man neben dem Intelligenzquotienten IQ und dem Quotienten emotionaler Intelligenz EQ auch den Adaptionsquotienten AQ. Um ihn zu testen werden drei Elemente vorgeschlagen:
  - Vermehrt die ‚was wäre, wenn' Fragen zu stellen.
  - Nach Zeichen von ‚Verlerntem' zu schauen.
  - Höheres Gewicht auf ‚Erkundung' als auf ‚Ausbeutung' zu legen.

- Entschlossenheit ist die Fähigkeit, auf ein Ziel sicher und mit starkem Willen zuzugehen. Im Wechselspiel zwischen Anpassungsfähigkeit und Entschlossenheit kann Großes entstehen. Die Kunst ist, sicher zu entscheiden, wann Anpassung zu bevorzugen ist, und wann man den eingeschlagenen Weg entschlossen weiter gehen sollte.

- Mut scheinen wir komplett aus unserem Berufsleben zu verdrängen. Alles wird prozessual überorganisiert, jeder hat sich danach zu richten. Das Individuum ordnet sich der Norm unter. Jobsicherheit geht vor, der Lebenslauf soll keine Experimente ausweisen. Manche haben nicht einmal den Mut zu sagen, was ihrer Meinung nach im Unternehmen falsch läuft. Auch unternehmerischer Mut wird zur Mangelware. Ohne Mut hätten die Astronauten von Apollo 8 niemals die Erde über dem Mond aufgehen sehen, ein Bild, das die Sicht auf unsere Welt für immer verändert hat. Mut haben heißt, Rückschritte einzuplanen, wenn sie dem Weiterkommen dienen. Es heißt auch, Fehlschläge als Teil der Entwicklung zu begreifen.

- Kooperieren wurde Stück für Stück verlernt. Viele Unternehmen unterdrücken regelrecht Kooperationen aus dem Erlebnis von ständigem Hyper-Wettbewerb und Silo-Denken. Stattdessen werben sie sich gegenseitig die besten Mitarbeiter ab. Erfolgreich macht heutzutage eher die Fähigkeit, Kooperationsmöglichkeiten zu entdecken, Informationen auch einmal selbstlos zu teilen, um damit möglicherweise etwas zurückzuerhalten und gemeinsam Mehrwert zu erzeugen.

- Wahrnehmung der Werte anderer beziehen wir meist auf den privaten Bereich. Doch es bringt auch horizontale Beziehungen in Ecosystemen erst richtig zur Blüte, wenn man gemeinsame Werte teilt. Dazu können beispielsweise gehören: Altruismus, Authentizität, Empathie, Fairness, Glaubwürdigkeit, Integrität, Solidarität, Teamgeist, Toleranz, Transparenz, Unabhängigkeit.

So viel zu meiner sehr persönlichen Liste der unterbewerteten Kompetenzen.

Wenden wir uns zum weiteren Verständnis der Einordnung von Kompetenzen zwei gegensätzlichen Polen zu: der menschlichen und der künstlichen Intelligenz. Dabei werden Science-Fiction Freunde auf einen alten Bekannten treffen.

WELCHE ROLLE SPIELT KI UND WIE BEHERRSCHEN WIR SIE?

Künstliche Intelligenz.

Versus Humanismus.

Warum Mr. Spock bis heute ‚faszinierend' ist

Die Kultfigur der Science-Fiction Serie ‚Raumschiff Enterprise' strahlt bis heute große Faszination aus. ‚Star Trek' gibt es schon seit über 50 Jahren. Die Ur-Serie startete 1966. Im selben Jahr brachte die Firma IBM ihren ersten Computer auf den Markt. Commander Spock verkörpert in der Serie ein Mischwesen - halb Vulkanier, halb Mensch. Der Sohn eines Vulkaniers und einer irdischen Mutter kann komplizierte Zusammenhänge analysieren. Er findet blitzschnell Lösungen. Damit ist er den einfachen Computern der 60er Jahre weit voraus. Vulkanier verfügen nicht über Emotionen. Dass Spock trotzdem welche hat, wurde ihm mit den Genen seiner irdischen Mutter in die Wiege gelegt. Spock versteht die Aufregungen der Menschen in brenzligen Situationen nicht. Begleitet vom typischen einseitigen Hochziehen der Augenbrauen kommentiert er sie als ‚faszinierend'. So findet er sich im Laufe der Jahre in einem spannenden Zwiespalt zwischen knallharter Analyse und aufkeimenden Gefühlen. Manchmal entstehen daraus interessante Widersprüche.

Eine solche Figur Mitte der 1960er Jahre zu skizzieren war geradezu visionär. Heute würde man Spock als die geniale Mischung aus künstlicher Intelligenz und menschlicher, emotionaler Intelligenz bezeichnen. Nicht nur darin war die Serie visionär.

In einem Interview mit den Stuttgarter Nachrichten [7] aus dem Jahr 2016 äußert sich der Philosoph Klaus Vieweg so:

Frage: „Star Trek war in den rassistisch geprägten 1960er in den USA vor allem deshalb so revolutionär, weil ein Russe, ein Chinese, eine Afroamerikanerin zusammen mit einem Amerikaner und einem spitzohrigen Besserwisser gemeinsam auf der Kommandobrücke Dienst tun. Steht dahinter der Wunsch nach der Gleichheit aller Menschen?"

Vieweg: „Das war eine zentrale Idee von Roddenberry, dem Schöpfer von ‚Star Trek': die Gleichheit aller Wesen, die über freien Willen verfügen. Und da gehört auch der Halb-Vulkanier Mr. Spock dazu, natürlich auch die Vertreter der unterschiedlichen terrestrischen Völker. Der farbige Kommunikationsoffizier Lieutenant Nyota Penda Uhura spielt dabei eine besondere Rolle."

Frage: „Inwiefern?"

Vieweg: „Der US-Bürgerrechtler Martin Luther King hatte die Schauspielerin Nichelle Nichols motiviert weiter in der Serie mitzuspielen. Sie hatte ein anderes Angebot. Er sagte „You don't have a black role, you have an equal role" („Du hast keine schwarze Rolle, sondern Du hast eine gleiche Rolle"). Das ist Originalton Martin Luther King. Das war äußerst wichtig Ende der 1960er. Als die farbige Schauspielerin Whoopy Goldberg Ende der 1960er die Serie zum ersten Mal sah, war sie völlig hingerissen. Sie rannte zu ihren Eltern und sagte: Ihr müsst das angucken. Im Fernsehen ist eine schwarze Frau, die ist kein Kindermädchen, sondern arbeitet auf der Kommandobrücke. Das war damals während der Hochphase der Diskriminierung von Schwarzen in den USA nicht die Normalität."

Humanismus, Diversität, philosophische Gedanken in Verbindung mit dem beginnenden Computerzeitalter Mitte der 60er Jahre. Viel weiter sind wir gesellschaftlich heute nicht. Während sich seitdem die Rechenleistung von Computern nach dem berühmten Mooreschen Gesetz alle 18 Monate verdoppelt, kann man das von den sozialen Fähigkeiten der Menschen wirklich nicht behaupten.

Aktuellen Stand zur Künstlichen Intelligenz einordnen
Es hapert heute verbreitet noch beim Grundverständnis, was künstliche Intelligenz überhaupt ist, und wo wir stehen. Das erzeugt Angst. Der Begriff wird in der breiten Bevölkerung mit massenhafter Arbeitslosigkeit und Machtübernahme der Computer gleichgesetzt. Kinofilme nähren dieses Szenario. Echte Aufklärung über den Begriff, Chancen und Risiken ist Mangelware.
In der einfachsten Definition ist KI ganz einfach Statistik mit maximaler Geschwindigkeit. Der typische Ablauf ist einfach: Relevante Massendaten aus einem Prozess in einen Computer füttern, statistisch auswerten, Ergebnis zeigt bestimmte Muster.
Beispiel: Würde ein Computer einmal pro Stunde mit der Temperatur und Helligkeit an einem Punkt der Erdoberfläche gefüttert, könnte er statistisch feststellen, dass sie miteinander zusammenhängen. Mr. Spock könnte daraus messerscharf schließen: Es gibt eine Sonne in dem Planetensystem der Erde.
Das Level der Anwendung und Verbreitung von KI in verschiedenen Industriezweigen ist höchst unterschiedlich:
Produktionsunternehmen können heute mit KI in der höchsten Nutzen-Ausprägung komplexe Prozesse steuern. Mit den Prozessdaten aus der Produktion können sie vorhersagen, ob ein bestimmtes Bauteil fehlerhaft sein wird, und es frühzeitig aus der Produktionslinie aussteuern. Damit kann viel Geld gespart werden. Ressourcen werden geschont. Zerstörende Prüfung entfällt. Schnellere Ergebnisse bedeuten weniger Ausschuss. Gelingen kann das durch die Erkennung von Datenmustern, die mit hoher Wahrscheinlichkeit zu Fehlern führen. Das klingt einfach, ist aber aufwändig. In jeder Sekunde müssen an allen wichtigen Punkten der Produktion viele Daten zuverlässig erfasst, lokal verarbeitet, an einen Cloud-Datenspeicher übermittelt und dort ausgewertet werden. Schnell werden die Datenmengen so groß, dass sie vor der Weiterleitung vor-verarbeitet werden müssen. Erst dann sind sie kompakt genug, um laufend an eine Cloud übermittelt werden zu können. Daher kommt der Ruf nach immer schnelleren Mobilfunknetzen wie der 5G Standard. In Bezug auf KI ist die Datenspeicherung in der Cloud längst ein alter Hut. Sicherheitsthemen und Datenmengen bilden eine Grenze des Machbaren und Gewünschten. Auch die Wirtschaftlichkeit im großen Stil ist noch nicht gegeben. Erstens gibt es nicht genügend Profis, um die KI Modelle zu erzeugen. Zweitens, wenn es sie gäbe, wären sie zu teuer, um in einem Unternehmen tausende KI-Modelle händisch zu erzeugen. Die KI-Profis unter der Berufsbezeichnung Data Scientist gehören zu den gefragtesten Experten der Erde. Zukünftig sollen KI-Modelle

automatisch generiert werden. Ein Beruf entsteht, und macht sich sofort zum Teil überflüssig. Das ist die Dynamik, die uns in den nächsten 20 Jahren bevorsteht. In Abbildung 3 ist beispielhaft der Stand und der weitere Weg der KI im Produktionsumfeld aufgezeigt.

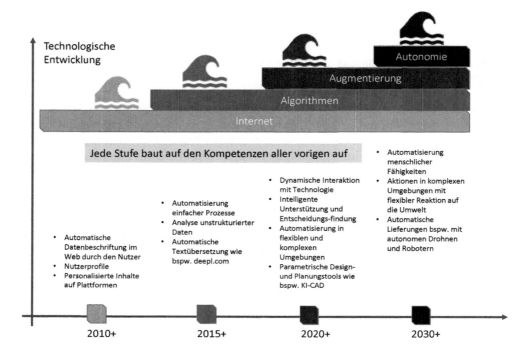

Abbildung 3: Die vier Wellen der Künstlichen Intelligenz im Umfeld der Produktion

Digitalkonzerne haben logischerweise die am weitesten entwickelten KI Fähigkeiten. Das gesamte Geschäftsmodell von Facebook beruht darauf, kostenlos die Daten seiner Nutzer zu analysieren, Muster zu erkennen, und ihnen passgenaue Angebote zukommen zu lassen. Im Gegensatz zu den B2B Anwendungen von KI in der Produktion reden wir bei Digitalkonzernen von B2C Anwendungen für Endverbraucher. Dieser weiß nicht, wie die Auswertungen aufgebaut sind, welche Ergebnisse sie liefern, und wofür sie verwendet werden. Auch die Speichertechnologien müssen sich weiterentwickeln, um KI auf breiter Front salonfähig zu machen. Wissenschaftler beschäftigen sich daher mit der Speicherung von Daten in derselben Form wie menschliche DNA. Ein Gramm menschlicher DNA kann unfassbare 215.000 Terabyte an Information speichern. Das ist die Kapazität von 215.000 Standard USB Festplatten. Heute schon gehören die Hersteller von Festplatten, wie vorher die CD-Hersteller, zu den Opfern des digitalen Fortschritts.

Was die meisten Menschen heute mit künstlicher Intelligenz verbinden ist NOCH Zukunftsmusik: das eigenständige Wirken von Computern. Der Sammelbegriff KI umfasst viele Technologien, die gleichzeitig entwickelt werden müssen. Heute befinden wir uns auf der Stufe maschinelles Lernen (machine learning), sowie Sprach- und Bilderkennung. Die nächste Stufe ist automatisches maschinelles Lernen (AML, automated machine learning). Dann können KI-Modelle automatisch erzeugt werden. Einen vereinfachten Überblick der Grundlagenwissenschaften, Methoden und Anwendungen innerhalb der KI bietet Abbildung 4.

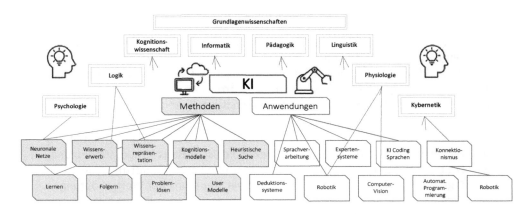

Abbildung 4: Übersicht Grundlagen, Methoden und Anwendungen der Künstlichen Intelligenz

Wie erreicht man sinnvolle Zusammenarbeit Mensch / KI?

Wenn wir uns anhand der menschlichen und unternehmerischen Kompetenzen im vorigen Kapitel orientieren, wird die Beantwortung dieser Frage plötzlich sehr einfach. KI hat ihre Domäne im Bereich der methodischen Kompetenzen. In allem was über diesen Bereich herausragt, muss künstliche Intelligenz in einem sinnvollen Regulierungsrahmen eingebunden sein, da dies die menschliche Domäne bleiben muss. Der Regulierungsrahmen muss gesellschaftlich akzeptiert und von der Politik gesetzt und ständig angepasst werden.

KI fordert uns, die Vision der Welt neu zu definieren

Meine Vision für ein Nebeneinander von Menschen und KI sieht so vielfältig, human und divers aus, wie an Bord des Raumschiffs Enterprise. Andere Vorstellungen müssen gehört und in ein Konsensschema gebracht werden. Dann brauchen wir Regeln, wie, wofür, von wem und zu welchen gesellschaftlichen Konditionen KI eingesetzt werden darf. Gesellschaft hat Vorrang.

Die latente Handlungslähmung der Politik hat uns bereits in gefährliches Fahrwasser gebracht. Während wir um die letzten verbliebenen Dorfläden zur Grundversorgung auf dem Land ringen, wächst uns die Macht der globalen Digitalkonzerne buchstäblich über den Kopf. Neulich saß ich vor einer TV-Talk Politikerrunde, die sich einig zu sein schien, dass ‚dieses Spiel' bereits zugunsten der Digitalkonzerne verloren sei. Ich war schockiert über eine solche Aussage. Welches ‚Spiel'? Unsere Volksvertreter sollten nun endlich handeln, statt medienwirksam zu resignieren. Damit das ‚Spiel' nicht verloren ist müssen

- mittelständische Unternehmen mit und von KI profitieren können. In gesellschaftlich sinnvoller Weise. Dafür kann einzig und allein die Politik den Rahmen setzen und muss finanziell massiv unterstützen. Einzelne Initiativen wie in Baden-Württemberg gibt es, doch sie sind immer noch nicht flächendeckend vorhanden und nicht konsequent genug mit Budget ausgestattet.

- Digitalsteuern erhoben werden. Die kostenlose Verwendung von privaten Nutzerdaten bei globalen Digitalkonzernen muss unterbunden werden. Würde der erzielte Gewinn dieser Nutzung konsequent besteuert, wäre genügend Geld für den nachhaltigen Aufbau mittelständischer Geschäfte vorhanden.

Heute ist KI vorwiegend ein Instrument der Digitalkonzerne mit dem sie ihre Vormachtstellung zementieren. Um dies zu ändern muss der Mittelstand befähigt werden, seine überwiegend produktionsorientierte Ausrichtung um digitale Geschäftsmodelle zu ergänzen, um dadurch Wertsteigerung für die Endkunden zu erreichen. Die Wertschöpfungskette digitaler Geschäftsmodelle lässt sich folgendermaßen darstellen:

1. Digital Strategy: Istzustand, Ziele und Handlungsinitiativen
2. Digital Infrastructure: Technologische Basis (Cloud, Vernetzung, ...)
3. Digital Ecosystem: Partner und Partnerschaftsmodelle
4. Digital Office: Zentrale Steuerung der Wertschöpfung
5. Digital Culture: Befähigung und Ausrollen im Unternehmen
6. Digital Product & Service: Zentrales Wertversprechen an die Kunden
7. Digital Customer Interface: Einbeziehung der Kunden im Ecosystem

Die zentrale Unterstützungsaufgabe des Staates liegt im Punkt 2. Er muss eine leistungsfähige technische Infrastruktur zur Verfügung stellen, und einen innovationsfördernden und die Bürgerrechte schützenden rechtlichen Rahmen setzen, der der Bedeutung der Datenökonomie für die Zukunft des Wirtschaftsstandorts Deutschland gerecht wird. Seit Jahren wird der Staat dieser Investitionsaufgabe nicht gerecht und verspielt damit Zukunftschancen. Die Zukunft des Wachstums liegt weder im Straßenbau noch im Flughafenbau sondern in der leistungsfähigen digitalen Infrastruktur bis in die letzten Winkel unseres Landes, einschließlich einer in Deutschland beheimateten sicheren Cloud und leistungsfähiger Anbieter für Datenservices.

Wir haben einige Voraussetzungen gesehen, um erfolgreich neue Geschäftsmodelle zum Nutzen einer breiten Schicht mittelständischer Unternehmen in der digitalen Welt zu finden und einführen zu können.
Im nächsten Kapitel geht es um einige konkrete Ideen für neue Geschäfte von Gründern, Selbstständigen oder ambitionierten angestellten Ecosystem-Unternehmern.

WAS KANN ICH KONKRET NEUES SCHAFFEN?

Ideen.

Startpunkte für Dein LifeBusiness.

Erkenne und vermeide Geschäfte mit zweifelhafter Zukunft.
Wie kannst Du vermeiden, auf auslaufende Geschäftsmodelle zu setzen? Sehen wir uns an, welche Lebensveränderungen die letzten 100 Jahre gebracht haben. Was wir erlernt haben, was nicht, und was wir besser wieder verlernen sollten.

Alles wurde komplexer, aufwändiger, vielgestaltiger. Regeln und Gesetze nahmen zu. Wir erlebten eine Flut von Informationen, neues Wissen explodierte. Rechenkapazität verdoppelte sich alle 18 Monate. Wissen wurde überall und sofort verfügbar. Informationen über den Zustand des letzten Winkels der Erde wurden zeitgleich in jedem anderen Winkel verfügbar gemacht.

Das, was war - und das, was ist - wird laufend beschrieben, dokumentiert, gespeichert. Wissen ist zur Massenware geworden. Online Kurse zu tausenden von Themen werden von hunderten Universitäten für kleines Geld angeboten. Millionen Menschen aus Entwicklungsländern können an Wissen teilhaben und erträumen sich damit eine bessere Zukunft. Aber mit Wissen allein kann sich kaum jemand noch einen Vorteil verschaffen, wenn es nicht hoch aktuell und spezifisch ist. Vom Wertverfall bedroht ist alles, was statisch ist und massenhaft verfügbar. Schon mein geschätzter Regelungstechnik Professor an der Uni sprach von der Halbwertszeit des Wissens. Er meinte, sie betrage etwa 2 Jahre. Dann hätten wir die Hälfte dessen vergessen, was er uns erzähle. Sein Ziel war, dass wir nicht wissen, sondern verstehen und daraus Handlungskompetenzen entwickeln.

Welche anderen Geschäfte verlieren an Wert? Einfache Arbeitskraft. Technische Geräte. Fahrzeuge. Einfache Vermittlungsgeschäfte. Transport. Auch alles was wir soweit standardisiert und perfektioniert haben, dass es keinen Charakter mehr hat, unterliegt dem Wertverfall: Pauschalreisen. Systemgastronomie. Lebensmittel in Massenproduktion.

Was hat dagegen noch aussichtsreiche wirtschaftliche Zukunft?
Alles was dynamisch und rar ist, beispielsweise die Ausbildung in gesuchte Schlüsselqualifikationen. Viele unserer diesbezüglichen Kompetenzen sind unterentwickelt, unterbewertet. Geschäftsmodelle der Zukunft entstehen aus dem was uns fehlt, indem Anbieter entstehen, die diese Lücken mit herausragenden Angeboten schließen.

Begreifen
In Städten und Gemeinden sprießen Waldkindergärten wie die Pilze aus dem Boden. Immer mehr Eltern möchten, dass ihre Kinder die Natur verstehen, anfassen können, basteln, bauen, mit ihren Händen be'greifen'. Sie möchten ihnen die Möglichkeit bieten ‚geerdeter' aufzuwachsen. Private Initiativen können hier nicht nur auf einen Trend aufspringen, sondern ein Problem lösen, dem die Politik noch hinterherrennt.

Ökologisch nachhaltig verändern

Schüler entfliehen freitags den Wissensfabriken namens Schule und gehen auf die Straße. Sie lehnen es ab, im Geschichtsunterricht sinnlose Fakten über die letzten Jahrhunderte zu lernen während wir ihre Zukunft verspielen. Wer gibt Ihnen Chancen sich besser beteiligen zu können? Sie nehmen die Themen auf, die von unseren Generationen ungelöst hinterlassen wurden. Die Themen liegen im wahrsten Sinn des Wortes auf der Straße. Jede positive Veränderung auf dem Weg zu mehr Nachhaltigkeit fügt dem System Erde einen Nutzen zu oder verringert einen Schaden. Da es bereits 5 nach 12 ist, verursacht die wiederkehrende Diskussion, welche Maßnahmen man zuerst ergreifen solle, nur mehr Schaden aufgrund von Zeitverlust. Alle Nachhaltigkeitsmaßnahmen nützen. Sie jetzt in Geschäftsmodelle umzusetzen bedeutet, einen Wert zu schaffen der in Zukunft Wertsteigerung erfährt.

Lebensfreude ermöglichen

Ältere Menschen leben zunehmend isoliert, weil es kaum noch Großfamilien gibt. Von ihrem Geld können sie sich kaum Lebensfreude kaufen. Angebote gibt es außerhalb der Städte nur wenige. Kreuzfahrtschiffe sind die schlimmste mögliche Lösung für den Planeten. Wer bietet ihnen individuelle Angebote zur Freizeitgestaltung ‚frei Haus' an? Sie sind noch nicht im Digitalzeitalter aufgewachsen, brauchen einfach zu bedienende technische Helferlein, die ihnen die fundamentalen Dinge des Lebens erleichtern. Sie tun sich schwer mit der technischen Vielfalt. Schon bei der Bedienung eines Smartphones oder PC sind sie überfordert. Digitale Assistenten sind nur Konsum-Ermöglicher. Wir denken bei Digitalisierung an ‚produktive' Menschen in Homeoffices. Die Älteren übersehen wir, sobald sie nicht mehr ständig das Haus verlassen können oder wollen. Intelligente Dienstleistungen scheinen die Konzerne nicht zu interessieren. Wer bietet ihnen die Plattform sich einzubringen? Wer nutzt ihre Möglichkeiten Kinder zu betreuen?

Zeitinseln schaffen

Die alleinverdienenden Familienväter / Mütter mit Mitte 30 haben alles was sie brauchen, nur zu wenig Zeit. In der spannendsten Phase ihres Lebens arbeiten sie 9-10 Stunden täglich. Wo sind die Firmen, die ihnen anbieten einige Jahre lang nur 3 Tage / 24 Stunden in der Woche zu arbeiten? Wo sind die Unternehmer, die sie zunehmend am Unternehmen beteiligen, um langfristig auf ihre Expertise setzen zu können? Wer führt Employee Sharing ein?

Praxisfähigkeiten und handwerkliche Fertigkeiten schulen

Fernuniversitäten boomen. Praxiserfahrungen in Unternehmen sind Mangelware. Erste Plattform-Angebote zur Vermittlung von Studenten und Praktikanten entstehen. Im Zeitalter der aus China importierten Massenware wird die Herstellung lokal und handwerklich erzeugter Güter bald wieder zunehmende Wertschätzung erfahren. Wer bringt den heutigen Schülern wieder handwerkliche Fähigkeiten nahe, um sie für solche Berufe zu begeistern? Hier gibt es eine ideale Verbindung zu den Älteren, die sich gerne einbringen würden, aber wenig Angebote finden.

Wertschätzende Kommunikation und agile Zusammenarbeit fördern

Unternehmen profitieren von gesunden und glücklichen Mitarbeitern. Führungskräfte werden jedoch immer mehr zerrieben zwischen Sach- und Führungsaufgaben. Wie können wir ihnen schmackhaft machen, Coaches für ihre Mitarbeiter zu werden, und diese Rolle belohnen? Eine wachsende Zahl klassischer Führungskräfte wird sich für das Thema Agile Coach interessieren, und daraus entsteht eine Dynamik in Richtung agiler Zusammenarbeit nahezu automatisch. Angebote können beispielsweise die Analyse des Transformationsbedarfs umfassen, die Schulung von Agile Coaches on-the-job und die Funktion als der Agilitäts-Sparringspartner für die Unternehmensführung.

Trendige Genussmittel mit nachhaltiger Wirkung
Nur ein Beispiel von vielen: Seit kurzem sieht man vermehrt auch bei uns mobile Imker. Die sogenannte Wanderimkerei ist in den USA ein riesiger Geschäftszweig. Nicht vorwiegend zur Honiggewinnung, sondern wegen der Bestäubungsleistung der Bienen. Wirtschaftlich betrachtet ist sie 10 bis 15-mal so hoch wie ihr Honigertrag. Kalifornien erzeugt zwei Drittel der Weltproduktion an Mandeln. Dazu werden Wanderimker eingesetzt, da die zig Millionen Mandelbäume nicht selbstbestäubend sind. Auch hierzulande gibt es großes Potenzial, es müssen ja nicht gleich ganze Tieflader mit Bienenstöcken und riesige Monokulturen sein, wie in den USA. Im Bereich Lebens- und Genussmittel erhalten nahezu ausgestorbene Berufe neue Attraktivität. Man kann mit hochwertigen Erlebnissen für Gaumen, Augen und Ohren auch vermeintlich ‚alten' Berufen wieder neues Leben einhauchen. Den Genuss der Verbraucher und gleichzeitig die nachhaltige Wirkung können Schulungen zur Herstellung solcher Produkte noch steigern.

Natur hautnah vermitteln
Gut ausgebildete und erfahrene Ranger vermitteln in Nationalparks und Naturparks in den USA viel Wissen an die interessierten Gäste. Sie bringen ihnen in Führungen erstaunliche Erlebnisse nahe. Was in USA längst perfektioniert ist, steckt bei uns noch in den Kinderschuhen. Kombiniert mit digitalen Angeboten, Fotokursen oder Outdoor Übernachtungen können in Regionen, die vor 50 Jahren in Deutschland noch Touristenmagneten waren, wieder neue Angebote entstehen.

Blick über den Zaun, Best Practice Sharing
Mitarbeiter von Mittelständlern sind oft langjährig im Unternehmen. Das ist vorteilhaft, weil keine Erfahrung verloren geht. Es behindert aber den Austausch von neuen Methoden und Ansätzen. Um dieses Thema ranken sich neue Geschäftsmodelle zwischen Unternehmen mit ähnlichen Erfahrungsbedarfen.

Mobile Digital Experience Labs
Jederzeit aktuelles digitales Wissen, Trends und KI Möglichkeiten hautnah in einem mobilen Labor erlebbar zu machen, ist eine Mega-Aufgabe. In regionalem Umfeld gibt es das kaum. Auch Firmen würden ein solches Angebot sicher gerne für die Kompetenzentwicklung ihrer Mitarbeiter nutzen. Wenn Mitarbeiter neue Technologien ‚anfassen' und verstehen, kommen sie auf Ideen, die den Unternehmen nützen. Heute gibt es hier und da Show-Trucks von bestimmten Anbietern, die ihre Produkte verkaufen wollen. Die weitergehende Aufgabe wäre, anbieterunabhängig Technologiekompetenz zu vermitteln. Firmen für ihre Mitarbeiter, Eltern für ihre Kinder, Hochschulen für ihre Studenten. Zukunft zum Anfassen.

Regionalisierung jeglicher Produktion

Überall wo Transport über weite Strecken ein Teil günstiger Preise geworden ist, locken neue Geschäftsmöglichkeiten. Denn Transport erzeugt Emissionen und Emissionen werden teurer werden. Das Stichwort lautet regionalisieren. Aufgeklärte Menschen essen keine Krabben, die zum Pulen von Büsum nach Marokko geschickt werden. Immer mehr Menschen bezahlen für regionale Produkte, auch technischer Natur.

Ecosystem Building

Etablierte Unternehmen mit neuen Geschäftsideen tun sich vielfach schwer, relevante Partner zum Aufbau eines Business Ecosystems zu finden. Beispielsweise wenn ein neues Produkt entsteht, und die Kundenbasis neu gefunden werden muss. Oder wenn eine Technologie zum Erfolg des Geschäfts eingesetzt werden muss, die bisher nicht verwendet wird. In diesen Situationen sind neutrale Partner hilfreich, die Erfahrung mit Netzwerken und Netzwerkfähigkeiten haben. Sie können helfen, belastbare Beziehungen aufzubauen, gemeinsame Leuchtturm-Projekte zu definieren und sicher ins Ziel zu bringen. Damit können sie flexibler und stabiler ihre neuen Leistungen skalieren.

Mit dieser kleinen Auswahl von zukunftsträchtigen Themen möchte ich den 1. Teil beenden. Ich wollte Dir aufzeigen, welche spannenden Herausforderungen unsere wirtschaftliche Zukunft stellt, und wie Du als Einzelner helfen kannst sie zu bewältigen und dabei Deine Berufung zu finden. Die Ziele, die Dir dabei in den Sinn kommen, ergeben sich bei genügender Beschäftigung mit den zukünftigen Trends von allein. Einfach, indem Du mit offenen Augen durchs Leben gehst. Im Gegensatz zu vielen Ratgebern möchte ich mich daher nicht mit Zielfindung befassen. Das Thema ist ausführlich beschrieben. Stattdessen lege ich mehr Wert auf den Weg, und was auf diesem Weg wichtig ist.

Der 2. Teil befasst sich mit 25 typischen Handlungsfeldern, die Dir auf dem Weg in Dein neues Ecosystem oder bei der Transformation dorthin begegnen können. Ich stelle die Handlungsfelder in der Reihenfolge dar, wie sie einem zukünftigen Ecosystem-Unternehmer im Verlauf seiner selbstständig Werdung oder Gründung normalerweise begegnen. Meine persönlichen Erfahrungen auf dieser Reise fließen dort ebenso ein, wie Erlebnisse in der Natur. In ähnlicher Form wie Moore mit seiner Ecosystem Analogie möchte ich damit zur gedanklichen Vernetzung und zum Systemdenken anregen. Ich gebe Hinweise welche Kompetenzen und Erfahrungen Dir dabei hilfreich zur Seite stehen. Zitate regen zum Nachdenken an. Fotos und ein wenig Storytelling dienen zur Auflockerung.

Teil 2: Die Top 24 Handlungsfelder im Business Ecosystem

DIE GROßEN MOMENTE MEINER REISE
ERKANNTE ICH ERST DANACH.

Wendepunkt erkennen.

Das Beste zuerst.

„Jeder Mensch besitzt nur ein begrenztes Maß an psychischer (also nichtkörperlicher) Energie, die er für seine Lebensaktivitäten aufwenden kann. Sie auf das Ziel zu konzentrieren, das Ihnen wichtig ist, ist ein sicherer Weg zum Erfolg."
Paul Wilson [8]

Erlebnis: Die Liste der Lebensprioritäten

Kroatien 1999, an einem Strand der Insel Rab. Was auf den ersten Blick nur wie Urlaub aussieht, hat mein gesamtes berufliches und privates Leben nachhaltig verändert.

Jeden Tag gehen wir zum selben Strand, machen es uns unter ,unserem' Baum gemütlich. Die Kinder finden im Wasser immer neue Fische, Seegurken, Steine und Muscheln, die Erwachsenen genießen ihre Bücher im Schatten der ausladenden Pinie, in der sanften Meeresbrise. Herrlich. Nach anstrengenden, kräftezehrenden Arbeitsmonaten lässt mich die Arbeit immer noch nicht los. Ich habe mir ein Sachbuch mitgebracht, ,Das Buch der Ruhe' von Paul WILSON. Untertitel: ,Gelassenheit am Arbeitsplatz'. Es ist nicht schwer zu erraten, wie es jemandem in seinem Berufsleben ergeht, wenn er ein Buch mit diesem Titel mit in den Urlaub nimmt. Auf Seite 116 findet sich der unscheinbare Rat, eine Liste der Lebensprioritäten zu erstellen.

„Überdenken Sie das Leben, das Sie bis zum Alter von 65 Jahren geführt haben... Ordnen Sie anschließend die Punkte der folgenden Liste nach der Wichtigkeit, die sie für Sie haben, wie beispielsweise:

- Ich war erfolgreich in meinem Beruf
- Ich verdiente mit meiner Arbeit viel Geld
- Ich half anderen und teilte den Erfolg mit Ihnen
- Die beste Zeit meines Lebens hatte ich mit meiner Familie
- Ich schrieb ein Buch/baute ein Haus/lernte Geige spielen/umsegelte die Welt/promovierte"

Die Gedanken, die mir in diesem Moment kommen, sind mächtig. Sie haben eine Tragweite, die auf mein gesamtes restliches Leben ausstrahlen wird. Im Schatten unseres Baums lese ich weiter:

„Um Nutzen aus dieser Liste zu ziehen, sollten Sie sich an einen Ort zurückziehen, wo Sie ruhig und ungestört sitzen können.

(...meine Pinie...)

Bevor Sie endgültig beginnen, tun Sie zunächst für einige Minuten gar nichts.

(...gerne...)

Lauschen Sie nur auf Ihren Atem.

(...und auf das Meeresrauschen...die Pinie im Wind...)

Wenn sich dann ein gewisses Behagen einstellt, malen Sie sich aus, wie es sein wird, wenn Sie fünfundsechzig Jahre alt sind.

(...kein Stress wie in der letzten Woche vor dem Urlaub...)

Stellen Sie sich vor wie Sie aussehen

(...jung geblieben...),

was Sie tun werden

(...ich sitze auf der Veranda eines kleinen Steinhauses mitten in einem Lavendelfeld in der Haute Provence...ein kleiner Garten...ein Motorrad...).

Als nächstes überdenken Sie ihr Leben, das Sie bis dahin geführt haben

(...definitiv ein anderes als dieses was ich gerade führe ...).

Dies ist zwar bei weitem keine vollständige, abschließende Liste von Lebenszielen, aber sie wird Ihnen helfen, Ihre persönlichen Prioritäten einzuordnen. Möglicherweise werden Sie feststellen, dass Prioritäten mit Bezug zur Arbeit - Geld, Stellung. „Erfolg" - an der Spitze Ihrer Liste stehen."

(...Doch da stehen ganz andere Ziele an der Spitze meiner Liste...)

Noch am selben Abend vor dem Einschlafen hatte ich ein recht plastisches Bild vor mir, wie mein Leben von heute (ich war damals 38 Jahre alt) bis zu meinem 65. Lebensjahr aussehen sollte. Daraus ergab sich ungefähr, was ich mit 60, 50 und 40 Jahren erreicht haben wollte. Die Konsequenz war dramatisch einfach. Mir blieb keine Zeit mehr zu vergeuden. Noch im Dezember desselben Jahres kündigte ich meinen Job im Ausland und kehrte im nächsten Frühjahr nach Deutschland zurück.

Erfahrung: Die Vision des Lebens nimmt Gestalt an

Das oben erwähnte Taschenbuch zum Preis von 16,90DM war für mich in der Rückschau der Einstieg zum Ausstieg aus dem Angestelltendasein. Es war ein Richtungswechsel, der nicht mit Gold aufgewogen werden kann. Diese Erkenntnis brauchte allerdings noch einmal 10 Jahre zum Reifen. Der Reihe nach.

Im Frühjahr 2000 trat ich zum ersten Mal eine Stelle an, deren Ziel und Inhalt ich selbst definiert hatte. Ich verließ den sicheren Hafen als Entwicklungsleiter in einem tollen, inhabergeführten Konzern, dessen Inhaber und Vorstände ich sehr schätzen gelernt hatte.

Meine neue Aufgabe erfüllte die zwei wichtigsten Kriterien auf meiner Liste: Gestaltungsfreiheit und Nähe zu meinem Zuhause. Dafür war ich bereit sehr viel aufzugeben: einen sicheren Job in einem Unternehmen, ‚das man normalerweise nicht verlässt', eine nur 6 Monate später unverfallbar werdende Firmenrente, ein großes und schlagkräftiges Team, Ansehen und herausragende Stellung im bisherigen Unternehmen. Was ich gewann, waren Zeit, Freiheit, Privatleben und die Chance etwas völlig Neues aufzubauen und damit zu helfen, die Existenz des neuen Unternehmens zu sichern. Das Risiko was ich dabei einging, war gewaltig. Ich kehrte zu meinem früheren Arbeitgeber zurück, der nach der Insolvenz von einem britischen Konzern übernommen worden war. Ein solcher Schritt wollte schon gut überlegt sein. Mehr noch, denn die neuen Inhaber standen bereits finanziell mit dem Rücken an der Wand. Ich hatte einen Vorschlag, der sie aus der Verlustzone führen sollte und den Wechsel zur geplanten neuen Produktpalette erleichtern konnte. In den folgenden vier Jahren konnte ich mich als Unternehmer im Unternehmen beweisen. Der Geschäftsführer, der Leiter des Werkzeugbaus und ich als Vertriebschef Europa waren ein regelrechtes Dream-Team. Was wir anpackten, funktionierte. Wir hatten Erfolg und Spaß. Wir führten das Unternehmen aus jahrelangen Verlusten in die Gewinnzone. Ich hatte gelichzeitig ein erfüllendes Privatleben. Ich trainierte für einen Marathon und finishte ihn. Die Zukunft sah vielversprechend und rosig aus. Ich glaubte, ich hätte es geschafft.

Eines Tages fuhr ich morgens zur Arbeit und erfuhr, dass unser Mutterkonzern in England am Vorabend Insolvenz angemeldet hatte. Keine Vorzeichen waren zu erkennen gewesen. Der Insolvenzverwalter aus England verkaufte wenige Wochen später den deutschen Standort. Beim ersten Treffen mit den neuen Inhabern war klar: das war's, wir passen nie zusammen. Ich stand schlagartig wieder vor dem Nichts, war aber um unschätzbare berufliche Erfahrungen reicher. In dem Moment gefangen, spürte ich das noch nicht.

Es folgten zwei Arbeitgeber in vier Jahren und viel Erreichtes. Trotzdem: mein Unterbewusstsein verglich die Aufgaben und Freiheiten immer mit denen, die ich zuvor hatte. Zufrieden war ich in diesen Positionen immer seltener, denn ich hatte mich unbemerkt vom Angestellten zum Unternehmer gewandelt. Meine jeweiligen Chefs hatten jeder für sich eine sehr klare Agenda, die mehr oder minder von Ihrem eigenen Vorteil geprägt war. Für mich fühlte sich das an, als würde ich meine Ziele und die der Unternehmen verraten. Ich musste da raus. Erstaunlicherweise reichte es, mir selbst treu zu bleiben und mich dementsprechend zu verhalten. Der Rest erledigte sich wie von selbst - Freistellung inklusive.

Diese 10 Jahre waren die Zeit, die ich persönlich benötigt hatte, um von der Erkenntnis selbstständig arbeiten zu wollen, zur erfolgreichen Umsetzung zu gelangen. Ich beglückwünsche jeden, der es schneller schafft. Selbst bin ich aber froh über meinen soliden Grundstock der ‚Hinwendung und langsamen Ausbildung' zum Unternehmer.

Praxisnutzen: Kein sterbendes Pferd reiten

Du kennst die Situation? Du solltest EIGENTLICH glücklich und zufrieden sein, bist es aber nicht. Du hast einen tollen Job, kommst aber unzufrieden nach Hause. Du bist im sonnigen Wochenende, aber geistig abwesend. Ihr bekommt zuhause endlich Besuch von Freunden, die ihr lange nicht gesehen habt, aber Du bist an dem Tag ein schlechter Gesprächspartner. Du hast mit all Deiner Energie ein schwieriges Problem gelöst, aber niemand interessiert sich dafür. Du hast den Eindruck, Du befindest Dich in einem schwarzen Loch.

Der Grund dafür wird Dir meistens erst im Nachhinein klar: Du reitest ein sterbendes Pferd. In der Situation selbst ist Dir das in den seltensten Fällen bewusst. Eventuell ist das Pferd noch keinem offensichtlichen Zerfall unterworfen. Du ahnst aber, dass das Pferd praktisch so gut wie tot ist. Da Du ein erfahrener Reiter bist, und kein anderes Pferd in Sicht, reitest Du weiter. Aber davon wird das Pferd nicht wieder lebendig. Wartest Du, bis es zusammenbricht, stürzt Du mit ihm gemeinsam in die Tiefe und alles wird noch schlimmer.

Es ist eine der schwierigsten Herausforderungen, Dir selbst einzugestehen, dass etwas keinen Sinn mehr macht. Das Eingeständnis kommt meistens so spät, dass bereits andere Lebensbereiche davon betroffen sind. Situationen wie eingangs erwähnt sind ein klares Alarmsignal. Ich bewundere Menschen, die diese Situationen instinktiv und sicher erkennen, und danach handeln. Dafür habe ich lange gebraucht, dafür ist es heute meine persönliche Nr.1 Fähigkeit. Wie ich das erreichen konnte? Ganz einfach, indem ich immer wieder -gedanklich oder schriftlich- die Liste meiner Lebensprioritäten hervorhole.

Fazit und Kompetenzen: Selbstreflexion hilft Dir Wendepunkte zu erkennen

Die Liste der Lebensprioritäten ist dabei ein mächtiges Werkzeug. Sie wirkt ständig im Hintergrund, im Unterbewusstsein, Tag für Tag, macht Dir Deine eigenen Fortschritte greifbar und bewahrt Dich davor, ein totes Pferd zu reiten.

WAS LERNE ICH AUS DER RÜCKSCHAU?

Rückschau halten.

Mission accomplished.

„Arbeit ist das Feuer der Gestaltung."
Karl Marx [9]

Erlebnis: Wald

November 2018. Neulich war ich mal wieder im Wald unterwegs. Dort entwickle ich normalerweise meine Ideen für den Tag. An diesem Tag war es die Idee zu diesem Buch. Was der Wald mit meinem selbstständig werden zu tun hat, dazu komme ich gleich. Wir wollen ja einen gewissen Spannungsbogen aufbauen.

An diesem trüben, nasskalten Sonntagmorgen im November jedenfalls, versuche ich mich wieder zu erden, meinen inneren Takt zu finden. Begleitet werde ich auf diesen Waldspaziergängen meist von unserer Hündin Uma, die bereits im besten Hundealter ist, und immer noch mit großer Begeisterung spielt. Beide Eigenschaften - das beste Alter und der nicht versagende Spieltrieb - kann ich mir hoffentlich auch noch lange erhalten.

Mit 58 Jahren habe ich ziemlich genau das statistische Durchschnittsalter eines Interim Managers. Vor 10 Jahren habe ich das Angestellten Dasein wohl für immer hinter mir gelassen, um mich auf ein großes und spannendes Abenteuer einzulassen. Ich bin selbstständiger Unternehmer geworden.

Heute geht mir ein häufiger Gedanke erneut durch den Kopf: Nahezu alles, was ich in den letzten Jahren an großen Veränderungen geplant und umgesetzt habe, stammt aus Gedanken, die im Wald entstanden sind. Konzeptionell habe ich in unseren heimischen Wäldern, auf Hundespaziergängen oder beim Lauftraining gearbeitet. Die Gedanken müssen anscheinend fließen können. Wahrscheinlich hat jeder dafür seine eigenen Rituale. Welches Ritual man bevorzugt, spielt wohl keine Rolle, Hauptsache da ist eines, das den freien Fluss von Gedanken ermöglicht und damit Kreativität fördert.

Erfahrung: Kreativität kommt nicht von selbst

Ein guter Kollege aus meinem früheren Unternehmen in England prägte vor Jahren in einem Pub den Satz: „Ich habe die Woche praktisch aufgegeben. Meine Freundin und ich leben nur noch am Wochenende". Ein trauriger Satz. Sein Job schien ihm nichts zu bringen außer Geld. Für mich wäre das ein unvorstellbares Leben, zumindest wenn es länger als ein halbes Jahr so andauert.

‚Verkaufst' Du Deine Woche an ein Unternehmen? Ich nicht. Ja, ich habe das auch getan. Viele Männer verkaufen den größten Teil ihrer Zeit für die Karriere. Als mein Sohn klein war, meine Familie mich vielleicht mehr gebraucht hätte, bin ich dem typischen männlichen Nestbau Trieb erlegen. Flucht nach vorne, mehr Geld, mehr Möglichkeiten, um meiner Familie theoretisch etwas zu gönnen - und keine Zeit, um es praktisch zu tun. Das kommt vielen bekannt vor. Ich war der verkörperte Mainstream. Jung, dynamisch, erfolgreich, Haus, Familie, Hund, Katze, Motorrad, Marathon zu Ende gelaufen und mehrere Bäume gepflanzt. Alles erreicht, ich war reif für den ersten Kollaps und hatte Glück, er blieb aus.

Doch irgendetwas in mir, und ein denkwürdiges Gespräch mit einem Abteilungsleiter Kollegen brachten mich vom typischen Weg des Managers ab. Sein Satz „Sie müssen sich entscheiden, Karriere oder Familie." bringt mich heute noch in Rage. So ein Blödsinn, dachte ich und hoffte damals dabei Recht zu behalten. Naja, ist in der Rückschau gut gegangen.

Interim Manager. Mein Beruf ist etwa 10-mal seltener als der des Rechtsanwalts. Die Wahrscheinlichkeit, einen Interim Manager in Deutschland zu treffen ist auch etwa 10-mal geringer, als einen in diesem Jahr am Herzen operierten Menschen. Da ich selbst wenig von Herzoperationen verstehe, kann ich nachvollziehen, dass die meisten Menschen mit meinem Beruf noch viel weniger anfangen können als mit dem des Herzchirurgen. Und trotzdem gibt es interessante Parallelen. Denn ich operiere Firmen, manchmal auch am offenen Herzen. Manchmal darf ich Firmen-Geburtshelfer spielen, manchmal schwächer gewordene Unternehmensfitness wieder auffrischen helfen oder den bevorstehenden Infarkt eines Projekts mit einiger Übung durch das Setzen von Bypässen vermeiden.

Als Interim Manager bin ich eine Sonderform des Unternehmers. Es ist meine dritte Laufbahn. Alle 10 Jahre habe ich meinem Lebenslauf etwas grundsätzlich Neues hinzugefügt. Im Jahr 2009 startete mein dritter Durchgang, die Selbstständigkeit, als Ich-Start-up. Ich empfinde meine Arbeit heute als in höchstem Maße kreativ.

Für meine Kunden finde ich kreative Ideen, Methoden und Lösungen, die ihre Unternehmen erfolgreicher werden lassen, aus Krisen wieder herausholen oder vor einer drohenden Krise rechtzeitig umsteuern helfen. Ich helfe ein Start-up für Kunden an den Markt zu bringen, oder unterstütze Firmen sich durch neue Geschäftsmodelle für die Zukunft fit zu machen.

Man könnte diese Arbeit als ‚Unternehmer light' bezeichnen. Ich übernehme die Verantwortung für die Qualität meiner eigenen Arbeit, und temporäre, begrenzte Themen in Unternehmen. Damit ermöglichen wir uns privat ein erfülltes, unabhängiges Leben. Manchmal nutze ich weitere freiberufliche Mitarbeiter, um größere Projekte zu schultern. Diese kenne ich meist persönlich, weiß was sie können und wo ihre und meine Grenzen sind. Heute kann ich sagen, dass meine Existenz eine Marke hat. Wer mich für ein Projekt bucht, weiß in der Regel genau was er bekommt, denn ich kann mit vielen Referenzen aufwarten. Der Weg bis hier war nicht gradlinig. Ich hätte viele Abzweigungen nehmen können. Aber wo ich bin, bin ich aus drei Gründen: Kreativität, Ausdauer und ständiges Nachsteuern: das bedeutet immer optimieren, anders denken und anders machen.

Praxisnutzen: Es gibt keine Abkürzung - aber viele Wege.

Im B2B Geschäft zwischen Unternehmen gilt meiner Meinung nach: mindestens 6-10 Jahre sollte ein neues Geschäftsmodell gereift sein, um einen Namen zu haben und eine positive Assoziation im Markt zu wecken. Dann hat es seinen ausgeprägten Charakter und die Gründer können die Genussphase oder Erntephase beginnen. Sie könnten natürlich auch eine Abkürzung nehmen. Aber dann wird es eben nicht dieselbe Reife haben - wie ein richtig guter Whisky.

Etwas anderes ist das B2C Verbrauchergeschäft, wo sich innovative Geschäftsmodelle oft in nur wenigen Jahren als ‚Einhörner' mit über einer Milliarde Umsatz am Markt etablieren können. Gewinn machen diese Firmen dann allerdings meist noch nicht, sondern sind erst einmal GROSS. Darum geht es in diesem Buch nicht. Im Übrigen fielen die Erfolge eines Bill Gates, Jeff Bezos oder Elon Musk auch nicht vom Himmel. Solltest Du von mir eine Anleitung für den Short-Cut zum Erfolg à la Bill Gates oder Elon Musk erwarten, dann hast Du definitiv das falsche Buch gekauft.

Man stellt mir von Zeit zu Zeit die Frage „wie ich mich selbstständig gemacht habe". Das erkläre ich immer sehr gerne. Leider ist niemand, dem ich es bisher erklärt habe, heute selbstständig. Ob das an meiner dusseligen Erklärung liegt, oder an anderen Umständen habe ich bisher nicht herausfinden können. Naja, ich hätte ein paar Hypothesen dazu, die ich auch gerne mit Dir teilen werde. In der Hauptsache: weil Menschen gerne die positiven Aspekte eines angestrebten Ziels sehen, aber nicht bereit sind, auch die Risiken der dazu notwendigen Entscheidungen zu tragen. Komfortzone. Womit wir bei dem Nr. 1 Hinderungsgrund einer Selbstständigkeit wären, der Bereitschaft ein unternehmerisches Risiko einzugehen.

Du besitzt oder leitest bereits ein Unternehmen? Du findest es gibt für Dich kaum ein Risiko? Du gehst wenige bis keine Risiken ein? Alles läuft einfach gut und Du wirst auch nichts ändern?

Nun, ein Mensch wie Du hat vermutlich so etwas wie den Sechser im Lotto gelandet. Du hast möglicherweise ein aus Deiner Sicht unzerstörbares Geschäftsmodell. Aber sei auf der Hut, denn Deine Geschäftsumgebung kann sich schlagartig ändern. *(Anmerkung: Das Wort ‚disruptiv‘ werde ich in diesem Buch nicht verwenden, weil damit zu viel Schinduder getrieben wird).* Und wenn das passiert, wird Deine Nicht-Risikobereitschaft sehr wahrscheinlich langfristig den Tod Deines Unternehmens mit verursachen. Du glaubst mir nicht? Nun, dann beobachte mal die Handlungsmechanismen der etablierten Automobilunternehmen angesichts des Wandels zur Elektrifizierung. Doch das soll ein andermal erzählt werden.

Wenn Du tatsächlich mit dem Unternehmer-Gen oder in einer Unternehmerfamilie aufgewachsen bist, und/oder unglaublich viel Glück hattest, hast Du vielleicht einen völlig anderen Weg beschritten und wurdest schon in jungen Jahren zum Unternehmer. Dir gehört vielleicht heute ein florierender Mittelständler, mit 50 - 250 tollen Mitarbeitern und einem wirklichen Alleinstellungsmerkmal, als Produkt oder Dienstleistung. Deine Chancen stehen dann nicht schlecht auch in 20 Jahren noch gute Geschäfte zu machen. Wenn Du rechtzeitig erkennst, wann das Unternehmen sich aktiv verändern muss.

In Deutschland können wir sehr stolz auf diese Gruppe von Unternehmern sein. Oft wird über mehrere Generationen ein Lebenswerk aufgebaut, das nicht selten als Hidden Champion zu den Weltmarktführern in seiner Branche gehört. Gerade diese Unternehmer bilden sozusagen die Nachkriegs-DNA unserer Wirtschaft. Sie haben mit meist enormem physischem Einsatz, und durch viele Widrigkeiten in Form von Wirtschaftszyklen oder Wettbewerb ein veritables Produkt mit hoher Präzision oder eine ausgefeilte Dienstleistung auf die Füße gestellt und über mehrere Wirtschaftszyklen weiterentwickelt.

Leider werden solche Firmen -oft in der 3. Generation- auch wieder durchgebracht, an einen Konzern oder einen Private Equity Investor verkauft. So auch der ehemals blühende Mittelständler, bei dem mein letzter Einsatz als Angestellter vor meiner Selbstständigkeit endete. Bei Familienunternehmen liegt der Grund für den Verkauf meist darin, dass die Erben keinen natürlichen Antrieb haben, das Geschäft fortzusetzen. Was den Großvater noch antrieb, glücklich und wohlhabend machte, gibt ihrem Leben keine Würze mehr.

Es gibt bewundernswerte Gegenbeispiele. Ein Auftrag führte mich vor Jahren zu einem Mittelständler, dessen Geschäftsführer fest im Sattel saß. Seine Tochter sollte aus dem Studium heraus langsam ins Unternehmen hineinwachsen. Ein Jahr später rief mich die Tochter an und teilte mir mit, der Vater sei verstorben und sie wolle das Unternehmen weiterführen. Es gab einiges zu tun bei dem ich helfen konnte. Die Art und Weise wie sie in kürzester Zeit dem Unternehmen eine andere -ihre eigene- Kultur aufprägte, hat mich tief beeindruckt, und sie war trotz des schwierigen Starts erfolgreich.

Ich gehöre nicht zu denen, die in ein Familienunternehmen geboren wurden und behütet in eine Unternehmerrolle hineinwachsen konnten. Du vermutlich auch nicht, sonst würdest Du dieses Buch nicht lesen. Daher ist mein Antrieb auch nicht die Erhaltung des Familienerbes, sondern mein Gestaltungsdrang, meine Unabhängigkeit und meine persönliche Freiheit, das tun und lassen zu können, was einen Wert bringt. Mein Ziel ist die Balance zwischen Genießen und Gestalten. Seit ich sie gefunden habe, kann ich jedem dieser beiden Extreme Raum geben und jedes zu seiner Zeit intensiv tun.

Wie Du es anstellst, dahin zu kommen? Finde als erstes heraus, was Dich antreibt. Es ist leichter als Du denkst. Was Dich antreibt hat immer wiederkehrende Muster. Sie bringen Dich dazu Dinge zu tun, die Dir oder anderen Freude machen, mit denen Du nicht aufhören magst, wenn Du Zeit hast, oder von denen Du schon immer geträumt hast und nur auf die richtige Gelegenheit wartest. Aber warte damit nicht zu lange. Als Du Deinen Berufsweg eingeschlagen hast, wusstest Du wahrscheinlich nicht, was Dich erwartet. Seither hast Du einige Korrekturen vollzogen. Du bist also in der glücklichen Lage, diese Korrekturen zu bewerten und herausfinden zu können, warum Du diese gemacht hast. Das ist einer der wertvollsten Schätze, die Du in Deinem Berufsleben sammeln kannst. Was Dich antreibt, wird zielsicher zu dem führen, was Dir gelingt und Dich glücklich macht.

Fazit und Kompetenzen: Finde durch Rückschau und Selbstreflexion heraus, was Dich antreibt.

Was Du in der Vergangenheit getan und erreicht hast, solltest Du als großen Wert sehen, egal ob es Erfolge oder Rückschläge waren. Beide sind Dir nützlich, wenn Du sie hinterfragst und Schlüsse daraus ziehst. Über die wiederkehrenden Muster, die Du vielleicht dabei entdeckst, findest Du heraus warum Du so agierst, was Dich dazu antreibt. Das ist die nahezu unerschöpfliche Energie zur Gestaltung, die Du auf Deinem Weg nutzen kannst. Innere Antreiber verändern sich in der Regel im Laufe eines Lebens kaum. Sie charakterisieren Dich und bestimmen Deine Kommunikations- und Handlungsmuster. Je besser Du sie kennst, desto wirkungsvoller kannst Du sie einsetzen. Manchmal wirst Du erkennen, dass Dich einige dieser Muster behindern und Du sie verändern solltest. Diese Erkenntnis ist sehr wertvoll. Das Verändern der Muster ist der schwierige Teil. Ein Coach kann Dich bereits mit wenig Aufwand maßgeblich unterstützen. Doch wie wir gleich sehen werden ist Coaching auch in Form einer Schulung für Ecosystem Unternehmer sehr interessant.

IST MEIN MOTOR FÜR DIESE REISE GEEIGNET?

Antreiber finden.

Von positiven Emotionen und Gier.

„Wenn Du ein Schiff bauen willst, dann trommle nicht Männer zusammen, um Holz zu beschaffen, Aufgaben zu vergeben und die Arbeit einzuteilen, sondern lehre die Männer die Sehnsucht nach dem weiten, endlosen Meer."
Antoine de Saint-Exupéry [10], französischer Schriftsteller
* 29.06.1900, † 31.07.1944

Erlebnis: Spieltrieb, Jagdtrieb, Fresstrieb

Szene eins. Sonntagabend, der Fernseher läuft, Das Erste, 20:15 Uhr, SWR Tatort mit Kommissarin Lena Odenthal. Die Leiche ist übel zugerichtet, die Tätersuche beginnt rasant, die Spannung ist auf dem Höhepunkt.

Jede Couch in ganz Alemannien scheint von Krimiglotzern besetzt... Ganz Alemannien? Nein. Ein unbeugsamer Hund verlässt seinen Hundekorb und hört nicht auf, dem Krimi Widerstand zu leisten. Das Glotzen der Krimi begeisterten Legionäre, die als Besatzung auf Ihrer Couch liegen, wird jäh unterbrochen.

Grunzend steht der Golden Retriever auf, baut sich vor der Couch auf, schlendert in exakt gerader Linie zum Fernseher. Fordert volle Aufmerksamkeit. Unmöglich sich auf den Film zu konzentrieren. „Wuff!" „Www....www...www...uff!". Die Vorderbeine in den Hab-Acht-Stand gestemmt, steht der Köter vor uns und gibt nicht eher Ruhe, als bis jemand sich von seiner Couch erhebt. Geschafft. Nun steigt die Anspannung im Hund weiter. Der Hundehalter geht vor der Couch auf die Knie, streckt den Arm soweit es geht unter die Sitzfläche und zieht den als vermisst eingestuften Ball hervor. Jetzt ist der Hund nicht mehr zu halten. Der Ball fliegt durch das Wohnzimmer, der Hund hinterher, ...

War da nicht noch der Krimi?

Szene zwei. Zwei Hunde vor der Fütterung. Nummer eins der Golden Retriever aus der vorigen Szene. Nummer zwei ein Beagle. Falls Du Hundekenner bist, weißt Du wie es weiter geht. Falls nicht: Du nimmst zwei gefüllte Fressnäpfe, in jede Hand einen, um diese auf den Boden zu stellen. Links steht der schlanke Golden Retriever, rechts ein gut genährter Beagle. Du gehst mit beiden ausgestreckten Armen langsam in die Knie. Goldie sitzt geduldig und wartet. Rechts springt der Beagle bereits ungeduldig auf und nieder. Du gehst tiefer, Goldie sitzt. Der Beagle springt plötzlich in voller Wucht gegen den Napf, dieser klatscht auf den Küchenboden, der ganze Inhalt verteilt sich über den Boden und wie ein verhungerndes Elend hechtet der Beagle auf das verteilte Fressen. In aller Ruhe stellst Du dem schwanzwedelnden Goldie den Napf hin.

Szene drei. Wieder der Tatort aus Szene 1, Unterschied: Beagle liegt im Hundekorb. Wann wird er aus eigenem Antrieb aufstehen, um mit Dir Ball spielen zu wollen? Richtig. Niemals.

Aufgabe: Du möchtest einen Begleithund für einen Menschen mit Behinderung ausbilden. Man bietet Dir einen Golden Retriever und einen Beagle an. Für welches Tier entscheidest Du Dich?

Erfahrung: Coaching Kurs belegen

Eine hervorragende Möglichkeit, seine Motivation -seine Antreiber- zu verstehen, ist einen Coaching Kurs zu belegen. Einige Industrie- und Handelskammern bieten zu unterschiedlichen Konditionen Zertifikatskurse an, beispielsweise den ‚Business Coach IHK'. In ca. 170-180 Stunden, kann man dort berufsbegleitend eine Zusatzqualifikation erwerben. Die Investition ist je nach Anbieter sehr unterschiedlich, ab ca. 1.500 EUR bis über 8.000 EUR.

Doch hier geht es nicht nur primär darum, eine Zusatzqualifikation zu erwerben die schon manchem Angestellten das Tor zur Beförderung weit geöffnet hat. Neben der Theorie und den Grundlagen des Coachings, sowie seiner Anwendung im Unternehmen, liegt ein Schwerpunkt der Ausbildung im Erkennen und Verstehen eigener Denk- und Handlungsmuster. Man trainiert den Abgleich von Selbstbild und Fremdbild, lernt Tools zur Motivation und Potentialanalyse kennen und coacht sich gegenseitig.

Ich hatte einen Business Coach Kurs noch vor Beginn meiner Selbstständigkeit absolviert. Mein Glück war dort auf eine tolle Gruppe zu treffen, lauter phantastische Individuen, so dass schon allein die Gruppendynamik Spaß in jedes Treffen brachte. In der Phase meiner Unternehmensgründung haben mir viele Gespräche mit Teilnehmern oder in der Gruppe den Rücken gestärkt und/oder den Spiegel vorgehalten. Der Kurs war eine der wichtigsten Erfahrungen in meiner Gründungsphase, und die positiven Veränderungen, die ich daraus ziehen konnte, halten bis heute an.

Praxisnutzen: Abgleich von Selbst- und Fremdwahrnehmung

Eine der wichtigsten Voraussetzungen, um nicht nur Erfolg sondern auch Spaß und Erfüllung bei der Arbeit zu haben, ist ein stimmiges Bild davon zu haben wie Du Dich selbst siehst und wie Dich die anderen wahrnehmen. Ich würde so weit gehen zu behaupten, dass nur unter dieser Voraussetzung langfristiger Erfolg möglich ist, egal ob als Angestellter oder Selbstständiger. Wurde Dir diese Fähigkeit in die Wiege gelegt, dann hast Du gute Voraussetzungen für Unternehmertum. Aber selbst nach außen hin souverän wirkende Zeitgenossen werden nicht selten von Selbstzweifeln geplagt. Schwächen werden von ihnen normalerweise überspielt, anstatt durch sich-eingestehen ihrer Schwäche zu ermöglichen, diese in eine zukünftige Stärke umzumünzen.

Es gibt verschiedene Methoden, um diesen Abgleich durchzuführen. Die einfachste besteht in einem Fragebogen, mit dem man vorgegebene Merkmale, Charaktereigenschaften und Fähigkeiten zunächst für sich selbst bewertet. Das können Adjektive sein wie kooperativ, kreativ, diszipliniert, empathisch, analytisch oder teamfähig. Also Eigenschaften wie sie in Stellenbeschreibungen oft zu finden sind. Im zweiten Schritt lässt man den gleichen Fragebogen von verschiedenen Feedbackgebern ausfüllen. Die betreffenden Personen sollten einen gut kennen, und trotzdem kritische Distanz einnehmen können. Das können zum Beispiel Lebenspartner, Kollegen, Freunde oder erwachsene Kinder sein. Im nächsten Schritt wertet man die Übereinstimmungen und Abweichungen zwischen den verschiedenen Sichten aus. Sinnvoll ist danach ein persönliches Gespräch mit den Feedbackgebern. Die Bedeutung der Eigenschaften wird von jedem Befragten unterschiedlich wahrgenommen, daher ist es wichtig in diesem Gespräch zu hinterfragen, wie die Befragten zu den Einstufungen kommen, und ob es konkrete Situationen gibt, in denen sich die Eigenschaft beobachten lässt. Am Ende solltest Du Dir Zeit nehmen, die wesentlichen Schlussfolgerungen herauszufinden, und zu definieren, wo und wie Du Dich konkret verändern möchtest.

Fazit und Kompetenzen: Beteilige andere an Deinen Gedanken, denn was Dich antreibt, sehen andere möglicherweise klarer als Du selbst.

Nutze das Geschenk das Mitstreiter oder selbst Unbeteiligte Dir mit ihrem Feedback geben! Am leichtesten fällt ehrliches Feedback, wenn alle Beteiligten sich im selben Boot befinden. Eine Weiterbildung als Business Coach ist daher nicht nur eine Hard Skill Qualifikation, sondern eine fantastische Gelegenheit mehr über sich selbst zu erfahren. Damit fällt es leichter, Geschäftsbeziehungen auf Augenhöhe herzustellen: eine der wichtigsten Kompetenzen im Business Ecosystem.

GENAU PLANEN ODER EINFACH TREIBEN LASSEN?

Weg bestimmen.

Der Energie folgen.

„Kinder sind unsere Lehrer für den Augenblick. Ein Kind fließt ganz natürlich mit seiner Lebensenergie."
Irina Rauthmann [11]

Erlebnis: In der Spielbank

Mein Freund Norbert verhielt sich in vielen Aspekten wie ein Kind. Unbekümmert und direkt. Als er vor zwei Jahren mit 47 Jahren unerwartet starb, war das ein Schock. Ich hatte und habe seither niemand anderen getroffen, der eine solche Verbindung zu dem Unbewussten hatte, das Menschen ausstrahlen.

Wir waren ehemalige Kollegen gewesen und hatten danach freiberuflich als Partner in einigen Projekten zusammengearbeitet. Dabei hatte sich Norbert immer besonders durch seine Menschenkenntnis und vor allem durch ein sehr feines Gespür für die Schwingungen zwischen Menschen ausgezeichnet.

Nach einem sehr erfolgreichen Jahr feierten wir Weihnachten - und unseren Erfolg. Wir – das waren einige Geschäftsfreunde mit ihren Partnerinnen. Zum Abschluss des Abends besuchten wir die Spielbank in Baden-Baden. Alle waren relativ unerfahren im Glücksspiel, aber bester Laune. Norbert scherzte, zu mir gewandt: „Lass mich das mal mit dem Roulette machen, ich zeig' Dir wie das geht." Ich lachte und vermutete, dass seine gespielte Überheblichkeit dem leichten Alkoholpegel geschuldet war.

Norbert führte mich an einen Roulette-Tisch. Er stellte sich relativ nah neben den Croupier und beobachtete ihn und das Geschehen am Tisch drei Spielrunden lang. Mehrmals blickte Norbert mich wortlos und mit einem Stirnrunzeln an. Plötzlich wandte er sich ab: „Hier auf dem Tisch ist keinerlei Energie drauf, komm, wir gehen an einen anderen Tisch."

Gesagt, getan. Drei Spielrunden später, Norbert wieder neben dem Croupier stehend, strahlt mich an: „Hier sind wir richtig. Isch kann dat fühl'n", sagt er in bestem Kölsch. Wir setzen beide nur einen Chip. Während ich auf die 25 setze, wendet sich Norbert dem Croupier zu, bittet ihn mit einem gekonnten „Monsieur: Zéro, s'il vous plaît" seinen Chip auf die Null zu setzen. Lächelt mich an. Die Kugel rollt. „Rien ne vas plus" ertönt, und die Kugel, fällt, …, auf die Null. Ich kann mich heute nicht mehr erinnern wie ich damals reagiert habe. Lediglich, dass Norbert dem Croupier ein saftiges Trinkgeld gab und wir mit seinem 35-fachem Einsatz zu unseren Freunden an den Tisch gingen und unseren Erfolg feierten. Normalerweise wäre die Geschichte hier zu Ende. Nicht so mit Norbert. Er wiederholte dasselbe Spiel später noch einmal an demselben Tisch, und gewann wieder mit der Null. Selbst ich gewann später auf einer Zahl den 35-fachen Einsatz, und mehrmals auf einem Carré. Selbstverständlich nach vorigem Energie-Check. Wir hatten nur mit niedrigen Chips gespielt, daher keine großen Summen gewonnen. Ich werde trotzdem wahrscheinlich nie wieder eine Spielbank betreten, um dort zu spielen, denn dieses Erlebnis ist nicht wiederholbar.

Nach der Wahrscheinlichkeitsrechnung tritt das Ereignis - bei zweimaligem Setzen beide Male auf einer Zahl zu gewinnen - alle 1369 Mal ein. Bei Norbert passierte es beim ersten Mal. Bei mir am selben Abend beim zweiten Mal. Reiner Zufall?

Erfahrung: Die Blendwirkung von starkem Willen

Ob Zufall oder nicht: in der Lockerheit, mit der wir damals am Roulette die Gewinne abräumten, scheint eine gewisse Magie zu liegen. Im Gegensatz kann zu starker Wille etwas zu erreichen, auch kontraproduktiv wirken. Wenn man etwas über die Maßen stark erreichen will, erhöht das zwar die Chancen durch Fokussierung auf das Ziel, kann aber unerwartete Nebenwirkungen mit sich bringen.

Als ich mich vor einigen Jahren zu einer strategischen Erweiterung meiner Kompetenzen auf eine neue Technologie entschied, wollte ich diesen Schritt mit einem Leuchtturm-Projekt krönen. Das Projekt sollte mir eine gute Marktposition in der Branche sichern.

Und tatsächlich erhielt ich die perfekt passende Gelegenheit auf dem Servierteller präsentiert. Die Inhalte waren exakt was ich mir vorstellte. Es war eine tolle Gelegenheit, die konnte und durfte ich mir nicht durch die Lappen gehen lassen. Kaum hatten der Kunde und ich uns für eine Zusammenarbeit ausgesprochen, wurde mir vom Kunden ein Stein nach dem anderen in den Weg gelegt. Meinem unbedingten Willen das Projekt zu starten, den der Kunde sicherlich gespürt hatte, tat dies keinen Abbruch. Die Vertragsverhandlungen gestalteten sich zwar schwierig und langwierig, aber ich nahm dies eher als Ansporn, mir selbst zu beweisen, dass ich die Klippen umschiffen konnte. So schluckte ich eine Kröte nach der anderen, um am Ende tatsächlich mit dem Projekt beginnen zu können.

Nach kurzer Zeit schon stellte sich heraus, dass wesentliche organisatorische Bedingungen, die ich in der Verhandlung um des lieben Friedens willen hatte fallen lassen, mir das Projekt nahezu unerträglich erschwerten. Ich war in meiner notwendigen unternehmerischen Freiheit so eingeschränkt, dass ich mich zwischen den Fronten zerrieb. Regelmäßig wurde mir vor Augen geführt, dass ich die Vorbedingungen niemals hätte fallen lassen sollen. Es gab innerlich keinen Weg zurück, also kompensierte ich die Probleme mit persönlichem Einsatz. Das Projekt wurde in Bezug auf die gesetzten Ziele ein Erfolg und erreichte somit seinen vordergründigen Zweck. Ich erkaufte mir diesen Erfolg allerdings teuer. In derselben Verhandlung würde ich heute anders entscheiden. Anstatt meine gesamte Energie wie einen Laserstrahl auf das Ziel zu bündeln, das ich anvisierte, würde ich einen Schritt zurücktreten. Ich würde, wie Norbert am Roulette, bevor ich alles auf eine Karte setze, drei Runden abwarten und meine Sensoren einschalten. Bei einem negativen Gefühl würde ich an den nächsten Tisch gehen.

Praxisnutzen: Die Energie der Natur spüren lernen

Eine unternehmerische Bestimmung suchen und finden bedeutet auch dem Lauf der Dinge zu folgen. Gegen äußere Widerstände wird man keinen Erfolg haben. Diese Fähigkeit kann trainiert werden. Für erfolgreiche Selbstständige ist sie meines Erachtens sehr wichtig. Auch hierfür bieten natürliche Ökosysteme die richtige Schulung. Es mag jetzt ein wenig nach dem Marketing eines Abenteuer-Reiseanbieters klingen: die richtige Dosis von Abenteuer bringt Menschen näher an ihre inneren Energiequellen und lehrt sie, dass die äußeren Energiequellen stärker sind als jeder Mensch. Zu spüren, wie klein und anfällig Du in der Natur bist, bedeutet nicht erst seit Corona eine gute Übung für die erfolgreiche Selbstständigkeit. In diesem Sinn bedeutet Unternehmer sein einen jahrzehntelangen Abenteuerurlaub. Man kann noch so viel üben, es lauern überall und jederzeit Gefahren, die im Ernstfall kaum beherrschbar sind, und darum clever umschifft werden müssen. Es gibt in unserer heutigen Welt extrem viele Möglichkeiten, solche Abenteuer zu finden. Die wirklich Guten zeichnen sich durch drei Dinge aus: sie sind einfach, naturverbunden und einsam.

Hier sind meine persönlichen Top 3: eine zweitägige Kajakfahrt im Gauja Nationalpark in Lettland, eine drei- bis viertägige Wanderung rund um den Lake Waikaremoana auf der Neuseeländischen Nordinsel, und die Fahrt mit einem Jeep über den Top-of-the-World Highway in Alaska - von Tetlin Junction nach Dawson an der Mündung des Klondike in den Yukon.

Für andere mögen das nach ihrer Definition keine Abenteuer, sondern touristische Ausflüge sein. Sie möchten gleich auf den Mount Everest. Sie wollen den höchsten Berg der

Erde bezwingen, und sich die Fotos vom Gipfel in ihr Büro hängen. Doch genau darum geht es bei meiner Definition von Abenteuer nicht. Wer einmal einen ganzen Tag lang auf einem Fluss im Nirgendwo zu zweit im Kajak unterwegs war, ohne einer Menschenseele zu begegnen – oder wer sich Tage lang seinen Weg durch die Wildnis gesucht hat, sich vor Antritt der Wanderung abmelden musste, damit Suchmannschaften bei Nichterscheinen nach vereinbarter Zeit ausrücken können - oder wem im Nebel auf einer 2000 Meter hoch gelegenen Schlammpiste in Alaska eine ganze Karibu-Herde über den Weg lief, weiß wovon ich rede. Jedes Abenteuer dieser Art ist ein selbst geplantes, allein oder in einer kleinen Gruppe ohne Guide durchgeführtes UNTERNEHMEN. Man hat das Ziel definiert, hat seine Ausrüstung besorgt, hat Notfallpläne geschmiedet, hat sich allein oder als Team für das Unternehmen final entschieden, und es gibt normalerweise keinen Weg zurück. Das Kajak lässt sich nicht mehr gegen die Strömung zum Startpunkt bewegen. Ein Boot hat einen zur Wanderung im Niemandsland abgesetzt und der einzige Weg zurück geht zu Fuß über Berge, die man nicht kennt. Meine Meinung: wer sich solche Unternehmungen nicht zutraut, sollte auch seinen Unternehmergeist hinterfragen. Den Weg in eine selbstständige Existenz würde ich ihm nicht empfehlen.

Energie bahnt sich ihren Weg und schafft dadurch Neues. Das kleine Schwarzwald-Tal, wo mich viele Spaziergänge hinführen, sieht jeden Tag anders aus. Die Konstante ist der Bach, aber auch er verändert sich innerhalb weniger Tage. Das Mäandern eines Baches aufgrund seiner sich ständig ändernden Wasserkraft zeigt wie die Natur von ständigen Unterschieden profitiert. Die Mäander werden immer weiter ausgespült, die Kurvenradien dadurch enger, der Fließwiderstand steigt, bis ein Mäander durchbricht, durch Hochwasser oder einfach durch stetig höhlende Fließenergie. Die brachliegenden Mäander sind kleine Paradiese. Der Graureiher findet dort mehr Nahrung. Neben Fischen im Bach findet er in den Mäandern Frösche, Insekten und sogar Schlangen wie die Kreuzotter. Neue Erlen wachsen in den überfluteten Bereichen, weil ihre Wurzeln ohne Sauerstoff auskommen. Andere Bäume sterben ab, weil sie diese Fähigkeit nicht besitzen. Auf ihnen erscheint der Buntspecht, erobert sie und frisst die Borkenkäfer. Aus jungen Nussbäumen saugt der Specht dann im Frühjahr den Saft. Das gibt Angriffspunkte für neue Insekten, die wiederum andere Vögel anziehen. Auf kleinstem Raum entsteht ein winziges neues Ökosystem. Nur durch stete Wasserkraft - ohne Beeinflussung von außen. Wer dieses natürliche Erfolgskonzept verinnerlicht, weiß worauf es bei Business Ecosystems ankommt.

Fazit und Kompetenzen: Erkennen, wohin die Energie fließt

Die Natur zeigt: oft reicht es, den Lauf der Dinge zu beobachten und im richtigen Moment da zu sein. Es macht auch im beruflichen Umfeld keinen Sinn, zu versuchen Wege zu bahnen die momentan zu viel Energie kosten. Im richtigen Moment wird es ganz leicht werden sie zu finden. Kompetenzen, die Dir dabei helfen sind unter anderem Wahrnehmung, Geduld und Selbstvertrauen.

WAS MACHT MEINE REISE BESONDERS?

Geschäftsidee suchen.

Neu und einzigartig – Blue Ocean.

„Alles fließt."
    Heraklit

„Wann immer ich zwei Übeln gegenüberstehe, wende ich mich
dem zu was ich noch nicht probiert habe."
    Mae West [12]

„Go out and have fun."
    Ein ehemaliger Vorgesetzter

Im vorigen Kapitel spielten Wahrnehmung und Geduld eine Rolle. Wahrnehmung ist auf
den Moment gerichtet, Geduld auf lange Zeit. Beide spielen auch bei der Entwicklung von
Geschäftsmodellen eine große Rolle. Eine Geschäftsidee taugt nur dann, wenn sich daraus

im Nachhinein ein gutes Geschäft entwickelt hat. Das erfordert zum einen, dass man sich zu Beginn der Umsetzung keine Wahrnehmungsverzerrungen einhandelt. Zum anderen, dass man die Geduld aufbringt, auf die richtige Chance zum richtigen Zeitpunkt zu warten. Man hat eine weite Spielwiese vor sich, idealerweise einen Blauen Ozean.

Blue Ocean Strategie

Definition
> *Eine Methode der Nutzeninnovation zum Auffinden unberührter Märkte mit wenig Wettbewerb. Von W. Chan Kim und Renée Mauborgne an der INSEAD Business School entwickelt*

Idee
> *Derjenige, der in den unberührten Blauen Ozean eintauchen würde, würde somit unentdeckte Märkte oder Industriezweige auffinden*

Charakteristika
> *Der Begriff Ozean beschreibt einen Markt oder Industriezweig. Blue Oceans werden als unberührte Märkte verstanden, die wenig bis gar keinen Wettbewerb aufweisen. Red Oceans hingegen bezeichnen gesättigte Märkte, charakterisiert durch harte Konkurrenz, überfüllt mit Mitbewerbern, welche alle den gleichen Service oder die gleichen Produkte anbieten. Der Begriff Roter Ozean basiert auf dem Bild von blutigen Kämpfen von Raubfischen (die Mitbewerber), während der Blaue Ozean frei von blutigen Kämpfen ist.*

Hintergrund
> *Basierend auf empirischen Studien über eine Dauer von 15 Jahren konnten anhand der Analyse von mehr als 100 führenden Unternehmen Beispiele von Unternehmen gefunden werden, die neue, bis dahin ungenutzte Teilmärkte erschlossen und somit den bisherigen Wettbewerb irrelevant werden ließen.*

Erlebnis: Antarktische Halbinsel

Jahreswechsel 2019/2020. Antarktische Halbinsel.

Ein kleines Schlauchboot vor gewaltiger Eiskulisse. Knisternde Stille. Rhythmisch tauchen abwechselnd der Rücken und die Schwanzflosse eines Buckelwals vor uns auf. Majestätisch bewegt sich der Koloss. Friedlich. Strahlender Sonnenschein, wenige Grad über Null, alle halten den Atem an. Nur das Klicken der Verschlüsse von Spiegelreflexkameras stört die Stille. Zwischen 1,0 und 1,5 Tonnen Krill nimmt jeder dieser Kolosse täglich als Nahrung auf. Ungestört, ruhig. Nur noch 30.000 bis 40.000 Exemplare leben in den Weltmeeren. Buckelwale fressen, indem sie Fisch- oder Krill Schwärme einkreisen und dabei ein zylindrisches Netz aus Blasen erzeugen. Anschließend schnellen sie mit weit geöffneten Mäulern in die zusammengedrängte Wolke ihrer Beute hinein. Die geselligen Tiere werden 12-15 Meter lang und 25-40 Tonnen schwer. Sie sind in höchstem Maß in der Nahrungsjagd und in der Kommunikation untereinander spezialisiert.

Aus sea-shepherd.de [13]: „Das wahrscheinlich interessanteste Verhalten der Buckelwale ist ihr Gesang, der bis zu Entfernungen über 32 km hörbar ist. Wissenschaftler haben herausgefunden, das Buckelwale lange, komplexe Gesänge aussenden. Die Wale der nordamerikanischen Pazifik-Population und der nordamerikanischen Atlantik-Population singen jeweils ihren eigenen, spezifischen Gesang. Weltweit unterscheiden sich die Gesänge einer jeden Walpopulation in charakteristischer Weise. Ein typischer Gesang hat eine Dauer von 10-20 Minuten, wird jeweils für Stunden kontinuierlich wiederholt und verändert sich allmählich von Jahr zu Jahr. Singende Wale sind männliche Tiere und die Lieder könnten Bestandteil ihres Balzverhaltens sein."

Das Überleben der Buckelwale in lebensfeindlicher Umgebung ist das Ergebnis einer fantastischen Spezialisierung, die ihren gesamten Lebenszyklus umfasst.

Erfahrung: Spezialisierung, Ergänzung und Kontinuität

Fachliche Spezialisierung und zwei sich gegenseitig ergänzende Geschäftsmodelle: mit diesem Plan startete ich Anfang 2009 in die Selbstständigkeit.

Voller Elan und Motivation hatte ich einen Business Plan erstellt und meinen Steuerberater konsultiert, der diesen Plan bereits im ersten Anlauf für gut befand. In der Finanzkrise hatte die Bundesregierung beschlossen, Existenzgründer für mindestens ein Jahr zu bezuschussen. Eine willkommene Starthilfe. Der Business Plan musste dazu von fachkundiger Stelle, einem Steuerberater oder Wirtschaftsprüfer für belastbar befunden werden. Ich hatte nun meinen Stempel von fachkundiger Stelle erhalten und nichts stand der eigenen Existenz mehr im Wege. Nichts, außer dass ich natürlich keinen einzigen Auftrag hatte und mich auf eine Durststrecke von etwa einem Jahr eingerichtet hatte. Du magst an dieser Stelle argumentieren, dass es nicht jedem vergönnt ist, ein Jahr ohne Einnahmen einplanen zu können. Das ist nach meiner Erfahrung das wichtigste Argument das mögliche Existenzgründer von ihrer Idee abhält. Insbesondere wenn durch die familiäre Situation laufende Kosten in beträchtlicher Höhe vorhanden sind, die sich nicht einfach reduzieren lassen. Deshalb gibt es wenige Existenzgründer in mittlerem Alter mit Familie, von 30 bis etwa Mitte 40. Wenn sie es in diesem Alter trotzdem wagen, haben sie Rücklagen, die nicht einfach vom Himmel gefallen, sondern über Jahre erarbeitet sind. Diese dann im richtigen Moment einzusetzen, mit dem Risiko eines Totalverlustes des Ersparten, erfordert Selbstvertrauen. Ausgerüstet mit Rücklagen und Selbstvertrauen ging ich an die Arbeit.

Als Geschäftsmodell 1 plante ich eine Vertriebsberatung mit technischem Tiefgang für Autozulieferer aufzubauen. Weitreichende Branchenkenntnisse, Technikverständnis und Vertriebserfahrung waren meine fachlichen Qualifikationen.

Geschäftsmodell 2: ich wollte als Partner einer Executive Search Personalberatung arbeiten. Hierfür war eine Startinvestition als Eintrittsgeld für ein Franchise System erforderlich. Kompetenzaufbau wollte ich zusätzlich mit der Investition in eine Weiterbildung zum Business Coach leisten. Auch gewisse Erfahrung war vorhanden: qualifiziertes Personal zu finden und zu entwickeln war bereits eine wichtige Säule meiner Führungsrolle als Angestellter gewesen.

Die beiden Modelle ergänzten sich gegenseitig. Vertriebsberatung war von den Marktchancen her ein tragfähiges Geschäft, aufgrund des steigenden Hyperwettbewerbs in der Zulieferbranche. Aber: ohne eine Marke und ohne vertrauensvolle Historie stellt der Markteintritt in die Beratungsbranche als Selbstständiger eine sehr hohe Hürde dar. Daher war das vorhandene Geschäft einer gut eingeführten Personalberatung ein gutes Aushängeschild, um im Markt als vertrauensvoll wahrgenommen zu werden. Der weitere Vorteil der Kombination zweier Geschäftsmodelle zeigte sich in der Liquiditätsplanung. Mit Modell 2 konnte ich kurzfristig Umsatz erzielen, um den Aufbau von Modell 1 zu finanzieren. Diese Vorgehensweise hatte ich schon in meiner Angestelltenzeit beim erfolgreichen Turnaround eines früheren Arbeitgebers eingesetzt.

Ich erkannte schnell, dass in der Personalberatung zwar gute Margen erreichbar waren, aber selbst im Premium Sektor des Executive Search starker Wettbewerb herrschte.

Obwohl ich verzweifelt nach Differenzierungskriterien suchte, wie eigene technische Branchenkenntnis oder meine Coaching Ausbildung als Basis zur fundierten Kandidatenbeurteilung, ging es letztlich nur um zwei Kriterien, wenn man einen Auftrag gewinnen wollte: Überzeugungskraft im Kundengespräch und Preis. Die Differenzierung der Leistung zwischen den Anbietern war gering und fand überwiegend durch Marketing statt. Das wurde mir sehr schnell zu wenig. Hinzu kam: mein Erfolg war aufgrund der schwachen Marktstellung des Unternehmens recht digital. Entweder erhielt ich einen meist schwierigen Auftrag, hatte kurzzeitig Stress und gute Einnahmen - oder keinen Auftrag und keine Einnahmen. Die wichtigste Erkenntnis war jedoch – im Nachhinein wenig erstaunlich - dass die gut etablierte Branche der Personalberatung nicht auf die Bereicherung durch meinen Eintritt gewartet hatte.

Die Arbeit war monoton. Der Vertrieb bestand sehr klassisch in der Telefonakquisition und Aussendung von Briefen an kalt akquirierte Kontakte und mein Netzwerk aus der Zeit als Angestellter. Glücklich war ich damit nicht, auch wenn es mich erdete. Ich war schließlich wieder zurück bei echtem Vertrieb an der Basis. Doch Lernerfahrung ist das eine, Geld verdienen und dabei Freude haben etwas völlig anderes. Es musste etwas passieren.

Nach einigen Monaten ging meine Rechnung mit den beiden Geschäftsmodellen wie von selbst auf. Über die Vertriebsarbeit in der Personalberatung hatte ich meine früheren Kontakte systematisch wieder auf mich aufmerksam gemacht. Aus einer Unternehmerreise in Russland hatte sich ein Jahr zuvor eine Geschäftsfreundschaft entwickelt, und nun hatte mein Kontaktpartner als Alleingeschäftsführer eines Maschinenbauunternehmens eine knifflige Aufgabe zu erfüllen. Sein Geschäft war in einem Geschäftsbereich zu 80% nur von einem Kunden abhängig. Durch das Gewinnen neuer Kunden sollte das Risiko minimiert und gesundes Wachstum auf Basis einer breiteren Kundenbasis erreicht werden. Das klang wie eine für mich geschaffene Aufgabe. Und das war es auch. Ohne zu zögern richtete ich meine gesamte Energie auf dieses Ziel – mit großem Erfolg.

Es dauerte folgerichtig nur wenige Wochen, bis ich die Personalberatung an den Nagel hängte und mich voll auf mein zentrales Ziel konzentrierte. Hier konnte ich wirklich etwas beitragen. Hätte ich meine persönliche Score-Card, die ich gleich erläutern werde, damals konsequent angewendet, wäre mir das auch vorher schon klar gewesen. Doch der Umweg über die Ergänzung zweier Geschäftsmodelle machte den Markteintritt leichter. Das Vertrauen, das eine gut eingeführte Personalberatung ausstrahlte und hohe Fachkompetenz in Technik und Vertrieb.

Praxisnutzen: Selbstbewertung eines Vorhabens mit Score-Card

Eines meiner hilfreichsten Werkzeuge für die persönliche Weiterentwicklung ist eine Selbstbewertung meiner Wünsche und Ziele mit Hilfe einer einfachen Score-Card. Als ich noch angestellt tätig war, habe ich bei Veränderungswünschen im Job damit begonnen, meine Ziele und Wünsche untereinander zu schreiben und in der Wichtigkeit zu einer Prioritätenliste zu ordnen.

Bis heute nutze ich dieses Tool. Ich vergleiche manchmal mögliche Projekte bei der Vertragsanbahnung auf Basis einer Gewichtung aller wichtigen Kriterien, die ich mit einer subjektiven Bewertung multipliziere. Daraus ergibt sich zunächst ein klares Bild des vermeintlich ‚besten' Angebots. Mehr als einmal habe ich mich anschließend trotzdem bewusst für das ‚weniger gute' Angebot aufgrund meines Bauchgefühls entschieden. Wichtig war trotzdem immer, vor der Entscheidung eine Vergleichbarkeit herzustellen. In der Rückschau bin ich damit kein einziges Mal von Beginn an daneben gelegen. Allerdings haben sich im Laufe der Jobs oder Projekte oft Veränderungen in Themen, Aufgaben und Zusammenarbeit ergeben. Diese konnte ich dann mit Hilfe des Tools wieder an meiner ursprünglichen Entscheidung spiegeln. Die eingangs getroffene Bewertung nahm ich zu diesem Zweck während des gesamten Jobs oder Projekts regelmäßig wieder zur Hand nahm. Die Score-Card ist natürlich subjektiv. Aber ich mache mir damit bewusst, was meine subjektiven Kriterien sind und wie wichtig ich sie im Vergleich einschätze.

Während der letzten 10 Jahre sind mir viele tolle und kreative Geschäftsideen aus dem Kollegen- und Bekanntenkreis über den Weg gelaufen und nahegebracht worden. Dass sie meist nicht erfolgreich waren, lag in der Rückschau überwiegend an drei Gründen:

- Überschätzung des eigenen Könnens
- mangelnde Konsequenz in der Umsetzung
- nicht genügend Weitblick

Einige der wichtigsten Fragen, die Du Dir deshalb mindestens stellen solltest, sind daher in der folgenden Checkliste zusammengefasst.

Checkliste für Geschäftsideen

Finde ich einen Blue Ocean? Wenn nicht, sollte ich das Geschäftsmodell ändern?
Wenn ich im Red Ocean agiere, warum und wie hebe ich mich besonders ab?
Wie kann das erfolgreiche Ecosystem im Blue- / Red Ocean aussehen?
Nützen mir meine Erfahrungen, um das Thema besonders gut zu beherrschen?
Passt es zu meinem jetzigen Leben und ist es ohne zu große Opfer realisierbar?
Mit welchen Ko-Kreatoren kann ich im Ecosystem mehr erreichen?
Wie kann ich sie ansprechen und gewinnen?
Kann ich mir vorstellen, in 5 Jahren auf diesem Gebiet Besonderes zu erreichen?
Wie wird der Markt meines geplanten Geschäfts in 5-10 Jahren aussehen?
Werde ich dann mit meiner Geschäftsidee immer noch relevant sein?

Fazit und Kompetenzen: Geschäftsideen und Ecosystem müssen zu Dir persönlich passen

Eine Blue Ocean Strategie ist ein wunderbares Werkzeug, aber auf dem weiten Ozean der Möglichkeiten solltest Du nicht allein in einem Schlauchboot umher paddeln. Möglichkeiten und Tun aller Beteiligten müssen im Einklang sein. Frage Dich daher wie das ‚Gesamtkunstwerk' am Ende aussehen soll. Je genauer Deine Vorstellung davon ist, je mehr Freude an der Gestaltung sie Dir verspricht, und je mehr zusätzlicher Wert durch ein Ecosystem ge-schaffen wird, desto sicherer wirst Du Erfolg haben.

WER HILFT MIR, WENN ICH MICH UNTERWEGS VERFAHRE?

Unterstützer haben.

Der feste Boden in unsicherer Höhe.

„Abhängig: Darauf angewiesen, dass einem ein anderer aus
Großmut eine Unterstützung gewährt, die man von ihm zu er-
pressen außerstande ist."
Ambrose Gwinnett Bierce [14]

Erlebnis: Angels Landing

2015, Zion National Park, USA. Der Trail zu ‚Angels Landing' wird als ‚scariest hike in America' bezeichnet. Das wissen wir noch nicht, als wir um 5 Uhr morgens den Bus in den Nationalpark besteigen. Unser Tag beginnt in aller Frühe mit einer Wasserdurchquerung und fantastischer Laune an einem sonnigen Tag. Unsere beiden Jungs, meine Frau und ich schrauben uns federleicht den anfangs einfachen Trail hoch. Links und rechts der typische rote Fels, mit jedem Meter wird die Landschaft atemberaubender. Zwischen die immer enger werdenden Spalten des Refrigerator Canyon fällt früh morgens keine Sonne. Kühle Brise treibt uns zügig voran. Nach dem Canyon windet sich der Weg, schräg steil nach rechts abfallend und mit Seilen gesichert durch die starke Morgensonne im August. Meine Höhenangst meldet sich zum ersten Mal, ich bleibe stehen. Ganz schön tief, denke ich mit einem abschätzenden Blick nach unten. Wenn Du das Seil loslässt, kann der nächste Schritt Dein letzter vor einem langen Rutsch sein. Anschließend freier Fall, vielleicht 200m senkrecht. Der Teil des Reptiliengehirns in meinem Kopf schaltet auf Fluchtreflex. Umkehren?

Meine Frau muss nicht nachfragen, um zu wissen, was in mir vorgeht. Ein paar Blickwechsel - ein munteres „schön hier", dazu ein verräterisches Grinsen. Unsere Jungs finden das noch nicht besonders aufregend. Noch nicht. Weiter.

Wir erreichen ein kleines Plateau, von dem aus man eine nahezu vollkommene Rundumsicht in den Canyon und über die umliegenden Berge hat. Die Spitze, der Landeplatz der Engel, liegt in wenigen hundert Metern Entfernung im Blickfeld. Halb rechts über uns. Dann, zwei, drei Schritte in Richtung des weiteren Wegs, und da: nein!

Das geht nicht. Auf keinen Fall. Ansatzlos beginnt alles an meinem Leib zu zittern. Vor uns liegt ein etwa 20 Meter langer, etwa einen Meter breiter Grat. Links davon 400 Meter senkrechte Wand in die Tiefe. Rechts vom Grat vermutlich ebenso tief. Nur dass man den Grund nicht sieht. An wenigen Eisenstangen schaukelt, lose über den Grat hängend, eine Kette im Wind. Der Wind bläst böig mit gefühlten 40km/h von schräg hinten. Mein erster Eindruck: alles umsonst, darüber kannst Du nicht gehen.

Der Familien-Kriegsrat tagt. Alle sind bereit, umzukehren, falls ich nicht weiter gehen kann. Die Gretchen-Frage stelle ich selbst: Was, wenn ich über den Grat gehe, dann drüben noch mehr Höhenangst bekomme, und nicht mehr zurück kann? Jemand faselt etwas von Hubschrauber. Muss ein pubertierender Junge sein. Gelächter. Nach einigen Minuten ist die Lage klar. Die anderen gehen zuerst, das soll Sicherheit für mich schaffen. Das nächste Problem: ich kann auch nicht zusehen, wenn jemand aus der Familie über einen Abgrund geht, weil ich Angst habe, sie oder er könnte fallen. Augen zu. Bis es von der anderen Seite schallt: „Papa, wir sind drüben!" Nun ich. Ich fühle mich, als ob ich eine Gerüstplanke von 20 Metern Länge zwischen zwei Hochhausspitzen betreten müsste. Der einzige Grund, warum ich überhaupt gehe, ist die Kette - meine letzte Sicherung. Nicht stehenbleiben. Nicht nach unten sehen. Eine Böe. Ein letzter großer Schritt. Geschafft.

Als ich mich umblicke, werden meine Knie weich wie Wackelpudding. Ich setze mich auf den Boden, um nicht umzukippen. „Alles klar, Papa?" „Hmmm. Klar. Aber... ich gehe keinen Schritt weiter. Muss das erst einmal verdauen." In der Gewissheit, dass mir sitzend nichts passieren kann und der restliche Weg einfacher als bisher aussieht, geht meine Familie den Rest zum Angels Landing und ist nach 20 Minuten wieder zurück. Genug

Zeit, um mich rational mit der Frage auseinander zu setzen, warum der Rückweg über den Grat nicht funktionieren sollte. Und diesmal ich zuerst.

Nachträge:
- Ich konnte kein Foto von dem schmalen Grat machen. Ich schaffte es nicht durch die Kamera zu blicken, ohne Angst, das Gleichgewicht zu verlieren.
- Der gefühlte Rückhalt von meiner Familie, ohne viele Worte, war entscheidend für den Erfolg, meine Höhenangst wenigstens zeitweise bezwingen zu können.
- Später habe ich mit meinem Sohn ein Training in einem Hochseilgarten absolviert, und meine Höhenangst fortan unter Kontrolle gebracht.

Erfahrung: Krisenerkennung ist halbe Krisenbewältigung

Eins vorweg: wer langfristig aus selbstständiger Tätigkeit leben will, ist auf sich selbst gestellt. Doch auch im Angestelltendasein müssen die meisten Menschen Krisen zuallererst selbst meistern. Die letzte Fangleine vor dem freien Fall sind meist die Lebenspartner, vorausgesetzt man selbst ist bereit über die Krise zu sprechen und Partner oder Partnerin können einen bei der Bewältigung unterstützen.

Meine wichtigste Erfahrung in beruflicher Krisenbewältigung war die rechtzeitige Umkehr vor einem heraufziehenden Burnout. Die Situation ergab sich schleichend. Mein bislang verantwortungsvollstes Projekt begann meine körperlichen Ressourcen langsam aber sicher aufzuzehren. Ein 15-Stunden-Tag jagte den nächsten. Der Kunde reagierte nicht auf meine Vorschläge zur Problemlösung. Ich wurde mit zunehmenden nicht machbaren Anforderungen aus verschiedensten Konzernabteilungen bombardiert. Meine Partnerin hatte meine Veränderung deutlicher gespürt als ich selbst. Sie ermutigte mich zur Entscheidung das Projekt zu beenden. Ich erstellte daher für den Kunden einen Plan zur kontrollierten Beendigung und Übergabe vor dem ursprünglich geplanten Termin. Das erst löste den gordischen Knoten beim Kunden. Und siehe da: selbst eine geordnete Übergabe an den Nachfolger konnte noch in vollem Umfang durchgeführt werden. Mission accomplished, knapp am Abgrund vorbei.

Es war das erste und einzige Mal, bei dem ich beruflich meine physischen Grenzen weit überschritten hatte. Natürlich war mir das auch völlig bewusst. Aber es zu ändern, und die Konsequenzen dabei zu tragen, ist etwas völlig anderes. Das war mir erst möglich durch die Diskussion mit Menschen, die mir nahestanden, und erkannten, wie stark ich mich in kurzer Zeit verändert hatte. Wer solche Unterstützer nicht hat, ist in dieser Situation in höchstem Maß gefährdet.

Praxisnutzen: In der Krise mehr Nutzen stiften als der Kunde erwartet

Als Interim Manager komme ich manchmal in Firmen, die einen ganzen Berg von Problemen vor sich herschieben. Führungskräfte der ersten und zweiten Ebene sind dann gespannt bis misstrauisch, wie jemand von außen ein Geflecht aus Problemen lösen will, wenn er keinerlei Kenntnisse der betrieblichen Abläufe hat.

Nun, genau das ist mein Vorteil. Interim Management ist People Business. Ein Ziel lässt sich in einem Betrieb nur mit Menschen erreichen, die einen bei der Arbeit unterstützen. Eine wichtige Kernkompetenz zu Anfang eines Mandats ist also Unterstützer zu finden. Ich bin regelmäßig überrascht wie einfach sich das gestaltet. Dabei stelle ich fest, dass von mir gestellte naheliegende Fragen Überraschung hervorrufen, weil das „bisher niemanden interessiert" habe. Noch mehr überrascht sind die Neukollegen, wenn ich Ihnen einfach eine halbe Stunde lang zuhöre. Wenn sie nicht von sich aus anbieten, was sie so auf dem Herzen haben, sprudelt meist nach ein, zwei Fragen ein Quell von Ideen, Problemen und Wünschen aus Ihnen heraus. Mit dem guten Gefühl, sich mal ‚so richtig ausgesprochen' zu haben, verlassen sie das Gespräch in der Erwartung, dass sich -wie immer- nichts ändert. Einen oder zwei Tage später kann es dann schon mal passieren, dass jemand wirklich überrascht ist, wenn ich sein Anliegen bereits aufgegriffen und gelöst habe. Es stellt sich heraus: was für mich ‚low hanging fruit' ist, hat offenbar in den letzten Jahren die Vorgesetzten nicht interessiert. Nicht selten entsteht innerhalb von wenigen Wochen ein eingespielter Ablauf in einem Netzwerk von Unterstützern, ohne dass es irgendwelcher formaler Strukturen bedurft hätte. Dabei sind die bestehenden Formalien wie Verfahrensanweisungen normalerweise gar nicht schlecht oder falsch. Sie sind nur falsch verknüpft, unvollständig, längst überholt oder werden nicht umgesetzt. Mir fällt dann immer wieder auf, dass Beziehungen den Formalien geopfert wurden. Beziehungen sind schwierig, konfliktbehaftet, nicht planbar. Prozesse sind aufgeschrieben, einklagbar, schlicht.

Die Firma hat seit Jahren Prozesse verbessert, investiert, Qualitätsrichtlinien erlassen, Mitarbeiter ausgetauscht, die die Prozesse nicht befolgt haben, und trotzdem wird alles immer schlimmer. Nun kommt das Unerwartete von außen: Jemand interessiert sich für die Menschen und ihre Ziele. Die bisherige Führung hat sachorientiert eindeutig festgestellt, dass die Menschen sich offensichtlich nicht an die Prozesse halten, was die Ursache aller Probleme sei. Nun kommt einer, der fragt die Menschen wie sie Ihre Ziele besser erreichen können. Als Gipfel der Frechheit macht er auch noch, was die Mitarbeiter für richtig halten! Und nun funktioniert es. Das kann nicht sein, denn per Definition einer sachorientierten Führungskraft sind Mitarbeiter bestrebt, sich das Leben leicht zu machen.

Wenn innerhalb kürzester Zeit in Unternehmen unerwartete Erfolge möglich werden, mit den gleichen Menschen und nur geringen Anpassungen in Prozessen, hat immer ein Unterstützungseffekt funktioniert. Die Mannschaft hat dem bisherigen „Trainer" die Unterstützung verweigert und fühlt sich nun wieder wie in alten Tagen, als man noch mitgestalten durfte. Der viel zitierte Ruck ist durch die Mannschaft gegangen.

Mir wurde schon mehrmals die Frage gestellt, ob mein unerwartet schneller Erfolg denn tatsächlich auf eine Leistungssteigerung zurückzuführen war - oder mehr auf Effekte von außen, beispielsweise eine Sonderkonjunktur. Meist habe ich geantwortet: „sicher ein bisschen von allem." Am besten gefällt mir jedoch in diesem Zusammenhang die dem biblischen König Salomo zugeschriebene Geschichte: „Zwei Frauen in Begleitung eines Kindes traten vor König Salomo und behaupteten jeweils, das Kind sei ihr eigenes. Salomo schlug daraufhin vor, das Kind zu zerschneiden und jeder Frau eine Hälfte zu geben, was die Zustimmung der einen Frau fand, die der anderen das Kind nicht gönnen wollte. Die andere bat jedoch, das Kind am Leben zu lassen und es der ersten Frau zu geben. Der König befand, die wahre Mutter müsse diejenige sein, der am Leben des Kindes mehr lag als am eigenen Gewinn."

Fazit: Ohne Unterstützer kein Erfolg und kein Ausweg aus Krisen

Der Erfolg muss immer auf das Ganze gerichtet sein. Und wenn Du an der Wand stehst, solltest Du sicher sein, dass sie nicht einstürzt. Oder dass Du im Zweifel möglichst jemanden hast, der Dich auffängt. Im Ecosystem hast Du größere Chancen im Krisenfall Unterstützung zu finden. Dabei ist es beinahe unerheblich, ob Du Orchestrator oder einfacher Teilnehmer bist. Denn die anderen Teilnehmer des Ecosystems wissen um Deine Relevanz für das gesamte System. Sie werden Dich im Zweifel unterstützen.

Kompetenzen: Emotionale Reife, Selbstvertrauen und Vertrauen in Deine Mitmenschen

Herausfordernde Situationen setzen Energien frei, die unser Gehirn zum Zwecke der Selbsterhaltung abrufen kann. Wer diese Energien kennt und sich auf sie verlässt, handelt in Krisen ruhiger und besser. Wer dann auch noch erkennt, welche Mitstreiter ebenso ohne Panik handeln und in ihre Fähigkeiten vertraut, hat die besten Trümpfe in der Hand.

WIE SOLL SICH MEINE REISE ANFÜHLEN?

Gründung meistern.

Keine gleicht der anderen.

"Everything at a startup gets modeled after the founders. Whatever the founders do becomes the culture."
Sam Altman [15]

Erlebnis: Grizzlybären in den Rocky Mountains

Sommer 2015, Banff National Park, Kanada. In der Touristeninformation. Es ist voll, Menschen wuseln aufgeregt durcheinander, stellen Fragen. „Wo man denn nun angesichts der Ereignisse am besten hinfahren kann." Ich verstehe zunächst nur Bahnhof. Wir warten geduldig. Auf dem Tisch liegt die Tageszeitung, das Titelbild verheißt nichts Gutes. Die Schlagzeile: „Ein Toter und ein Schwerverletzter bei Angriff durch einen Grizzlybären." Ich zeige die Zeitung meiner Frau, die mich gleich fragt, „ob wir hier wirklich wandern wollen?".

Als wir endlich an der Reihe sind, erklärt uns die entspannte Dame am Schalter freundlich, dass es eben in dieser Jahreszeit schon vorkommen könne, dass durch Verkettung verhängnisvoller Umstände einmal ein Unfall mit Bären passiert. Aber das sei sehr selten. Eigentlich fast nie. Nur eben gerade gestern. Und deshalb gebe man jetzt die Empfehlung hier nicht zu wandern. Sie würde uns raten, falls wir Wandern als Aktivität geplant hätten, in eine andere nahegelegene Gegend auszuweichen, wo mehr Menschen und typischerweise weniger Bären seien. Das sei am Lake Louise, sagt sie.

Ich schaue nochmal in die Tageszeitung. Zwei junge Männer sind mit einem Quad auf einem Waldweg zwischen eine Grizzlybären Mutter und ihr Junges geraten, dabei kam der Fahrer ums Leben. Der Beifahrer konnte sich schwer verletzt in Sicherheit bringen.

Mit einem flauen Gefühl im Magen parken wir am nächsten Tag am Lake Louise und quetschen uns zwischen Menschenmassen. So schön es dort landschaftlich ist, das ist dann doch des Guten zu viel. Denselben Nepp haben wir schließlich auch zuhause am Mummelsee im Schwarzwald. Dauernd landen Touristenbusse und spucken ihre geh-faule Ladung aus. Menschen mit viel zu dicken Gesäßen machen zwei Fotos von der Landschaft und ein Selfie. Dann wenden sie sich dem Café zu, um noch schnell einen Donut essen und einen viel zu labberigen Kaffee trinken zu können. Nach 20 Minuten verschwinden sie im Bus, und der nächste Bus speit seine Fracht vor den See.

Kurzerhand versuchen wir zwar am Seeufer zu bleiben, aber dem Getümmel so schnell wie möglich zu entkommen. Wir wandern den Seeweg entlang. Nach 15 Minuten sehen wir nur noch alle 100 Meter einen Menschen, nach 30 Minuten sind nur noch wenige in Wanderstiefeln übrig. Wir entdecken einen Wegweiser zu einer Hütte in etwa einer Stunde Entfernung. Sie soll bewirtet sein. Wir schauen uns kurz an und los geht's in die Berge. Es regnet kurz, dann hat uns die Einsamkeit wieder. Bergauf, alles ist in Ordnung.

Plötzlich ein mehrfaches Knacken von Ästen, rechts von uns im kleinen Wäldchen, wir bleiben wie angewurzelt stehen. Weitere Äste brechen, etwa 10 Meter entfernt voneinander stehen wir, beide wie festgenagelt, schauen uns an, schauen nach vorne, hoffen es ist kein Grizzly, und wenn, möge er uns bitte nicht gehört haben. Nach 5 Minuten Stille gehen wir vorsichtig weiter, die Gefahr scheint gebannt. Die Angst hat uns den ganzen weiteren Weg begleitet.

Wir haben in diesem Sommer mehrere Bärenfamilien mit ihren Jungen beobachtet, immer aus sicherer Entfernung, beispielsweise aus einem Boot auf Vancouver Island, oder aus einem Bus in Alaska. Immer waren die Szenen unglaublich friedlich. Man sollte nur nicht das Pech haben, zwischen die Familiengründer und ihre Babys zu geraten.

Auch bei der Gründung eines Unternehmens ist eine Familiendynamik vorhanden. Leicht gerät man zwischen die Fronten. Daher ist offene Kommunikation wichtig.

Erfahrung: Gibt es das ideale Gründerteam?

Eine Unternehmensgründung fühlt sich anfangs ähnlich wie eine Familiengründung an. Ich habe drei sehr unterschiedliche Fälle erlebt. In jedem Fall waren die Gründer in einem permanenten Ausnahmezustand.

Wenn man seine eigene Selbstständigkeit als Soloselbstständiger plant und beginnt, hat man die vollständige Kontrolle über das Geschehen. Idealerweise hat man keine

Angst vor der eigenen Courage. Das kann ein erhebendes Gefühl sein. Die Kehrseite: meistens ist man sehr auf sich allein gestellt. Daher sucht man den Austausch mit Partnern aus dem Netzwerk, der Familie, dem Freundeskreis, um auch einmal den Spiegel vorgehalten zu bekommen. Es ist nicht einfach, in dieser Phase, egal von welcher Seite, sowohl kompetente als auch nützliche Rückkopplung zu erhalten. Es gibt zudem leider viele Abzocker, die es gerade auf Sologründer abgesehen haben. Diese kommen auch als Franchise Modelle daher. Franchise kann eine tolle Sache sein. Es gibt hervorragende Franchise Modelle, aber leider treiben sich in diesem Segment auch schwarze Schafe herum. Was mich betrifft, bin ich mit einem lachenden und einem weinenden Auge aus einem Franchise wieder ausgestiegen. Sehr interessant kann es für Sologründer sein, andere Gründer kennen zu lernen, um sich auszutauschen. Doch meistens kreisen diese -wie man selbst- um ihre eigenen Themen. Ich habe in dieser Phase die Zusammenarbeit mit anderen Gründern gesucht, aber nur wenige Male gefunden, und nur sehr selten als hilfreich erlebt. Das Problem ist hierbei, dass jede Neugründung so individuell verschieden ist, dass einem die Erfahrungen anderer Gründer meist nicht besonders relevant erscheinen. Sind sie es doch, bemerkt man das oft erst Jahre später.

Vor Jahren erschien es mir als Königsweg der Gründung wenn mehrere Gleichgesinnte sich seit langem kennen, ihre Ideen langsam zusammen wachsen und sie irgendwann gemeinsam eine Firma gründen. Alle haben hohe Ansprüche an sich selbst und möchten im Team gemeinsam etwas erreichen. Das setzt enorme Energien frei. Eine mögliche Stolperfalle ist dann die Gruppendynamik, die bereits ab drei Partnern herausfordernd werden kann. Für den oder die von Anfang an beteiligten Ideengeber ist wichtig, auch eine Außensicht zu bekommen, um nicht in die Irre zu laufen. Weitere Gesellschafter von außen können vielleicht dieses Problem lösen, aber der Eintritt von Außenstehenden in eine Neugründung kann wieder andere Probleme durch unterschiedliche Erfahrungen und Sozialisierungen verursachen. Wichtig ist in diesem Fall die volle Offenheit aller Beteiligten untereinander. Dazu gehört viel menschlicher Mut, nicht jeder hat ihn. Sonst endet der Außenstehende plötzlich wie der Quadfahrer, der zwischen die Bärin und ihr Junges geraten ist.

Eine Gründung im Auftrag, der Aufbau eines neuen Unternehmens aus einem Konzern heraus, ist eine heute vermehrt vorkommende Variante. Der Konzern beauftragt einen internen oder externen Mitarbeiter damit, ein ,Schnellboot' zu bauen, um damit ein mögliches zukünftiges Geschäftsmodell zu testen und zu validieren. Im Idealfall ergibt sich daraus ein wichtiges zukünftiges Standbein des Konzerns, der dafür aus anderen Geschäftsfeldern aussteigt, die am Ende ihrer Zyklen angelangt sind. Für einen beauftragten Gründer ist das eine Traumkonstellation. Mit dem Konzern als starken Partner im Rücken kann er etwas völlig Neues schaffen. Der Konzern federt dabei das Finanzierungsrisiko für die Neugründung ab. Somit sinkt die Gefahr, wie 90% aller Start-ups auf dem Scheiterhaufen zu enden, ganz erheblich. In diesem Fall ist die Schnittstelle zum Konzern die erfolgsentscheidende Komponente. Das neue Unternehmen benötigt finanzielle und verantwortungstechnische Autonomie, die Gestaltungsfreiheit über seine Prozesse und ein funktionierendes Steuerungsgremium, das nicht nur auf dem Papier existiert und so gestaltet ist, dass es nicht zwischen die Mühlräder des Konzerns gerät. Wenn das Steuerungsgremium nicht mindestens teilweise mit externen Experten besetzt ist, oder gar nicht existent, besteht die Gefahr das neue Pflänzchen als Kostenstelle im Konzern zu erdrücken. Wenn das Steuerungsgremium nicht erfahren in Bezug auf das neue Geschäftsmodell ist, nicht neutral in Bezug auf den

Konzern, oder mit befangenen Personen besetzt, droht ebenfalls Ungemach. Eine neue Einheit mit viel Aufmerksamkeit ist regelmäßig interessant für leitende Konzernangestellte, die sich profilieren möchten und nicht davor zurückschrecken, sich hierfür auch mit fremden Federn zu schmücken. In Krisenzeiten werden jedoch zu viele strategische Neuprojekte schnell gefährlich für den Konzern CEO, und verschwinden von der Bildfläche, weil sie dem Shareholder Value geopfert werden. Start-up Management ist letztlich Projektmanagement. Und ein Projekt zeichnet sich dadurch aus, dass es einen Anfang und ein Ende hat.

Praxisnutzen: Lean Start-up Methode

Wer das Glück einer einzigartigen Geschäftsidee hat, und vielleicht eine sechs-bis siebenstellige Summe Startkapital für ein ‚richtiges' Unternehmen, für den gibt es vielfältige Literatur, wie man die Themen der Gründung in die richtige Reihenfolge bringt, plant und angeht. Aus dem Dschungel der Gründerliteratur ragt jedoch nur wenig Einzigartiges heraus. Wer sich einmal mit dem Prinzip ‚Lean' auseinandergesetzt hat, der wird schnell auf die Idee kommen, dass es höchst verlockend klingt, gerade ein neu gegründetes Unternehmen von Anfang an auf schlanke Prozesse auszurichten.

Der amerikanische Unternehmer und Autor Eric RIES hat hierfür das Standardwerk parat. Ich kann es aufgrund eigener Erfahrung jedem Gründer wärmstens empfehlen. ‚The Lean Startup: How Today's Entrepreneurs Use Continuous Innovation to Create Radically Successful Businesses' erschien 2011 und hat die Start-up Szene der letzten 10 Jahre stark beeinflusst. Ries definiert ein Start-up als „eine Organisation, die es sich zur Aufgabe gemacht hat, unter Bedingungen extremer Unsicherheit etwas Neues zu schaffen". Ein wunderbarer Satz. Macht er doch spätestens in Zeiten, da ein winziges Virus die gesamte Weltwirtschaft lahmlegt klar, was eine zentrale Aufgabe eines jeden Unternehmens ist: mit extremer Unsicherheit fertig zu werden, damit das Unternehmen langfristig Bestand haben kann. Und damit muss letztlich jedes langfristig sichere Unternehmen ein Stück weit eine gute Familie sein. Überflüssiges wird vermieden. Und wenn es kracht, steht jeder für den anderen ein – im innersten Kreis des Ecosystems.

Eric Ries leitet daher auch folgerichtig in seinem Buch ‚The Startup Way - Das Toolkit für das 21. Jahrhundert mit dem jedes Unternehmen erfolgreich sein kann', die wichtigsten Werkzeuge ab, um den Start-up Geist in jedem Unternehmen leben zu lassen. Ich bin trotzdem kein treuer Jünger der Silicon-Valley Propheten. Das Silicon Valley ist zum Teil ein Hype, der ohne wenige Basiserfindungen und digitales Marketing nie stattgefunden hätte. Es war vor hundert Jahren technisch nicht möglich das Rhine- oder Neckar-Valley ähnlich gut zu vermarkten. Hier kommt daher meine (nicht ganz ernst gemeinte) Sicht auf die Start-up Begrifflichkeiten:

‚Test, adapt and adjust'   - eine schwäbische Tugend, nur redet man im Neckartal nicht so geschwollen darüber, sondern sagt „oifach mal mache". Und leider schreiben wir darüber keine Wirtschaftsbestseller.

‚Minimum viable product' - eine Badische Erfindung, und dazu eine weibliche. Was glaubst Du, warum Carl Benz mit seinem Patent Motorwagen nicht selbst die erste Langstreckenfahrt gemacht hat? Als Ingenieur wollte er wahrscheinlich das perfekte Fahrzeug bauen. Der Wagen stieß aber auf starke Vorbehalte zahlender Kundschaft. Bertha Benz dachte nicht wie ein Ingenieur, sondern wie eine Unternehmerin und fand das Fahrzeug gut genug für eine lange Testfahrt. Ihr Kalkül: Würde diese Fahrt erfolgreich sein, könnte sich das Fahrzeug verkaufen. Ohne Wissen ihres Mannes startete sie mit ihren beiden Söhnen die erste Langstreckenfahrt eines Automobils von Mannheim nach Pforzheim. Sie war somit der erste Mensch, der mit einem Auto mehr wagte als nur kurze Testfahrten. Zur ersten Tankstelle der Welt wurde die Apotheke in Wiesloch, wo Frau Benz Ligroin für die Weiterfahrt tankte. Berichten zufolge soll sie unterwegs nur mit fremder Anschubhilfe eine innerörtliche Steigung gemeistert haben. Aus den Erfahrungen der Fahrt entstanden dadurch Verbesserungen am Wagen wie ein kurzer Gang für Steigungen. Mit Lederbeschlägen auf den Bremsbacken erfand sie ganz nebenbei den Bremsbelag. Bertha Benz war der Denke des Silicon Valley 100 Jahre voraus. Und ihr Ecosystem, mit Anforderungen von der Tankstelle bis zur Bremsenentwicklung, erweiterte sich quasi unterwegs.

100 Jahre später wünschte man sich, der Unternehmergeist von Bertha Benz würde in deutschen Automobilkonzernen weiterleben, aber sucht ihn außer in einigen Laboren vergeblich. Es ist offensichtlich nicht so einfach, Unternehmertum im Großkonzern zur Institution zu machen. Immerhin, zaghafte Versuche gibt es bereits, und womöglich erfinden wir mit autonomen Flugtaxis das Auto im dreidimensionalen Raum noch einmal neu.

Fazit und Kompetenzen: Erfolgreiche Gründung braucht das richtige Team mit Unternehmergeist und Experimentierfreude.

Natürliche Ökosysteme sind aus vielen Schichten kleiner Ökosysteme unterschiedlicher Aggregationshöhe aufgebaut: vom Krümel Erdboden der von unzähligen Kleinlebewesen durchzogen ist, bis zum Great Barrier Reef das eines der größten Ökosysteme der Erde darstellt. Wettbewerb gibt es dort überall, sowohl zwischen den Systemen als auch innerhalb.

Moores Buchtitel ‚The Death of Competition' war eine beabsichtigte Provokation. Er wollte darauf aufmerksam machen, dass mehr Wert generiert werden kann als mit der Effizienzdenke des Taylorismus, wenn man den Wettbewerb von innerhalb eines Industriezweigs auf eine höhere Aggregationsebene verlagert, die verschiedene Industriezweige umfasst und die er Business Ecosystem nannte. Ein Ecosystem arbeitet nicht primär effizient im Kleinen, sondern *effektiv im Großen*. Wer diesen Grundgedanken verinnerlicht, erweitert ganz entscheidend das Suchfeld möglicher Lösungen. Tesla und viele andere haben es erfolgreich vorgemacht. Mit starren Prozessen und einer hierarchischen Organisation ist dieses Vorhaben allerdings kaum zu erreichen. Ein wenig Abenteuerlust täte unserer Wirtschaft wieder gut. Über Bertha Benz wird jedenfalls nicht berichtet, dass sie sich zuerst einen Business Plan genehmigen ließ, bevor sie sich auf die erste Reise mit einem Automobil machte.

Deshalb: Im Zweifelsfall einfach anpacken und das Eisen schmieden solange es heiß ist. Am besten in einem diversen Team mit unterschiedlichen Hintergründen, komplementären Qualifikationen und gleichgerichteter Vision. Nie war es einfacher als heute, mit digitalen Tools und Kommunikationsmöglichkeiten, effektiv in einem solchen Team zu arbeiten, auch über Grenzen und Kulturen hinweg.

Unternehmer ihres Business Ecosystems gewinnen automatisch einen Zusatznutzen, der nicht zu unterschätzen ist: das resiliente Netzwerk, in dem sie arbeiten, schützt seine einzelnen Individuen und Organisationen vor Überlastung. Es stellt auch ein Schutzschild gegen Bedrohungen von außen dar. Damit beugen sie frühzeitigem Scheitern vor.

WIE VERMEIDE ICH, DASS DIE REISE AN MIR SELBST SCHEITERT?

Stress vermeiden.

Über den Dingen.

„Der sicherste Weg zur Ausgeglichenheit führt über das Abenteuer."
Elfriede Hablé [16]

Erlebnis: Laufen im Flow

Wir sind Frühjahr 2003, in Stratford-Upon-Avon, England. Gegen 6:00 Uhr öffnet der Läufer die Eingangstür des traditionsreichen Shakespeare Hotels in der Chapel Street, tritt nach draußen, biegt links ab und läuft in Richtung des Avon Flusses. Zwei Minuten später hat er den Treidelpfad am Fluss betreten, dort wo die Hausboote ankern, und trottet gleichmäßig vor sich hin. Schwierige Aufgaben hat man ihm gestern wieder gegeben, unter Zeitdruck müssen sie fertiggestellt werden.

Enten flüchten vor seinen stampfenden Schritten im feuchten Gras, die Luft ist tauschwanger, der Morgen herrlich kühl, den Stress von gestern hat er beinahe vergessen. Seine letzten bewussten Gedanken sind: England ist kein Paradies für Läufer, leider. Zäune, Privatgelände, wohin das Auge blickt. Der Puls ist bei 120, gleichmäßige Schritte, tapp, tapp, tapp. Ein Hausboot ankert. Tapp, tapp, tapp. Die Sonne geht auf. Das Gras dampft. Ruhe.

6:30 Uhr. Er macht kehrt und läuft denselben Weg zurück. Alles ist weit weg. Ich bin weit weg. Es fühlt sich an wie ein Tagtraum. Tapp. Tapp. Irgendwie verlangsamt. Tapp. Tapp. Die Gedanken kommen zurück und bringen eine schlagartige Erkenntnis: *„Wieso Zeitdruck? Wieso fertigstellen? ...Völliger Unfug, wir müssen die Sache ganz anders angehen. Wir machen einen großen Fehler, und der Kunde mit uns."* Tapp. Tapp.

6:55 Uhr. Der Läufer biegt wieder in die Chapel Street ein. Betritt das Hotel, duscht, geht zum Frühstück. Herrlich, dieses Full English Breakfast. Nun kann nichts mehr schiefgehen. Er fährt zur Firma, beruft eine Besprechung ein. *Schlägt einen völlig anderen Ansatz vor.* Die Kollegen sind begeistert von seiner Idee und gehen mit Elan und Riesenschritten an die Arbeit. Problem gelöst, Stress verflogen. Nun kann er sich auf die anderen Themen konzentrieren.

So geschehen in einem meiner anspruchsvollsten Momente als Manager.

Erfahrung: Die Morgenrunde

Stell Dir vor, Du hättest jeden Morgen 60 Minuten Zeit in der freien Natur. Ob Werktage, Wochenende, Urlaub: Du nimmst Dir immer Deine Stunde draußen. Bevor Du Dich mit den banalen Dingen, den lästigen Dingen, den verantwortungsvollen Dingen beschäftigst, gehst Du eine Runde raus an die frische Luft. Wenn Du einen Hund hast, gehst Du mit ihm in den Wald. Wenn Du gerne läufst, joggst Du eine Runde ganz gemütlich und ohne Ambition. Du fährst gerne Rad? Mit der richtigen Kleidung drehst Du jeden Morgen eine Runde abseits des Verkehrs, und im Winter zuhause auf dem Hometrainer am offenen Fenster.

Geht nicht, wendest Du ein? Doch, selbstverständlich. Ich habe es als Angestellter mit Mitte 30 jeden Tag gemacht, mit 43 Jahren jeden Arbeitstag für einen Marathon trainiert, und heute als Selbstständiger ist die Morgenrunde die wichtigste Stunde meines ganzen Tages. Es ist die Zeit, in der ich geistig am produktivsten bin. Das oben geschilderte Ereignis in England passierte während meines täglichen Marathontrainings. Egal ob in England oder am deutschen Standort, die Laufschuhe waren immer dabei. An vielen Tagen lösten sich Probleme einfach so in Luft auf, oder kamen gute Ideen aus dem Nichts. Als Angestellter benötigt man eine gehörige Portion Überwindung und muss früher aufstehen, um morgens vor der Arbeit seine Bewegung genießen zu können. Es lohnt sich aber wirklich. Über die Regelmäßigkeit stellt sich nach einigen Wochen ein befreiender Effekt ein. Der Körper geht früher oder später durch den gleichmäßigen, monotonen Bewegungsablauf in einen Zustand, in dem das Gehirn die Gedanken frei fließen lässt - der sogenannte Flow. Die Beine laufen wie automatisch, der Alltag verfliegt und es entsteht eine Leere und gleichzeitig Freiheit im Kopf. Mindestens 20 Minuten benötigt der Körper bis dieser Effekt einsetzt. Wissenschaftler vertreten die Theorie, dass das Gehirn mit der Koordination der Bewegung ausgelastet ist, und deshalb andere Gehirnregionen auf Sparflamme setzt. Zu den in Standby geschalteten Gehirnregionen gehört der präfrontale Cortex. Das ist der Teil der Großhirnrinde, der für das logische Denken zuständig ist. Man fühlt sich unbelastet und frei, eins mit sich selbst. Gleichzeitig sollen sich die Gehirnwellen, normalerweise Betawellen, verlangsamen. Die langsameren Alphawellen findet man im Gehirn auch bei Meditation und Tagträumen. Das Gehirn verlässt den Zustand der Selbstbeobachtung und Selbstkritik, es tritt ein in den Zustand der unbeeinflussten Kreativität. Auch bei Abenteueraktivitäten, die die gesamte Aufmerksamkeit erfordern, beobachtet man diesen Effekt. Für den Alltag genügt die tägliche Bewegung, idealerweise in einem leichten bis mittleren Anstrengungsgrad, wobei die Zeitdauer, die über die 20 Minuten hinausgeht, die wertvollste ist.

Praxisnutzen: Stressphasen überstehen

Manchmal siehst Du keine Chance, dem Stress zu entkommen. Das Projekt ist wichtig, dauert noch Wochen oder Monate, und die Anspannung wächst. Die einzige Chance, die Du dann hast, den Stress unbeschadet zu überstehen, ist auf Deinen Körper und Deinen Geist besser aufzupassen. Die Wenigsten denken in solchen Lebensphasen daran, eine zusätzliche Aktivität in ihren Tagesablauf einzubauen. Das Argument liegt auf der Hand: ich kann es mir zeitlich nicht leisten oder habe nicht die Energie dafür. Doch der Körper arbeitet nicht so wie Du denkst. Dein gestresster Körper und Geist sehen irgendwann nur noch das Rettungsboot. Eines Tages steigt er ins Rettungsboot hinaus, ohne Dich vorher zu fragen, denn er sieht kein Zurück. Er verweigert die Weiterreise. Das kann sich in Anfälligkeit für Erkältungen äußern, bis hin zu allen möglichen körperlichen Problemen, die Du natürlich nicht mit der Ursache in Verbindung bringst. Schlimmstenfalls endet die Sache in einem Burnout. Wenn Du so mutig bist, mehr Bewegung zu wagen, werden Energien freigesetzt, die vorher nicht vorhanden zu sein schienen. Körperliche Energie zu verbrauchen hat oft die angenehme Wirkung, geistige Energie zu erschaffen. Bewegung bringt den Geist in kreative Ruhe.

Fazit und Kompetenzen: Mehr körperliche Bewegung schafft mehr geistige Energie.

Der wichtigste Teil Deines Ecosystems sind Deine eigenen inneren körperlichen und geistigen Ressourcen. Du agierst besser mit den Partnern in Deinem Ecosystem, wenn Du diese Ressourcen pflegst und achtsam mit ihnen umgehst. Mehr Bewegung verhilft Dir zu mehr Ruhe und Gelassenheit, setzt Deine kreative Energie frei und befreit Dich von unnötigem Stress. Die dafür aufgewendete Zeit zahlt sich mehrfach zurück. Damit schaffst Du eine der wichtigsten Voraussetzungen für den Erfolg des Ganzen: Durchhaltevermögen, den sprichwörtlichen langen Atem. Tolle Ausdauerkünstler sind die Ameisen. Sie haben darüber hinaus in ihrem Ökosystem eine hervorragend funktionierende Arbeitsteilung entwickelt, die ihre Leistungserbringung noch steigert. Was wir als Ecosystem Unternehmer von Ihnen lernen können, findet sich im Beitrag von Evert Jan van Hasselt und Pauline Romanesco [17].

Wenn Du resistent gegen Stress, ausdauernd und leistungsfähig bist, und in einem starken Ecosystem eingebunden, klingt das nach einer gewissen Unverwundbarkeit. Achtung. Deine Vorstellung spielt Dir möglicherweise einen Streich. Darum geht es im nächsten Kapitel.

BIN ICH WIRKLICH IN DER LAGE, DIESE REISE DURCHZUSTEHEN?
ODER LASSE ICH MICH NUR VON MEINER VORSTELLUNG BLENDEN?

Narzissmus erkennen.

Hüte Dich vor dem Helden in Dir.

Narkissos, Narcissus; Narziss
   in der griechischen Sage ein schöner Jüngling, Sohn des
Flussgotts Kephissos und der Nymphe Leiriope; erwiderte die
Liebe der Nymphe Echo nicht und wurde deshalb von den Göt-
tern mit unstillbarer Liebe zu seinem Spiegelbild erfüllt (Narziss-
mus); von der Erdmutter in eine Blume (Narzisse) verwandelt.

Erlebnis: „Alle lieben mich."

Eine spannende neue Aufgabe bahnte sich an. Die Bereichsleitung hatte eingeladen, sich an
einem netten und entspannten Ort in Südeuropa zu treffen. Am Rande des Events sollte ich
den Menschen kennenlernen, mit dem ich zukünftig eng zusammenarbeiten sollte. Dieser

war neu im Unternehmen, nennen wir ihn Hartmut. Ziel unseres gemeinsamen Vorgesetzten war, Hartmut und mich gegenseitig vorzustellen und ihm meine Strategie zu präsentieren. Der erste Kontakt mit Hartmut war überaus herzlich. Kaum hatte er die Tür geöffnet, stolperte er mit beiden Händen auf mich zu und drückte überschwänglich meine Hände. Er stellte sich vor und fragte mich unmittelbar, ob wir gleich zum „Du" übergehen könnten. So viel Kumpelhaftigkeit erwischte mich kalt. Während meiner Ausführungen hing er gespannt an meinen Lippen. Ich war ein wenig geschmeichelt von der hohen Aufmerksamkeit, die ich für meine Ausführungen erhielt. Beim nachfolgenden Essen äußerte er mehrfach seine Bewunderung für meine Arbeit, im Beisein unseres Chefs. Ein guter Einstieg in eine Zusammenarbeit, dachte ich, wenn auch mit ein wenig Skepsis vermischt.

Szenenwechsel. Einige Wochen später. Wir tauschten beide unsere Erfahrungen über das neue Unternehmen aus. Hartmut ließ keinen Zweifel aufkommen, dass er die neuen Kollegen im Führungsteam überwiegend für reichlich naiv hielt. Das mache aber nichts, schließlich seien ihm „naive Kollegen lieber als bösartige". Er betonte zudem, dass seine bisherigen Mitarbeiter „ihn alle geliebt hätten, weil er ein guter und gerechter Vorgesetzter sei." Meine Skepsis stieg.

In den folgenden Wochen wurde Hartmut zunehmend unnahbarer. Persönliche Gespräche wurden auf ein Minimum reduziert. In den wenigen Besprechungen dominierte er so stark, dass ich kaum zu Wort kam. Alles wurde inhaltlich auf ihn zugeschnitten. Seine Kumpelhaftigkeit wurde auch mit allen anderen Kollegen zum System. Die Kehrseite: wer nicht Kumpel war, war außen vor. Mehrere Mitarbeiter verschwanden in den folgenden Monaten regelrecht von der Bildfläche.

In Besprechungen im großen Kreis dagegen hinterließ Hartmut den Eindruck man würde dem Sonnengott höchst persönlich gegenübersitzen.

Es kam die Situation bei der ich Hartmut, „der von allen Kollegen geliebt wird", wirklich brauchte. Mehrere Anläufe ihm deutlich zu machen, dass ich eine positive Entscheidung von ihm benötigte, waren bereits ohne Wirkung verhallt. Zunächst tat er meinen dringenden Bedarf als unwichtig ab. Für mich war es nicht weniger als der zentrale Punkt um erfolgreich sein zu können. Im Businessplan hätte der Punkt längst erledigt sein sollen. Doch Hartmut blockierte. Die Sache war eigentlich sonnenklar. Ich musste Druck aufbauen. Mit steigendem Druck meinerseits machte er mir jedoch unmissverständlich klar, dass er sich nicht unter Druck setzen lasse. Daraufhin teilte ich ihm nüchtern mit, wie ich mich ohne diese Entscheidung folgerichtig verhalten müsse.

Ich hatte nun ein einziges Mal seine heroische Autorität untergraben. Hartmut blieb nichts anderes übrig als auf meine Linie einzuschwenken, vordergründig.

Wieder einige Wochen später. Hartmut hatte zum Mittagessen mit dem Team eingeladen. Es war eine fröhliche Runde. Hartmut war nicht wieder zu erkennen. Sein Glanz strahlte von Minute zu Minute stärker, indem er vor dem gesamten Team über seine Führungskollegen lästerte. Mehrmals betonte er, wie toll dagegen alles in der früheren Firma war und wie sehr sein früheres Team ihn geschätzt habe. Seinen längsten Monolog beendete er mit den Worten: „Nicht falsch verstehen: mein Chef und ich halten zusammen wie Pech und Schwefel!"

Nun war ich vollends im Alarmzustand. Die Frage war für mich nicht mehr, ob er sich eigenartig verhielt, sondern ob ihm die Absurdität seines Verhaltens bewusst war. Die zuverlässige Beantwortung dieser Frage ist mir bis heute nicht gelungen. Die Fehlentwicklung war bis zu meinem Alarmzustand bereits so weit fortgeschritten, dass unsere Zusammenarbeit kein gutes Ende nahm. Ich hatte ihn falsch eingeschätzt.

Er hinterging mich ohne jede Vorwarnung. Das Ende der Zusammenarbeit ließ er mir durch einen Kollegen bekanntgeben. Von ihm selbst hörte ich dazu kein einziges Wort. In der Folge funktionierte kaum noch etwas das Hartmut anfasste. Das Projekt verschob sich immer weiter nach hinten und die Kundenbeziehungen nahmen zumindest einen Vertrauensschaden. Aber Hartmut hatte sich unersetzlich gemacht, und mich aus dem Weg geräumt. Das Ergebnis war ihm anscheinend herzlich egal.

Erfahrung: Persönlichkeitsmerkmale

In Unternehmen - genauso wie in Familien - kommt man regelmäßig mit grenzwertigem Verhalten in Kontakt. Nicht selten bewegt man sich in einem Graubereich zwischen besonderen Persönlichkeitsmerkmalen und klinisch relevanten Merkmalen. Es wird geschätzt, dass zwischen 5% und 10% der Bevölkerung in ihrem Leben an einer Persönlichkeitsstörung erkranken. Klinische Studien weisen die Häufigkeit der Narzisstischen Persönlichkeitsstörung in der Gesamtbevölkerung mit 0,5% bis 2,5% aus, einzelne Züge davon sind jedoch weitaus häufiger. Würde man eine Studie anstellen, ob narzisstische Persönlichkeitszüge in Unternehmen hilfreich für den Aufstieg in eine Führungsposition sind, was käme dabei wohl heraus? Würde man in der nächsten Studie die Frage anschließen, ob Menschen, die auch aufgrund narzisstischen Verhaltens in eine Führungsposition gekommen sind, diese Position durch ständige ‚Optimierung' ihres Verhaltens halten bzw. ausbauen: was wäre das vermutete Ergebnis? Und tatsächlich, es gibt Literatur dazu.

Die Publikation ‚Personalführung' veröffentlichte in ihrer Ausgabe 2/2011 den lesenswerten Fachartikel [18]: ‚Psychologie und Empirie der narzisstischen Persönlichkeitsstörung - Egomanen als Risikofaktoren im Unternehmen'. Dort wird die Problematik übermäßiger Narzissten so charakterisiert:

> „Sie können ... keine Antwort auf die Frage „Wer bin ich?" geben. Vielmehr versuchen sie stets, die Frage „Wer soll ich sein?" zu beantworten. Ursache ist die Koexistenz zweier Selbstschemata, deren Aktivierung durch äußere Anreize hervorgerufen wird. Entsprechend unverhältnismäßig steigt das Selbstwertgefühl bei Lob und Anerkennung, während es bei Kritik und negativem Feedback starken Selbstzweifeln und Versagensängsten weicht. Ist eine Person erst einmal in diesen Denk- und Verhaltensschemata gefangen, gleicht sich das Attributionsverhalten an. Positives Feedback aufgrund erreichter Erfolge wird stets internal attribuiert und aktiviert so kurzzeitig das positive Selbstschema. Kritik und Misserfolg dagegen werden auf äußere Umstände zurückgeführt, um sich selbst als unfehlbar darzustellen."

Und weiter wird erläutert:

> „In ihrer pathologischen Ausprägung liegt bei der narzisstischen Persönlichkeitsstörung eine Selbstüberschätzung bei gleichzeitig

fundamentaler Unsicherheit des Selbstwertgefühls vor. Damit verbinden sich das Erleben starker Schamgefühle sowie die Angst, von anderen im vermeintlichen eigenen Unvermögen enttarnt zu werden. Aus Furcht, von anderen Menschen enttäuscht zu werden, stellen Narzissten diese als schlecht, inkompetent und unwert dar. Somit werten sie sich selbst auf und nehmen jeglichem Kränkungspotenzial den Raum. Als weiteren Regulationsmechanismus für einen positiven Selbstwert versuchen krankhafte Narzissten, sich mit einem Kreis von Jasagern zu umgeben, die sie in all ihren Handlungen bestätigen und niemals ihre Kompetenz infrage stellen. Das konstante Bestreben, Kritik zu vermeiden, verbunden mit dem Bedürfnis, allen Ansprüchen gerecht zu werden, bedeutet jedoch eine enorme Kraftanstrengung, die langfristig für einen Menschen nicht aufrechtzuerhalten ist."

Im Jahr 2009 wurde gemäß dem oben genannten Artikel eine Studie an der Hochschule Harz durchgeführt, um die folgende Forschungshypothese zu testen: „Je höher die berufliche Position eines Menschen, desto stärker ist die Ausprägung seiner narzisstischen Eigenschaften." (DAMMANN). Das Ergebnis: In vier Kategorien des ‚Narzissmusinventars' wurden höhere Werte beim Topmanagement als bei anderen Mitarbeitern gefunden. Die vier Kategorien waren: Selbstüberschätzung, Gier nach Lob und Bestätigung, Rachebedürfnis nach Kränkung, und Abwertung anderer Menschen, meist aus Furcht vor Kränkung. Interessant ist, dass die Wissenschaft sich nicht einig ist, ob Narzissten durch ihre Eigenschaften zu Topmanagern werden (Selektion), oder diese Eigenschaften erst im Topmanagement erwerben (Adaption).

Kennst Du eine Situation in der überwiegend Jasager im Unternehmen verblieben sind? Wie hast Du die Abhängigkeiten beider Seiten voneinander erlebt?

Ich fand in einem Unternehmen, das mit Ansage in die Pleite ging, den folgenden Ablauf: Die kritischen Menschen verlassen das Unternehmen. Die Jasager lassen sich weiter prägen durch den Narzissten. Die Jasager im Unternehmen reichen dem Narzissten irgendwann zur Selbstbestätigung nicht mehr aus. Er verlässt die Sachebene. Er sucht die Öffentlichkeit. Dabei überschreitet er in seiner Blindheit die Grenze des Vertretbaren. Die Außenwelt wendet sich vom Narzissten ab. Er wendet sich wieder nach innen seinem engsten Kreis zu, wo ihn aber die Jasager nicht mehr retten können: denn vom Narzissten unbemerkt hat das Unternehmen mit seinen eigenen Vorstellungen nichts mehr zu tun. Es hat sich von der Realität des Marktes immer weiter verabschiedet. Die Insolvenz ist unvermeidbar geworden.

Praxisnutzen: Selbst einen Persönlichkeitstest durchführen

Jeder tut gut daran, sich einmal oder am besten regelmäßig zu fragen, ob sein Selbstbild stimmig ist. In Bezug auf den Job ist es im digitalen Zeitalter sehr einfach, darauf eine recht gute Antwort durch ein Online Assessment zu erhalten. Große Firmen vertrauen vielfach auf Assessment Center bei der Rekrutierung von Führungskräften. Persönliches Erscheinen vor Ort und hoher Zeit- und Reiseaufwand schlagen dabei ordentlich zu Buche. Aber auch online Befragungen haben einen großen Praxisnutzen, zudem sind sie kostengünstig und zeitnah umsetzbar. Schon ab etwa 200 Euro kann man einen auf das eigene Anforderungsprofil im Unternehmen bezogenen Test bei einem renommierten Anbieter machen. Man erhält eine sehr detaillierte Auswertung.

Bei Harrison Assessments werden beispielsweise auf knapp 30 Seiten zunächst die notwendigen und wünschenswerten persönlichen Eigenschaften für die beschriebene Position im Verhältnis zum anzustrebenden Ziel ausgewertet, danach die zu vermeidenden Eigenschaften. Schließlich erhält man die wichtigste Auswertung in Form von sogenannten Paradox-Graphen. Nach der Paradox-Theorie wirkt sich eine Eigenschaft konstruktiv oder destruktiv aus, je nachdem wie stark die ihr widersprechende Eigenschaft ist. Offenheit und Taktgefühl stehen beispielsweise im vermeintlichen Widerspruch, können aber sich ergänzende Eigenschaften sein. Wenn man Offenheit mit Taktgefühl verbindet, nimmt sie die konstruktive Form von Diplomatie oder Ehrlichkeit an. Fehlt bei Offenheit jedoch das Taktgefühl, wirkt sie unverblümt. Taktgefühl ohne Offenheit wirkt ausweichend. Fehlt beides, wird die betreffende Person Kommunikation nach Möglichkeit vermeiden. Auf diese Weise erhält man ein sehr erhellendes Abbild der eigenen persönlichen Eigenschaften. Erwähnt werden sollte, dass dies immer eine Momentaufnahme darstellt, und auf den Kontext der angestrebten oder ausgefüllten Position bezogen ist. Wer also in den wünschenswerten Eigenschaften einer Position unter dem Zielwert liegt, kann für eine andere Position der Idealkandidat sein. Bei den Paradox-Graphen ergibt sich ein vielschichtiges Persönlichkeitsbild. Man erkennt sich in der Regel gut in Bezug auf situativ unterschiedliches Verhalten.

Eine noch einfachere Möglichkeit ist die sogenannte Myers-Briggs-Methode. Die auch als MBTI Test bekannte Methode ist schon recht alt - sie stammt aus der Mitte des 20. Jahrhunderts - und fußt auf der Arbeit von C.G. Jung. In einer Selbstbewertung wird eine Zuordnung zu einem von 16 Persönlichkeitstypen herausgearbeitet. Die Kritik an diesem Test ist, dass es sich nicht um eine wissenschaftlich fundierte Methode handelt, dass Ergebnisse innerhalb von Wochen oder Monaten schwanken können, und dass sie nicht unbedingt zur Karriereplanung geeignet sind. Ich halte diese Aussagen zwar alle für richtig, es tut aber meines Erachtens dem Sinn eines solchen Tests keinen Abbruch, wenn man seine Grenzen kennt. Fehlendes wissenschaftliches Fundament an sich ist kein Makel, da viele wissenschaftliche Theorien im Laufe der Zeit widerlegt werden. Dass Testergebnisse mit der Zeit schwanken mag auch daran liegen, dass eine Persönlichkeit keine in Stein gemeißelte Tatsache ist - alles andere wäre eher eine Überraschung. Und eine Karriere auf einer Momentaufnahme eines Testergebnisses zu planen ist an sich schon reichlich absurd. Der wahre Nutzen eines solchen Tests liegt in der Selbstbeschäftigung mit der eigenen Persönlichkeit. Die Sensibilisierung des Themas bringt wiederum Gelegenheit Menschen in der Umgebung um Feedback zu fraglichen Themen zu bitten. Kommerziell ist der Test beispielsweise für wenig Geld als ‚Typefinder' über truity.com erhältlich.

Fazit und Kompetenzen: Ein Ecosystem verbindet Persönlichkeiten.

Kommunikation und Austausch über persönliche Themen sind im Ecosystem wichtig. Dazu gehört das Erkennen eigener und fremder Werte, beteiligen und sich anpassen können.

WIE MÖCHTE ICH ANDEREN AUF DER REISE BEGEGNEN?

Augenhöhe herstellen.

Geben und nehmen.

„Reziprozität heißt so viel wie Gegenseitigkeit. Die Gabe - das Geben, Nehmen und Erwidern - ist ein zentrales Prinzip vormoderner Gesellschaften. Mit dem Übergang zur modernen Gesellschaft verbinden viele die Auflösung dieses Systems zugunsten einer strikten Marktlogik einerseits und einer kulturellen Logik des strategischen Schenkens andererseits. Im Gegensatz dazu unterstreichen die Autoren dieses Bandes die große Bedeutung von Reziprozität auch für moderne Gesellschaften."
Frank ADLOFF

„Die Evolution von Kooperation ist immer noch eines der großen Rätsel der Evolutionsbiologie, denn sie widerspricht dem allgemeinen Grundsatz, dass Evolution nur ‚egoistische Gene' fördert."
Die Evolution von Kooperation [19]

Erlebnis: Kooperation im Meer und in der Luft

Kooperation ist im Tierreich weit verbreitet, doch erst in jüngster Zeit umfangreich untersucht worden. Forscher haben Kooperation bei Tieren mittlerweile durch Studien mit

Schimpansen, Elefanten und mit Vögeln wie den Waldrappen mehrfach nachgewiesen.

Um zu kooperieren, müssen die Kooperationspartner ein gemeinsames Ziel haben und auf Augenhöhe miteinander agieren. In den Weltmeeren lässt sich dies mit am besten beobachten. Wenn Orcas - auch Schwertwale genannt wegen ihrer schwertartigen Rückenflosse - Seelöwen jagen, finden sie sich in Gruppen von mehreren Tieren zusammen. Sie kreisen das Opfer ein und drücken es dann gemeinschaftlich unter Wasser. Im Foto auf der vorigen Seite sehen wir das Weibchen vorne, und hinten das männliche Tier, erkennbar an der größeren und geraden Rückenflosse. Das ist die übliche Schlachtordnung bei der Jagd. Schwertwale leben in einem Matriarchat, da die Weibchen weitaus kleiner und beweglicher, und somit die besseren Jäger sind. In einer Gruppe jagt das älteste Weibchen aufgrund der Erfahrung vorne. Es bringt auch die Jagdsystematik den Jungtieren bei.

Auch in Gefangenschaft verlieren die Tiere ihr erlerntes Jagdverhalten nicht. Das beweisen nicht zuletzt zwei Todesfälle von Orca Trainerinnen in Kanada und den Vereinigten Staaten. Bereits 1991 hatte der Schwertwal Bulle Tilikum - ein Chinook Wort für „Freund" - im Sealand Vergnügungspark in Kanada seine 20-jährige Aushilfstrainerin gemeinsam mit zwei Weibchen unter Wasser gedrückt und ertränkt - ein für Orcas völlig normales Jagdverhalten. Der Park wurde geschlossen und das Tier wurde an Seaworld Orlando verkauft. Der danach weltweit bekannt gewordene Vorfall mit Tilikum betraf ebenfalls seine Trainerin. Dawn Brancheau starb in Seaworld im Februar 2010. Nachdem der Wal ihr zunächst die Kooperation verweigert hatte, zog er die Trainerin vom Beckenrand und tötete sie. Die Leitung von Seaworld begründete den Vorfall mit einem Fehlverhalten der Trainerin. Tilikum wurde nur ein Jahr später wieder in die Show integriert. In dem Film ‚Blackfish' wurde die Geschichte von Tilikum verfilmt. Solange die Trainerin auf dem Rücken des Schwertwals steht, besteht keine Gefahr. Doch wer kann vorhersehen, ob das erlernte Jagdverhalten des Wals - in Kooperation mit seinen Mitgefangenen - nicht aus ihm herausbricht, wenn ein Wesen in der Größe einer Robbe im Becken schwimmt? Die Schwertwale befinden sich in ihrer Gruppe und in ihrem Element auf Augenhöhe. Mit der Intelligenz von Delfinen ausgestattet, sind sie auf ewig in einem Becken eingesperrt.

Ein besonderes Erlebnis von Augenhöhe ist, am Korallenriff gemeinsam mit den Meerestieren zu schweben und die Vielfalt ihrer Kooperation zu beobachten. Eine Meeresschildkröte bewegt sich majestätisch und ohne Angst an einer Gruppe von Menschen vorbei, solange diese ruhig und gleichmäßig schwimmen. Das Great Barrier Reef ist mit 34 Millionen Hektar Fläche die größte lebende Struktur der Erde. Am Korallenriff herrscht eine sagenhafte Artenvielfalt. Diese ermöglicht erst die umfangreiche Kooperation, beispielsweise zwischen Seeanemonen und Clownfischen. Das Gift der Seeanemone bietet dem Clownfisch Schutz vor Fressfeinden. Dieser revanchiert sich, indem er der Anemone Sauerstoff zufächelt und somit ihr Überleben sichert. Diese ‚Symbiose' genannte Form des Zusammenlebens von Lebewesen zum gegenseitigen Nutzen ist nichts anderes als Kooperation im Tierreich.

Kennst Du die Dreiecksform des Stealth-Tarnkappenbombers? Wenn Du eine solche schwarze Dreiecksform am Himmel in Europa siehst, ist es wahrscheinlich nicht die US Airforce. Auch ein UFO ist unwahrscheinlich. Es könnten stattdessen schwarze Waldrappen im Formationsflug sein. Geradezu technologisch ausgeklügelt ist ihre Kooperation. Diese Ibis-Vögel fliegen im perfekten Dreieck, was zunächst nicht besonders aufregend klingt, denn man kennt es von Zugvögeln. Interessant ist jedoch wie sie das Dreieck dynamisch bilden. Der erste Vogel nimmt einen wesentlich höheren Luftwiderstand in Kauf, damit die hinteren aerodynamisch von ihm profitieren können. Er ermüdet damit schneller. Das trifft auch auf die äußeren Tiere am Rande des Dreiecks zu. Durch Identifikation der Position jedes einzelnen Vogels während des Fluges fand man heraus, dass sich die Individuen - wie die Radprofis im Team - regelmäßig mit der Führung und in den Positionen abwechseln, damit jedes Tier im Schnitt die gleiche Arbeit zu erbringen hat.

Erfahrung: Vertragsverhandlungen

Augenhöhe, Reziprozität und Kooperation sind geradezu unabdingbare Voraussetzungen für erfolgreiche Vertragsverhandlungen. Ohne Augenhöhe zwischen den beiden Verhandlungspartnern, ohne dass sie sich ernsthaft aufeinander einlassen, kann faire Gegenseitigkeit nicht erreicht werden.

Das Gegenbeispiel lieferte ich im vorigen Kapitel. Die Autoren [18] führten dort aus: „Ein pathologischer Narzisst ist nicht in der Lage, die Reziprozität in Beziehungen nachzuvollziehen, geschweige denn umzusetzen. Daher führt das egozentrische Verhalten unweigerlich zu Beziehungskonflikten und endet nicht selten in der Beendigung der Beziehung." Es ist also durchaus denkbar, dass die Verhandlung mit einem Narzissten zu einem vordergründig fairen Vertrag führt. Fällt der Vertragspartner jedoch während der vertraglichen Zusammenarbeit in sein erlerntes Muster zurück, wird er wahrscheinlich jede Chance nutzen, um trotz der vertraglichen Vereinbarungen seinen eigenen Vorteil zu suchen. In einem solchen Fall nützt der selbst beste Vertrag nichts, wenn keine ‚Waffengleichheit' gegeben ist. Der nicht narzisstische und meist schwächere Partner wird in den allermeisten Fällen den Kürzeren ziehen.

Eine besondere Variante stellen Verhandlungen zwischen sehr ungleich starken Firmen dar, bei denen sich die Verhandlungspartner schätzen und sich fair und auf Augenhöhe begegnen. In aller Regel ist das nur dann der Fall, wenn beide ganz genau wissen, wie sehr sie den jeweils anderen brauchen. Im Falle des kleineren Partners bedeutet das unweigerlich, dass er dem größeren eine besonders geschätzte Dienstleistung oder ein außergewöhnliches Produkt anzubieten hat. Eine solche Beziehung kann über viele Jahre gut funktionieren. Doch im Handumdrehen kann sie durch Fehlgewichtung von Zielen in sich zusammenbrechen.

Leider hat die Digitalisierung auch bisweilen großen Schaden verursacht. Ein Beispiel hierfür sind digitale Einkaufsprozesse. Immer stärker werden in digitalen Einkaufsprozessen fruchtbare Nutzenaspekte bei Partnern auf einfache Kriterien wie den Preis reduziert. Hier hat die Kleinteiligkeit ihrer Prozesse auch großen Konzernen schon oft ein bedauernswertes Schnippchen geschlagen, wie im nachfolgenden Beispiel.

Ein seit Jahrzehnten technisch hoch geschätzter und regional ansässiger Lieferant wird durch einen 6% günstigeren Anbieter aus Osteuropa ersetzt. Dass dieser in Summe aufgrund seiner fehlenden Erfahrung und Vernetzung den Käufer am Ende um 50% teurer kommt, wird vom System nicht erfasst, denn das System betrachtet den Prozess nicht ganzheitlich. Gefahr ist auch in Verzug, wenn der neue Vorgesetzte des Einkäufers eine steile Karriere machen möchte, indem er hohe Ziele vereinbart und seine Mannschaft zu Höchstleistungen peitscht. Ohne Probleme werden tatsächlich 20% ‚savings' im Geschäftsjahr erreicht. Eine Win-Win-Win-Situation aus Sicht des Einkaufschefs. Damit ist erstens ‚bewiesen', dass der vorige Stelleninhaber eine Niete war. Der Einkaufschef steigt zweitens auf, der Einkäufer erhält drittens einen Bonus und ist zumindest kurzzeitig motiviert.

Die Verluste solch kurzsichtiger (effizienzfehlgesteuerter) Entscheidungen tragen andere, denn eine jahrelang funktionierende Lieferkette wird durch teures Chaos im operativen Geschäft ersetzt. Dieses müssen dann professionelle Feuerwehrleute lösen, die man als freiberufliche Projektmanager anheuert und den Kosten eines Projektes zuschlägt. Sparen um jeden Preis, Verluste anderswo zuordnen. Nicht selten ist das Opfer der Aktion der hausinterne Projektleiter oder eine andere Führungskraft im operativen Bereich, dem das Chaos als eigenes Versagen angelastet wird.

Praxisnutzen: Neues Team bilden

Für mich gehört der Teamaufbau zu den schönsten und nobelsten Aufgaben im beruflichen Umfeld. Spannend ist das Thema, weil man hoch spezialisierte Individuen und Individualisten kennen lernt, und daraus eine Gruppe zu formen hat, bei der idealerweise jeder den Platz einnimmt, der ihr oder ihm am besten liegt. Wenn ein solches Team frisch, im Gleichklang und positiv spannungsgeladen ist, kann das eine sehr erfüllende Erfahrung sein. Nur wenige bekommen in ihrer beruflichen Laufbahn die Chance, ein grundlegend neues Team oder gar Unternehmen aus der Taufe zu heben.

Wie stellt man es am besten an? Es beginnt damit, dass man sich fragt, was die herausragenden Merkmale des geplanten Teams oder Unternehmens sein sollen. Das sind die Kernfragen, von denen man sich leiten lässt. Welche gemeinsame Reise soll geplant und angetreten werden? Welche der geplanten Themen begeistern neue Mitarbeiter? Wie kann sich die gemeinsame Zukunft spannend gestalten lassen? Wie soll sich der Teamgeist anfühlen? Wie sollen die Büros aussehen? Wie sollen die Kollegen zusammenarbeiten? Wie können das Unternehmen und die neuen Kollegen für die nächsten Jahre von dem gemeinsamen Thema profitieren? Wie soll das Unternehmen oder Team in 2, 3 oder 5 Jahren aussehen? Welche erfolgreichen Parallelen gibt es für vergleichbare neue Unternehmen in den letzten Jahren? Wie werden wir gemeinsam einzigartig? Wie zeigen wir, dass wir ein modernes Unternehmen sind, auf das wir stolz sein können?

Hast Du in den oben genannten Fragen irgendein Qualifikationsprofil oder einen Anforderungskatalog gesehen? Nein? Nun, da ist auch keines verborgen. Es sind diese Fragen die sich der neue Teamleiter, Vorgesetzte oder Unternehmensgründer zu stellen hat, wenn er ein wirklich erfolgreiches Team aufbauen möchte. Das Qualifikationsprofil, das üblicherweise die einzige Grundlage für das Stellenangebot aus der Personalabteilung ist, beinhaltet in aller Regel nicht, was für ein MENSCH gesucht wird, und wie man diesem Menschen auf Augenhöhe begegnen kann, um gemeinsam etwas zu erreichen. Bitte verstehe mich nicht falsch, ich schätze die Arbeit von Personalabteilungen. Doch leider musste ich in vielen Jahren schmerzhaft feststellen, dass diese typischerweise nur gut aufgestellt sind zur Verwaltung von Personalangelegenheiten und bei der Suche nach Ersatz für verlorene Mitarbeiter mit einer klaren Stellenbeschreibung. Wer jedoch eine spezialisierte, neugeschaffene Führungsposition zu besetzen hat, oder gar ein komplett neues Team zusammenstellen darf, der sollte sich nicht allein auf die Personalabteilung verlassen - wenn er an der Suche nicht verzweifeln will. Egal ob bei den obigen Beispielen aus dem Tierreich, oder bei den Menschen in Unternehmen: wer eine Kooperation in einem Team auf Augenhöhe sucht, muss sich auf die Augenhöhe des Teams begeben.

Das lässt sich leider nicht erreichen, indem man die Personalabteilung beauftragt, die wiederum einen Headhunter mit dem Search beauftragt, der womöglich einen Subunternehmer mit der Kandidatensuche für die ‚Long List' beauftragt, der wiederum über ein Internetportal Profile durchforstet und dann hunderte Ergebnisse zurück liefert, die in derselben Kette ‚nach oben verdichtet' werden und nach 6-8 Wochen und Kosten von mehreren zehntausend Euro in einen Vorschlag von 3 Kandidaten beim Teamchef münden. Solche Ansätze sind von gestern scheitern regelmäßig bei komplexen Suchen in einem Unternehmen. Und für den Ecosystem Aufbau sind sie gar völlig ungeeignet. Spätestens nach der dritten erfolglosen Vorstellungsrunde ist der Teamchef zu Kompromissen hinsichtlich der gesuchten Person bereit, weil ihm längst der Businessplan unter den Fingern zerrinnt.

Des Pudels Kern ist die Kernmannschaft. Das Kernteam muss nicht zwangsläufig aus den zukünftigen Führungskräften bestehen, sondern ist genau das Team, das den Start der neuen Aufgabe voll umfänglich bearbeiten kann. Dieses Kernteam besteht typisch aus 3-5 Personen. Diese Kernmannschaft muss viel mehr sein als die Summe ihrer Teile. Jeder muss wissen, was er oder sie beitragen kann, notfalls ohne dabei auf eine Stellenbeschreibung zu verweisen. Idealerweise besteht das Kernteam aus Personen, die der Gründer oder Teamleiter selbst gefunden hat.

Es ist einfacher als Du denkst, ein solches Team zu formen, wenn Du die eingangs genannten Kernfragen beantworten kannst und sie zur Leitlinie Deiner Suche nach den richtigen Kooperationspartnern machst. Der Geist im Team kann ausgehend von diesem zentralen Teil der Organisation beim weiteren Wachstum erhalten bleiben, wenn alle Mitglieder ihn weitertragen, auch wenn die Anzahl der Teammitglieder mit der Zeit stark anwächst.

Fazit und Kompetenzen: Kooperieren und Wertschätzen gewinnen.

Die Erklärungen dafür, warum Kooperation gegenüber Egoismus langfristig erfolgreicher ist, sind vielfältig. Sie reichen von wissenschaftlichen Untersuchungen bis zur Esoterik und dem Karma Begriff. Das Konzept der Business Ecosystems steht in dieser Reihe irgendwo in der Mitte zwischen beiden Extremen. Ursächlich für seine Einführung durch Moore war die Erkenntnis, dass mit steigender Komplexität der Wirtschaftswelt die Begrifflichkeiten nicht mehr ausreichten um das von ihm Gedachte bildlich zu beschrieben. Ein hilfreicher Begriff zum Verstehen von Ecosystems ist auch *Reziprozität* (Prinzip der Gegenseitigkeit des Handelns): wenn ich etwas gebe erhalte ich etwas zurück. Abzugrenzen ist sie von der *Koinzidenz* (zeitliches oder räumliches Zusammentreffen von Ereignissen ohne kausalen Zusammenhang). Van Hasselt und Romanesco [17] sprechen auch von der *asynchronen Reziprozität* als Kennzeichen für Ecosystems und meinen damit: bei der Zusammenarbeit im Ecosystem erhalte ich zeitlich versetzt zu meinem Beitrag einen Gegenwert, der nicht unbedingt in einem ursächlichen Zusammenhang zu meinem persönlichen Beitrag für das System stehen muss. Reziprozität wiederum ist eine gute Voraussetzung für die Suche von Mitarbeitenden und Partnern im Ecosystem. Reziprozität und Augenhöhe bedingen sich gegenseitig. Wird Personalsuche klassisch als Outsourcing über Berater betrieben, geht das Auswahlkriterium der Reziprozität durch fehlende Augenhöhe in der ‚Lieferkette' verloren. Daher sollten sich Ecosystem Unternehmer von den klassischen Methoden der Personalsuche Stück für Stück in Richtung der Selbstorganisation und Teamentscheidung weiterentwickeln. Dann wird die gemeinsame Reise zum Erlebnis im selben Boot.

WIE SOLLEN SICH DIE ERLEBNISSE AUF MEINER REISE GESTALTEN?

Selbst organisieren lassen.

Früher ein Traum - heute in Serie.

„Geist: Selbstorganisation des Chaos."
Peter Rudl [20]

Erlebnisse: Schwarmintelligenz schlägt Einzelgänger

Vor einiger Zeit erlebte ich faszinierende Momente im Korallenriff. Selbstorganisation war plötzlich als Naturprinzip greifbar, als wir einem großen Schwarm von Thunfischen in ihrer Kinderstube begegneten. In den warmen und flachen Gewässern der Malediven sind sie in großen Schwärmen von Hunderten bis Tausenden Individuen unterwegs. Sie bewegen sich wie ein einziges großes Geschöpf. Die kleinen Thunfische sind kaum handtellergroß. Draußen, in den Tiefen des freien indischen Ozeans erreichen einzelne Tiere bis zu 250 Kilogramm und tauchen bis 2000 Meter tief hinab. Je größer die Fische werden, desto kleiner wird die Zahl der Tiere im Schwarm. Die ganz großen Exemplare sind bisweilen auch Einzelgänger und haben kaum noch Fressfeinde.

Schwarmverhalten von Thunfischen lässt sich wunderbar bei ihrem Wendemanöver beobachten. Es ist neben dem Vogelzug ein wunderbares Beispiel einfacher Selbstorganisation im Tierreich. Die vielen Thunfische verhalten sich wie eine höhere Organisationsform des einzelnen Fischs. Damit sind sie dem Hai als Gruppe überlegen. Die Voraussetzung ist hierbei, dass alle Fische gleichrangig sind - und sich gleich verhalten. Wie ist das bei Menschen? Wir Menschen tanzen gerne aus der Reihe. Gleichmacherei schreckt uns ab. Als ‚Krone der Schöpfung' möchten die meisten Menschen ihre Individualität ausleben und respektiert finden. Daher eignen wir Menschen uns nach meiner Auffassung nur bedingt dafür, um kollektive Intelligenz oder Schwarmintelligenz zu entfalten.

Wer stellt wirklich seine Fähigkeiten in den Dienst einer Gruppe, um gemeinsam etwas Größeres zu schaffen? Bei der Recherche zu diesem Buch ist mir spontan kein Ereignis eingefallen, bei dem sich eine große Gruppe von Menschen in unserer Gesellschaft wesentlich intelligenter verhielt als einzelne Individuen. Man möchte beinahe meinen, das Gegenteil wäre der Fall, wenn man sich mit den leider zunehmenden Auswüchsen des Populismus beschäftigt. Auch Blender, Scharlatane und Verschwörungstheoretiker schaffen es, große Schwärme in eine Richtung zu mobilisieren, die jedoch unseren Gesellschaften eher schaden.

In Unternehmen habe ich trotzdem einige wenige Beispiele von kollektiver Intelligenz erlebt. Gemeinsam war diesen Fällen, dass sich als Auslöser des positiven Schwarmverhaltens zuvor etwas Außerordentliches - positiv oder negativ - ereignet hatte.

In einem produzierenden Betrieb mit einfachsten Produkten und starkem Wettbewerb war es uns gelungen, einen Auftrag zu erringen, der unser Geschäft mit einem Schlag um ein Viertel vergrößern würde. Doch die Organisation war der Größe des Auftrags in ihrem aktuellen Zustand nicht gewachsen. Wir hatten kein funktionierendes Projektmanagement, unsere Prozesse waren zu schwerfällig, die Motivation der Mitarbeiter in einigen Bereichen war am Boden. Unsere gesamte Zukunft hing aber daran, diesen Auftrag ins Ziel zu bringen. Heute würde ich sagen, es war ein Himmelfahrtskommando, aber wir waren stolz darauf, dabei zu sein.

Die Lösung bestand in der schöpferischen Kraft der Zerstörung zum richtigen Zeitpunkt, und nachfolgender Nutzung der Kräfte der Selbstorganisation. Direkt nach Auftragsgewinn ergriff der Geschäftsführer drei Maßnahmen:

- Er fand die richtigen Worte und sagte schonungslos, was jeder wusste, aber keiner äußern wollte. Die Message: es geht nur zusammen und wir können uns keine Ausreißer leisten.
- Er zerteilte einen schwach funktionalen Teil der Organisation und pickte die Leistungsträger aus ihm heraus.
- Den Vertrieb, der den Auftrag an Land gezogen hatte, machte er als Gruppe dafür verantwortlich, ihn auch umzusetzen. Zu diesem Zweck sollte der Vertrieb seine Mitarbeitenden und die Zielorganisation für das Projekt nach Bedarf aus der vorhandenen Mannschaft zusammenstellen und organisieren.

Es dauerte nur wenige Tage bis die Kernmannschaft aus hoch motivierten Mitarbeitern stand. Alle einte derselbe Gedanke: wir können etwas wirklich Großes schaffen. Alles andere organisierte sich nahezu wie von selbst. Der Geschäftsführer unterstützte mit seinem sonnigen Gemüt und seiner Gabe zuzuhören. Ob Bereichsleiter oder Werker, jeder konnte jederzeit kommen und um Hilfe fragen. Allerdings in der Regel nur einmal, dann musste man sich selbst helfen können. So löste er als CEO Tag für Tag, Woche für Woche und Monat für Monat, die ‚ganz einfachen Dinge', die wir selbst nicht lösen konnten. Wir schafften es nicht nur, das anspruchsvolle Projekt hervorragend umzusetzen, sondern akquirierten parallel dazu weitere Großaufträge, an denen die Organisation immer weiter reifte. Das war im Jahr 2002.

Im selben Jahr, in einem anderen Wirtschaftsuniversum, veröffentlichten Ken SCHWABER und Mike Beedle mit ‚Agile Software Development with Scrum' das erste Buch über Scrum. Ohne dieses Buch zu kennen, war unser Chef damals schon ein perfekter Scrum Master. Er räumte alle Hürden für das Team aus dem Weg und überließ dem Team die Organisation seiner Arbeit.

Erfahrung: Scrum

Der Harvard Professor Richard HACKMAN beschreibt vier sogenannte Autoritätslevel für Teams. In der Reihenfolge steigender Eigenverantwortung sind diese:
- **managergeführte Teams** werden vollständig von oben organisiert
  (diese Form nenne ich im Folgenden Level 0 der Selbstorganisation)
- **selbstorganisierende Teams** organisieren ihre Prozesse selbst (Level 1)
- **selbst gestaltende Teams** gestalten auch Struktur und Verantwortlichkeiten selbst (Level 2)
- **autonome Teams** entscheiden zusätzlich über Ziel und Aufgaben selbst (Level 3)

Heute ist Scrum, die ‚Mutter aller agilen Frameworks' bereits in vielen Unternehmen Realität. Näheres hierzu findest Du auf der Website www.scrum.org von Ken Schwaber [21], einem der ‚Erfinder' von Scrum. Falls Dich der Begriff abschreckt: Scrum ist keine Raketenwissenschaft, sondern - wie viele gute Methoden - gesunder Menschenverstand plus Erfahrung - in eine handwerklich gute Form gegossen. Das Erstaunliche: man kann damit eine Neuentwicklung mit der halben Kapazität und in der halben Zeit schaffen. Produktivitätsfaktor 4. Und das ist in manchen Fällen noch konservativ gerechnet.

Um zu verstehen WAS Scrum ist, sollte unterschieden werden zwischen der Organisationsform (hierarchisch, agil, selbstorganisiert, etc.) und den dafür benutzten Methoden und Werkzeugen, auch Frameworks genannt. Scrum ist nichts anderes als ein spezifisches Framework in einer agilen Organisationsform, mit einem Einsteigerlevel von Selbstorganisation. Damit wird klar: Scrum und hierarchische Organisation gehen schlecht zusammen. Hier liegt die größte Hürde für Unternehmen. Ohne Umdenken aller geht es nicht.

Der typische Grad der Selbstorganisation von Teams in Unternehmen reicht heute nach der obigen Hackman Definition von knapp 1 bis etwa 1,5, ist also noch recht niedrig. Ein Grund dafür ist die leider vorherrschende Unwissenheit über Konzepte der Selbstorganisation in etablierten Unternehmen. Führungskräfte in Großkonzernen stehen der Selbstorganisation verständlicherweise skeptisch gegenüber. Sind sie doch nach ihrer Ansicht die Leidtragenden bei der Einführung von Selbstorganisation. Denn die Agile Frameworks bedrohen nicht nur ihre Position und Stellenbeschreibung, sondern oft auch ihr Selbstverständnis als Führende. In Organisationen, die in den letzten Jahren ganz oder teilweise auf agile Methoden setzten, fielen teilweise über die Hälfte der Führungspositionen weg. Anstatt weit oben im Organigramm stehen sie plötzlich mitten in einem Team. Es braucht daher viel Mut und Einsicht der Führenden, sich auf den Einstieg in selbstorganisierte Arbeit einzulassen. Führungskräfte, denen es so ergangen ist, sagen auch: „Heute macht mir meine Arbeit mehr Spaß." Es würde den Rahmen dieses Buchs sprengen, tiefer in das Thema einzusteigen. Daher nur so viel:

Heimlich, still und leise vollzieht sich hinter den Kulissen, unbemerkt von denen die von Agilität nichts mehr hören wollen oder das Thema für einen Hype halten, nicht weniger als eine komplette Revolution der Arbeitsorganisation. Was ‚Lean', ‚Kaizen' und ‚Kanban' für die Produktionswelt waren, werden die agilen Frameworks zunehmend für die Forschung und Produktentwicklung. Von der Software kommt das Thema immer mehr zur Hardware.

Und tatsächlich verbirgt sich hinter den agilen Methoden nichts anderes als eine Sammlung von Erkenntnissen, die zunächst aus der japanischen Lean Methodik direkt in die Teamorganisation von Softwareentwicklungsprojekten transformiert wurden. Mittlerweile werden auch komplexe Hardwareprojekte, bis hin zu kompletten Fahrzeugen mit der hochskalierten agilen Methodik entwickelt (*full scale agile*).

Geht man noch einen kleinen Schritt weiter, kommt man zum Begriff der *Emergenz*. Dieser meint, dass sich in einem System (z.B. einem Team) neue, höhere Eigenschaften herausbilden, als die einzelnen Elemente selbst darstellen. Das Team reift quasi von selbst.

Emergenz in Form spontaner Selbstorganisation kann als einfacher physikalischer Effekt daherkommen, wie das Ausrichten von Magnetelementen beim Ferromagnetismus, oder so komplex wie die gesamte Evolutionsgeschichte der Menschheit. Die Theorie der Emergenz ist auch anwendbar auf die Wechselwirkung von Materie und Geist oder auf den Zufall. Dabei muss man kein Wissenschaftler sein, um Emergenz zu verstehen. Der 2019 verstorbene Physiknobelpreisträger Murray Gell-Mann [22] brachte Emergenz auf eine einfache Formel:

> „…man braucht nicht noch etwas, um noch etwas mehr zu bekommen.
> Das bedeutet Emergenz.
> Das Leben kann aus Physik und Chemie entstehen, plus eine Menge Zufälle. Der menschliche Geist kann aus Neurobiologie und einer Menge Zufälle entspringen, so wie chemische Verbindungen aus Physik und bestimmten Zufällen entstehen. Es schmälert nicht die Bedeutung dieser Fächer zu wissen, dass sie grundlegenderen Gesetzen folgen, und Zufällen. Das ist die allgemeine Regel und es ist von entscheidender Bedeutung, das zu erkennen.
> Man braucht nicht etwas mehr, um etwas mehr zu bekommen.
>
> Murray Gell-Mann [22]

Ist das nicht eine wunderbare Sichtweise? Aus den vorhandenen Dingen mehr zu machen, ist nachhaltig und deshalb zukunftsweisend. Ist das ein Traum von alternativen Spinnern oder funktioniert es wirklich, beispielsweise in Unternehmen?

Ich habe Chancen und Grenzen von Selbstorganisation in Unternehmen kennengelernt und werde sie im Folgenden am Beispiel einer Neugründung beschreiben.

Praxisnutzen: Start-up Projekt

Das Ziel lautete, ein neues Unternehmen an den Start zu bringen. Die Geschäftsidee war beschrieben, der Businessplan abgesegnet, die Geschäftsführung ernannt, die Firma im Handelsregister eingetragen, der Standort definiert, das Budget vorhanden.

Sonst nichts. Ein Kopf, zwei Hände und ein PC. Keine Mitarbeiter, kein Produkt, keine Kunden. Ideen auf dem Papier, die wirklich einzigartig waren. Sie hatten immerhin schon die Geldgeber begeistert. Was nun?

Nur mit Menschen, die diese Begeisterung teilten, war der Businessplan zu realisieren. Schon die Mitstreiter zu finden, die diesem Ideal entsprachen, vermuteten wir als eine Herkulesaufgabe. Bei faktischer Vollbeschäftigung konnten schon etablierte Unternehmen zentrale Positionen kaum besetzen. Umso schwieriger musste es für eine Neugründung sein. Zudem mussten die neuen Kollegen teils sehr spezifische Fachkenntnisse mitbringen und obendrein bereit sein, sich auf eine Reise ins Ungewisse einzulassen.

Klassisch erstellt man nun eine Stellenbeschreibung für die geplanten Mitglieder des Kernteams und beauftragt eine Personalberatung. Der Prozess dauert mindestens vier bis sechs Monate, bei Führungskräften eher sechs bis zwölf Monate bis zum Start im Unternehmen. Das dauerte einfach zu lange.

Bei der Anmeldung des Unternehmens im Handelsregister waren zudem durch eine Fehlentscheidung im Konzern bereits knapp drei Monate des Businessplans verloren. Es musste daher schnellstens ein Team her, Standardprozesse der Mitarbeitersuche halfen nicht weiter, wenn der Terminplan gehalten werden sollte. Und der Terminplan war immens wichtig, da die neue Technologie nur dann massenhaft absetzbar sein würde, wenn man die zeitlichen Einkaufsfenster der Kunden träfe. Der wichtigste Kampf in dieser Phase bestand darin, dem Mutterkonzern die Dringlichkeit nahezubringen. Ich glaube keiner im Konzern hielt es aufgrund eigener Erfahrung für möglich, die verlorenen drei Monate aufzuholen. Man war daher froh, dass ich mich der Sache annahm. Also machte ich mich daran, selbst die beruflichen Netzwerke nach den Personen zu durchforsten die mir vorschwebten und knüpfte die Kontakte. Am Laptop, am Telefon, bei Messen und Konferenzen. Als Unterstützer fand ich einen Personaldienstleister der die Digitalisierung der Personalsuche bereits überzeugend umgesetzt hatte, indem er eine Plattform zur Verfügung stellte. Diese war aus dem studentischen Umfeld entstanden und löste mein Problem vorwiegend junge Leute anzusprechen, die nicht in meinem Netzwerk waren. Die Preisgestaltung der Personaldienstleistung -zu 100% auf Erfolgsbasis- kam mir zusätzlich entgegen, um das Budget von Anfang an zu schonen. Innerhalb sehr kurzer Zeit nahm das gedachte Team Konturen aus Fleisch und Blut an. Ich konzentrierte mich darauf, bei den Gesprächen nicht mit ‚Bewerbern' zu sprechen, sondern Begeisterung für unsere Idee zu wecken. Dadurch spürte ich sehr schnell im Laufe eines Gesprächs ob jemand die Begeisterung authentisch teilte. Meine Gesprächspartner waren in der Regel verblüfft. Die meisten hatten noch nicht erlebt, dass ein Unternehmen in einem Vorstellungsgespräch so viel von seinen Ideen und Zielen preisgab. Mir gaben die Kandidaten dafür viel von Ihrer Authentizität zurück. Klassische Vorstellungsgespräche laufen anders. Der erste Erfolg zeigte sich bereits in der Abschlussquote: Auf die ersten drei Angebote an zukünftige Kollegen erhielten wir drei Zusagen. Der erste Mitarbeiter startete nur sieben Wochen nach der Eintragung des Unternehmens ins Handelsregister, in einem provisorischen Büro.

Nun, mit Einstieg des ersten Mitarbeiters, kam der spannende Moment: wie organisiert sich eine übermächtige Aufgabe zwischen zwei Menschen, die annähernd 30 Jahre Berufs- und Lebenserfahrung trennen? Hier zahlte sich die unkonventionelle Art des Auswahlprozesses bereits aus: Das Ziel war klar umrissen, die Motivation des neuen Kollegen war grenzenlos, er wusste was er am besten konnte und - keine Überraschung - er tat genau das. Tag für Tag war ich überrascht, dass sich wieder ein Stück Arbeit in Luft auflöste, das ich tags zuvor noch mühsam selbst machen musste. Nach vier Monaten ab Start der Suche war das Kernteam für den Beginn unserer Reise komplett an Bord, indem zwei weitere Kollegen dazu stießen.

Im nächsten Schritt ging es an die Skalierung einer gewissen Selbstorganisation. Ein Leitgedanke des Businessplans war, das Unternehmen von Anfang an agil aufzustellen. Inspiriert von einem Kurs, den ich selbst hierzu belegt hatte, entschied ich mich zum Einstieg für die ‚Reine Lehre‘ des Scrum, wie sie von Ken Schwaber und Jeff Sutherland seit 2009 im Scrum Guide beschrieben wird. Alle Mitarbeitenden belegten einen mehrtägigen Kurs mit Praxisteil. Ein einfaches Element des Scrum, das 15-minütige ‚Daily‘ Meeting im Entwicklungsteam wurde bereits zuvor in die täglichen Abläufe integriert. Der Kernprozess ‚Unternehmensaufbau‘ war mein übergeordnetes Meta-Projekt. Dadurch entstand ein Wechselspiel von sehr enger Abstimmung - jeder wusste jederzeit was die anderen taten - und maximaler Freiheit - jeder organisierte seine Themen selbst mit allen die er dafür benötigte. Bei vier Personen ist das noch recht einfach. Selbstverständlich weiteten wir die Nutzung der agilen Methodik auf unsere Projekte und die internen wie externen Partner aus. An diesem Punkt wurde es sinnvoll, uns schrittweise von der reinen Lehre des Scrum zu entfernen und eigene, maßgeschneiderte Prozesse daraus abzuleiten.

Im Idealfall, bei eingearbeiteten Teams, sind auf diese Weise Entwicklungszyklen drastisch zu verkürzen, mit weniger Personal, höherem Reifegrad und zu geringeren Kosten. Wir hatten natürlich noch kein Benchmark, weil wir erst begannen. Wir hatten nur ein extrem ambitioniertes Ziel. Es sollte ein kompletter Firmenauftritt mit Homepage, Marketing, Messestand und Prototypen innerhalb von weniger als sechs Monaten und mit einer Reihe von externen Partnern auf die Beine gestellt werden. Der Endtermin stand - sonst nichts. Am Tag des Messestarts war alles fertig. Unser eigenes Benchmark war da.

Jede Methodik und jedes Framework eignen sich nur innerhalb gewisser Rahmenbedingungen. Ich möchte daher nicht verschweigen, wo die Scrum Systematik und mit ihr einhergehend eine gewisse Selbstorganisation meiner Meinung nach ihre Grenzen erreichen.

Zum einen habe ich die Erfahrung gemacht, dass Entscheidungen, die die großen Leitlinien und die Richtung eines Unternehmens berühren, nicht einem Team in Selbstorganisation überlassen werden können. Erfolgreiche Unternehmen waren noch nie basisdemokratische Gebilde und werden es wohl auch in Zukunft kaum sein. Trotzdem bin ich überzeugt, dass die Art und Weise wie die Entscheidungen in der agilen Methodik vorbereitet werden, eine höhere Erfolgsquote für die Entscheidung selbst erreicht. Das liegt zum einen daran, dass die Methodik dafür sorgt, die wichtigsten und schwierigsten Probleme in festen Zyklen, den Sprints, bereits am Anfang anzugehen. Dadurch tappt man schon seltener in die Falle, die Realisierung deshalb als machbar zu sehen, weil man anfangs die leichten Dinge angeht - und am Ende an den großen Themen scheitert. Das Prinzip dahinter heißt ‚fail fast'. Zum anderen beleuchten die interdisziplinär zusammengestellten Entwicklungsteams die Aufgaben von allen Seiten. Dadurch fallen weniger zentrale Fragen unter den Tisch.

Zweitens ist es nahezu unmöglich, innerhalb einer Unternehmensgruppe Teams mit Standardprozessen und agiler Arbeitsweise erfolgreich zu verheiraten. Der ‚culture clash' führt zu Frust auf beiden Seiten.

Drittens erfordert Scrum eine hohe Ausprägung der sozialen, strategischen und ethischen Fähigkeiten aller Mitarbeitenden - ohne Ausnahme. Das ist sicherlich eine der größten Hürden für die Einführung von agilen Prozessen in bestehenden Unternehmen mit stark hierarchischen Strukturen. Bei Neugründungen ist dies sicherlich einfacher zu bewerkstelligen. Trotzdem muss man von Anfang an sehr darauf achten, welches Kommunikationsverhalten die Teammitglieder haben.

Viertens: Wertschätzung darf keine Worthülse sein, sondern ist eine unabdingbare Voraussetzung für das Gelingen von Scrum.

Fazit: Begeisterung für ein gemeinsames Ziel versetzt Berge und macht Selbstorganisation möglich. Wenn alle mitmachen.

Agile Methoden funktionieren in Teams, die ein gemeinsames Ziel haben, solange sie nicht durch schlechtes Kommunikationsverhalten aus dem Gleichgewicht gebracht werden. Auch aus dieser Aussage wird deutlich, dass die besten Tools und Methoden nur in dem Kontext nützen, für den sie gemacht sind. Streng hierarchisch organisierte Unternehmen tun sich schwer, agile Methoden einzuführen. Selbst wenn nur ein Teil des Unternehmens, beispielsweise die Entwicklungsabteilung agil arbeiten soll, bleibt diese Aussage gültig, solange diese Abteilung nicht weitgehend autark arbeiten kann. Das ist in den meisten Unternehmen nicht der Fall. Einkauf, Personal, Finanzen, Projektmanagement sind in der Regel eng mit der Entwicklung verbunden und müssten dann in den zeitlichen Takt des agilen Teams eingebunden werden. Unter dieser Voraussetzung kann ein Erfolg möglich werden.
Nachdem wir nun das mögliche Team selbst und seine Organisationsform und Methoden als Nukleus des Ecosystems betrachtet haben, können wir einen Blick auf die nächst höhere Ebene wagen: das Ecosystem als Ganzes und wie man es erfolgreich aufbauen kann.

Kompetenzen: Leadership mit all ihren Facetten.

Die Facetten von Leadership reichen von prozess- und lösungsorientiertem Handeln über Vorbild geben und vertrauen bis hin zum Verständnis kultureller Besonderheiten. Doch eine der wichtigsten Kompetenzen für agile Leader ist die Fähigkeit, hinderliche Muster im eigenen Verhalten und dem seiner Kollegen zu erkennen, anzusprechen und zu überwinden. Dazu gehört auch die Überwindung eigenen egozentrischen Verhaltens. Leader der Zukunft dienen dem Team. Das ist die Rolle des ‚agile Coach' oder ‚servant leader'.

WIE SOLL DIE NEUE WELT IM ECOSYSTEM AUSSEHEN ?

Ecosystems erschaffen.

Vielfalt - Grundlage des Lebens.

„Alles was gegen die Natur ist, hat auf die Dauer keinen Bestand."
Charles Darwin [23]

Erlebnis: Artenvielfalt in höchster Gefahr

Am Pfingstwochenende waren wir bei Freunden zu Gast - zum Camping auf einem Waldgrundstück mit einer kleinen Hütte, hohen Kiefern, dem Blick über den Roten Main und die fränkischen Hügel. Der Stadtrand war in Sichtweite. Obwohl wir selbst sehr naturverbunden leben, am Rande des Nordschwarzwalds, hatten wir eine solche Artenvielfalt auf kleinstem Raum in Deutschland zuvor noch nie bewusst wahrgenommen. Störche, Falken, Graureiher, Tauben und selbst eine Möwe waren in der Ferne zu beobachten. Direkt neben uns schallte beinahe den ganzen Tag ein vielstimmiges Vogelkonzert. Das Highlight war der Buntspecht, der nur wenige Meter von uns an eine eigens eingerichtete Futterstelle kam und sich immer wieder minutenlang präsentierte. Libellen und Schmetterlinge umringten uns. Stechmücken, Mäuse und Zecken allerdings auch. In der Nacht waren Eulen unterwegs. Ein Paradies der Vielfalt. Dieses Paradies gibt es in einer Kulturlandschaft wie Deutschland nicht automatisch, und es braucht Pflege. Ohne Teich keine Mücken, ohne Mücken keine Vögel, ohne Blühpflanzen keine Bienen, ohne Bienen kein Obst, ohne Streuobst keine Würmer, ohne Würmer keine Amseln.

Ist dieses Paradies der Vielfalt nicht ein Beleg dafür, dass unsere Natur weiterhin gesund ist?

Leider nein. Von den Bäumen in dem kleinen Wäldchen waren 15 - 20% bereits tot. Schätzungsweise ein weiteres Drittel wird aufgrund der anhaltenden Trockenheit der letzten Jahre bald absterben. Die Insekten sind teils nur noch da, weil die Waldbesitzer einen Teich angelegt haben. Der Buntspecht lebt zum Teil von der Fütterung. Bienen gibt es hauptsächlich noch aufgrund der Hobby-Imker und Hobbygärtner in der Nähe. Die Feuchtwiesen am Rande des Roten Main sind weitgehend trockengelegt, da der Flusslauf kanalisiert wurde. Die Kanalisierung ist mittlerweile ziemlich sinnlos geworden, abgesehen von dem Schaden, den sie anrichtet. Denn wegen jahrelanger zu geringer Niederschläge führt der Fluss schon Ende Mai kaum noch Wasser. Das ist nur der lokale Blick.

Jeden Tag sterben auf der Welt 150 Arten aus. Von mehr als 112.000 gut untersuchten Arten sind laut World Wildlife Fund mehr als 30.000 gefährdet. Insgesamt sind mehr als 1 Million Tier- und Pflanzenarten weltweit mittelfristig vom Aussterben bedroht. Die Ursache ist der Mensch, der dieses sechste große Artensterben, das erste seit dem Ende der Dinosaurier, ausgelöst hat und weiter beschleunigt.

Das Ökosystem Erde kann saubere Luft, Trinkwasser und fruchtbare Böden nur dann sicherstellen, wenn die Artenvielfalt im Ökosystem gewahrt bleibt. Nur dann bleibt das Wasser trinkbar, die Böden fruchtbar, die Luft atembar. Deswegen gibt es mittlerweile Bestrebungen, den Artenschutz und die Biodiversität im Grundgesetz zu verankern. Neben oder vielleicht sogar vor dem Klimawandel ist das sechste Artensterben die größte Bedrohung für unsere Zukunft. Zerstörung im Ultrazeitraffer am diesseitigen Ende von Milliarden Jahre Erdgeschichte.

Erfahrung: Das Ecosystem deutscher Mittelstand vertrocknet

Nicht nur Tier- und Pflanzenarten sterben. Jedes Jahr werden in Deutschland mehr Betriebe geschlossen als eröffnet. 3,6 Millionen mittelständische Unternehmen gibt es in Deutschland. Im ersten Jahr 2019 gab es 265.700 Neugründungen, aber 275.600 Liquidationen. 10.000 Existenzen sind innerhalb von zwölf Monaten von der Bildfläche verschwunden, mitten in der Hochkonjunktur. Vor 20 Jahren verzeichnete der deutsche Mittelstand eine positive Bilanz von 100.000 mehr Gründungen als Liquidationen pro Jahr. Die Zahl der jährlichen Neugründungen sank 2019 zum neunten Mal in Folge [24].

Das Jahr 2020 wird - nicht nur bedingt durch COVID-19 - voraussichtlich zu einem Desaster des Mittelstands. Ob es nur die sogenannten Zombie-Unternehmen mit einer Insolvenz treffen wird, darf bezweifelt werden. Man wird die Tragweite der Schäden für die Vielfalt der Unternehmen frühestens Ende 2021 überblicken können.

Das ist nicht alles. In den kommenden 10 Jahren suchen 1 Million Mittelständler unternehmerische Nachfolger. Doch wer nimmt heute noch ein unternehmerisches Risiko auf sich? Wenn die Zeiten immer volatiler werden, die Menschen im Schnitt immer älter, und es eine latente Sehnsucht nach Sicherheit gibt? Nicht die Deutschen. Im Ranking der Weltbank liegt Deutschland bezüglich der Gründungsaktivität abgeschlagen auf Platz 107 aller Nationen [25]. Zum Vergleich für das Volk der ‚82 Millionen Bundestrainer': In der Fußball Weltrangliste 2019 der Männer [26] wäre Platz 107 der Platz von Kenia. In der Weltrangliste der Nationen nach Industrieproduktion [27] nimmt den 107. Platz Simbabwe ein, während Deutschland dort -noch- auf Platz 9 liegt. Glauben wir immer noch, den Titel Exportweltmeister langfristig halten zu können? Eine Projektion sähe wohl schlecht aus. Zurück zur Gründungsaktivität: Würden unsere Fußballvereine die Investition in ihre Jugendabteilungen auf das Niveau von Kenia herunterfahren? Genau das tun wir aber mit unserer wirtschaftlichen Zukunft.

Warum regt sich über diesen Skandal niemand auf? Ist Gründung nicht auf der Agenda? Müssen wir zu viele aktuelle Krisen meistern? Fehlt uns die Kraft - oder gar der Wille - uns auch noch mit der Zukunft zu beschäftigen?

Ein Erklärungsversuch: die selbstständigen Gründerväter des Wirtschaftswunders haben ihre Schäfchen im Trockenen. Viele Inhaber von Kleinunternehmen mit fehlender Nachfolge liquidieren ihre 30-50 Jahre alte Firma. Diejenigen KMUs die verkauft werden, gehen oft an Konzerne, die den Kundenstamm abschöpfen und den Standort schließen. Hidden Champions werden an Finanzinvestoren verkauft, oder an strategische ausländische Investoren wie die Chinesen. Das Know-how verebbt oder wird so weit wie möglich in andere Länder und Unternehmen transferiert. Die meisten Töchter und Söhne der Generation Golf, die Enkel der Gründerväter unseres Landes wollen Familien gründen, keine Unternehmen. Dazu suchen sie die Sicherheit der Festanstellung. Statt einer Kultur des Scheiterns existiert ein Stigma des Scheiterns. Hämisch wird deshalb bisweilen in unseren Landen davon erzählt, wie der Nachbar ein Unternehmen in den Sand gesetzt hat.

Der Wohlstand in Deutschland wird getragen vom Mittelstand, seiner Diversität und seiner Vernetzung, von den unterschiedlichsten Unternehmerpersönlichkeiten. Stirbt unsere Vielfalt im Mittelstand, dann stirbt das Ecosystem des Exportweltmeisters. Bei uns sind es nicht Handel, Banken und Versicherungen wie in der Londoner City, die unseren Wohlstand begründen. Es sind auch nicht hunderte Millionen emsiger Wanderarbeiter wie in China. Es sind die Hunderttausende von KMUs und Tüftler, die mit genialen Ideen Nischenprodukte entwickeln und fertigen. Produkte, die wegen ihrer unübertroffenen Leistungen und Spezifikationen weltweit in Maschinen, Anlagen, Schiffen, Flugzeugen und Autos verbaut werden. Mit dem unschlagbar schnellen und genauen Sensor, der präzisesten Spindel, dem leistungsdichtesten und langlebigsten Elektromotor bauen sie die beste Werkzeugmaschine. Eine Maschine, die sich in der ganzen Welt verkauft ‚wie geschnitten Brot'.

Auf der Ebene der Volkswirtschaft kombinierten wir in Deutschland im letzten Jahrhundert das Beste vom Besten in einem unschlagbar dicht vernetzten und leistungsfähigen global aktiven Ecosystem. Wahrscheinlich sind uns in diesem Punkt nur wenige Nationen wie Japan halbwegs ebenbürtig. Unser deutsches Mittelstands-Ecosystem ist aus Unternehmergeist im Wiederaufbau nach dem 2. Weltkrieg erwachsen, über Jahrzehnte, evolutionär und mit deutscher Gründlichkeit. Eine nationale Leistung erster Güte.

Schaut man auf Leitbranchen wie den Maschinenbau, sieht man das gleiche Bild.

Es gab wenige Beispiele von Branchen weltweit im 20. Jahrhundert, die es schafften, vollständigere Ecosystems zu erschaffen als der deutsche Maschinenbau mit den vielen Spezialisten für Komponenten, auf denen er aufbaut. Ein Teil dieses Erfolgs liegt auch im dualen Bildungssystem. Die Firmen im Ausland setzten viel mehr auf isolierte Stärken und Zukauf. Anstatt auf duale Ausbildung waren sie auf flexibles *hire and fire* gepolt. Wir waren unangefochten führend - im 20. Jahrhundert. Doch im 21. Jahrhundert wurde Produktivität durch Ingenieurleistung von der Produktivität des Geldes abgelöst. In der Financial Economy zählt Marktmacht und Börsenwert. Das letzte deutsche Start-up, das als Einhorn zur Weltspitze aufstieg, SAP, ist mittlerweile ein beinahe 50 Jahre alter Elefant. Die neuen Einhörner kommen in immer größerer Zahl. Aber sie kommen nun, im 21. Jahrhundert, nicht mehr aus Deutschland. Sie heißen eben nicht mehr Siemens, Volkswagen oder BASF. Und schon gar nicht Wirecard.

Ein lange belächeltes Start-up aus Kalifornien schaffte es in gerade mal einem Jahrzehnt, die Position aller deutschen Automobilhersteller nach Börsenwert zu überholen, und zum zweit wertvollsten Automobilhersteller der Welt nach Toyota aufzusteigen. Während ich dieses Buch schrieb, überholte Tesla am 2.7.2020 Toyota nach Börsenwert. Zu Beginn ein typischer ,Mittelständler' des digitalen Zeitalters, an das unsere vielgerühmte deutsche Autoindustrie nun auf lächerliche Art und Weise den Anschluss verpasst hat. Zum neuen Zugpferd der Elektromobilität aus dem Volkswagen Konzern, dem ID.3, der bereits auf der IAA 2019 vorgestellt wurde, berichtete am 26.03.2020 der Branchendienst electrive.net [28]: *Volkswagen wird den ID.3 wegen anhaltender Probleme mit der Software wohl nur in einer ,abgespeckten' Version auf den Markt bringen. ... VW-Chef Diess werde im Sommer ganz bestimmt ein paar Autos haben, die er herzeigen könne, „aber die basteln wir in Handarbeit hin, damit irgendwas dasteht. Das hat mit Serienproduktion nichts zu tun".* Enden deutsche Hersteller im Markenmuseum als Nokia 2.0?

Praxisnutzen: Ecosystem Building

Hast Du Dich schon einmal gefragt, was den Erfolg von Tesla ausmacht? Das würde mich nicht wundern. Mich beschleicht der Eindruck, Privatpersonen haben sich mit diesem Thema inhaltlich besser auseinandergesetzt als die Chefs der deutschen Autoindustrie. Was Millionen von Autoliebhabern mit Spannung verfolgen, negieren einige Autobosse bis heute, um ihre Jahresboni ins Trockene zu bringen. Das ist im gegenwärtigen Wirtschaftssystem völlig legitim, führt aber aufgrund eines Systemfehlers - nicht Unternehmergeist, sondern Aktienkurs wird belohnt - dazu, dass wir mittlerweile seit bald einem Jahrzehnt den Anschluss an den technologischen Wandel im Automobilbau verloren haben.

Es geht den Käufern der neuen Autozeit nicht primär um isolierte Features wie Design, Reichweite, Beschleunigungswerte oder die schiere Kraft mir der man beim Ampelstart in den Sitz gedrückt wird. Es geht auch nicht allein um das Anderssein der neuen Autokäufer, sondern um die Verkörperung einer neuen Zeit. Schauen wir auf dieses Ecosystem einmal aus der Vogelperspektive.

Der Erfolg von Tesla fußt auf einem in allen Aspekten hoch funktionalen, in sich logischen, attraktiven, nachhaltigen neuen Ecosystem. Es strahlt ein überlegenes Wertversprechen aus. Es bietet Kunden die vollständige Neuerfindung der individuellen Mobilität, ohne einen Blick zurück auf die alte Zeit. Die Kundensicht: Wer es sich leisten kann tritt ein.

Wer es einmal betreten hat, will es nicht wieder verlassen. Der Tesla Fahrer hat aus seiner Sicht eine höhere Stufe des Autofahrens erklommen. Manchmal schaut er mit verklärtem Blick, wenn er einen historischen Jaguar E-Type oder eine Mercedes Pagode sieht. Was seitdem auf die Straße kam, taugt nicht mehr viel fürs Museum. Er möchte auch gerne noch einen ‚Verbrenner' in der Garage stehen haben. Täglich nutzen würde er das Fahrzeug aber nicht mehr. Er pflegt die Art von Nostalgie, mit der iPhone Besitzer noch manchmal sehnsüchtig auf die alten Nokia Designs zurückblicken.

Was ist passiert? Die Logik des Produkts und des Verkaufs hat sich geändert, und damit alles was daraus folgt. Einen Tesla recherchiert man im Internet. Die Preisgestaltung ist einfach und fair, weil überschaubar. Die Probefahrt begeistert, auch wenn sie anfangs mangels Autohäusern oft von Treffpunkten in Hotels aus stattfand, also weitgehend ohne Fixkosten. Die erste Fahrt in einem *Smartphone auf Rädern* vergisst man nie. Der Touchscreen wirkt bombastisch und faszinierend. Der Verkäufer offeriert einen gemeinsamen Kurztrip zum nächsten Supercharger. Unterwegs sieht man den im Heckfenster drängelnden Audi. Ein kurzer Tritt aufs Gaspedal - und der Drängler ist lässig abserviert. Ab sofort hält er den gebotenen Respektabstand, weil er sich nicht mehr blamieren will. Am Supercharger: bis der Verkäufer die Feinheiten des Autos erklärt hat, ist die Batterie schon wieder ein Viertel aufgeladen. Man holt noch schnell die Ehefrau zuhause zu einer kurzen Probefahrt ab. Schon beim ersten Anblick des rattenscharfen roten Autos ist es um sie geschehen. Bestellen per kleiner Anzahlung. Bei Abbestellung Geld zurück. Schon hier hat man alles vergessen was man vom Autokauf zu wissen glaubte, man ist in einer anderen Welt.

Schauen wir auf den wirtschaftlichen Kern des neuen Geschäftsmodells: ein Tesla ist kein Auto. Ein Tesla ist die technisch sauber gelungene Umsetzung einer neuen Weltanschauung des individuellen nachhaltigen Fahrens.

Der Ressourcen-Teil des Ecosystems beinhaltet nicht nur alle wesentlichen technischen Elemente des Autos der Zukunft, wie Batteriezellen, Elektromotor, Steuerung, Software für teilautonomes Fahren, sondern auch eine komplette eigene Umgebung wie (kostenloses) Laden an den Autobahnen, Wallboxen in der Garage, Batteriespeicher für Zuhause, ja sogar die neuen Solarziegel, mit denen der eigene Strom fürs Auto erzeugt wird. Kooperationen und Übernahmen, wie die des deutschen Spezialisten Grohmann Automation, vervollständigen die technischen Elemente, die nicht zur Kernkompetenz zählten. Der technisch entscheidende Teil verkörpert den Kern des Ecosystem Gedankens von Moore: *„verlasse klassische Industriegrenzen und bringe zusammen was einen entscheidend höheren Wert erzeugt"*: Batterie, elektrischer Antrieb und zentrale Software als eine logische Einheit.

Im Ecosystem Konzept von Tesla wurde die *Customer Journey* so konsequent studiert und bedient, dass bereits alle familiären Überlegungen, die der wohlhabende Nutzer in den nächsten Jahren anstellen mag, mit seiner Produktpalette vorweggenommen sind: Der Roadster Käufer und Start-up Unternehmer von 2008 führt nun in den 2020ern mit Mitte 40 ein solides Unternehmen, seine Frau ist selbstständig tätig, eine 17-jährige Tochter und ein 16-jähriger Sohn gehen zur Schule. Heute fährt er das Model S als repräsentative Limousine. Die Frau bringt die Kinder im Model X zur Schule und geht danach entspannter Einkaufen als mit jedem X5. Parklücke zu eng? Gibt's nicht, da die Türen nach oben öffnen. Nächstes Jahr bekommt die Tochter zum Geburtstag das Model 3 geschenkt, der Sohn in 2 Jahren den Roadster Nachfolger. Den Strom für die ganze Familie erzeugt man auf dem Dach des Bungalow mit Tesla Solardachziegeln.

Hier punktet der Unterschied zwischen Staatsdirigismus und Unternehmertum: während Deutschland seine Solarzellenindustrie zuerst mit Steuergeld aufpumpte, dann mit politischen Fehlentscheidungen zum Platzen brachte, und jetzt Billigzellen aus China importiert, ist Elon Musk schon zwei Schritte weiter. Als Unternehmer hat er sich frühzeitig in seine Kunden versetzt: *„warum sollte ich mein Dach zuerst mit Ziegeln eindecken, um darauf eine zweite Schicht von Solarzellen aufzubauen? Wäre es nicht klüger, zukünftige Häuser mit Ziegeln zu decken, die bereits eine Solarfunktion beinhalten?"* Gesagt, getan. Was könnte ein Unternehmer aus diesem Holz neben der Neuerfindung der 2-dimensionalen Mobilität noch tun?

Richtig: Die Mobilität in der 3. Dimension revolutionieren. Wie wär's mit der Raumfahrt? Nach zwei Space Shuttle Totalverlusten lag die amerikanische Raumfahrt am Boden. Ohne die russischen Raketen flog jahrelang kein amerikanischer Astronaut zur ISS. Klang nach einem lösbaren Problem. Also ging man daran.

Im Juni 2002 gegründet, bringt Space X am 30. Mai 2020 in der Crew Dragon Kapsel, angetrieben von einer Falcon 9 Rakete, die ersten amerikanischen Astronauten seit fast einem Jahrzehnt von amerikanischem Boden zur ISS Raumstation. 9 Jahre nach dem letzten Start eines der fehleranfälligen Space Shuttle. Zu einem Bruchteil der Kosten der Space Shuttle Missionen. Ein weiteres Ecosystem wurde hierfür geschaffen, das lediglich die vorhandenen Abschussplätze der NASA im Kennedy Space Center in Florida nutzt. Dem Kern liegen Grundkompetenzen zugrunde, die bereits für das Tesla Ecosystem erarbeitet wurden: Vollautomatisierte Fahr- bzw. Flugmanöver mit höchster Sicherheit.

Ecosystem Deutschland, Ecosystem E-Mobilität, Ecosystem Raumfahrt. Betrifft das Thema Ecosystem auch kleine Unternehmen und Selbstständige? Selbstverständlich.

In den vergangenen Jahren durfte ich am Aufbau eines Start-up Unternehmens mitarbeiten, für das wir auch ein weitgehend eigenes Ecosystem aufbauen mussten. Warum? Unser Produkt war zwar recht einzigartig in der Leistung, aber auch neuartig im Aufbau. Auf vorhandene Erfahrungen bei Kunden und Partnern konnte man kaum bauen. Es gab für Kernelemente keine Entwicklungskompetenz am Markt. Selbst unsere eigene Kernkompetenz war ausbaufähig, so neu waren die Ideen. Der Markt war riesig, unsere Möglichkeiten begrenzt. Als Neugründung waren wir noch viel zu klein, um im Konzert der Großen mitzuspielen. Wir mussten also gleichgesinnte Partner auf Augenhöhe finden. Nur im Netzwerk konnten wir uns vorstellen, unsere Produktidee zur verwirklichen. Bei den großen Kunden würde sie wegen technischer Überlegenheit sicher gut ankommen. Ein zweiter Hebel für einen gelungenen Markteintritt sollte das Geschäftsmodell sein, ein Partnermodell – die Umsetzung des Ecosystem Gedankens in eine vertragliche Beziehung. Wie findet man solche Partner? Wie geht man ein Projekt an, bei dem sowohl das Geschäftsmodell als auch das Produkt neu sind?

Das International Trade Center, eine Co-Organisation der World Trade Organization und der Vereinten Nationen, empfiehlt KMUs in seinem Report ‚SME Competitiveness Outlook - Business Ecosystems for the Digital Age' [28a], *vorsichtige Revolutionäre* zu werden. Das seien Firmen die

- Daten und Technologie wertschätzen und annehmen
- offen für neue Partnerschaften sind

- Risiken eingehen, da die digitale Transformation zu neu ist, als dass Beweise und Erfahrungen eindeutig erkennen könnten, was funktioniert und was nicht
- angesichts von Risiken und Neuheiten umsichtig sind, da ihre Hauptaufgabe im Geschäftsumfeld darin besteht, Vertrauen in die Märkte zu schaffen und zu bewahren, während neue Technologien entstehen

Obwohl wir diese Empfehlung zu dem Zeitpunkt nicht kannten, waren das auch für uns die zentralen Punkte der Vorgehensweise. Daten und Technologie brachten wir auf das Produkt bezogen zusammen (Software und Hardware), dazu im Arbeitsmodell (weitgehend digital und agil) und im Management der Kundenbeziehung (Ecosystem-Plattform). Offenheit für neue Partnerschaften äußerte sich darin, dass der eigentlichen Gründung ein volles Jahr intensiver Geschäftsentwicklungsaktivitäten vorgeschaltet waren, um Kunden und spezialisierte Mitspieler in der Branche kennenzulernen, die Passung zu unserem Vorhaben zu ermitteln, ihr Interesse an einer engeren Zusammenarbeit zu ermitteln, uns vorzubereiten und Präsentationen bei Kunden zu testen. Das Risiko, das wir eingingen, war eher hoch. Der Zeitplan war ambitioniert und wir betraten dreifach Neuland: neues Team, neues Produkt, neues Geschäftsmodell. Vertrauensaufbau war daher eine der wichtigsten Aufgaben. Wir bewältigten sie über vier Mechanismen:

- Hohes Vertrauen in die Konzernmutter auf das Start-up abfärben lassen
- Renommierte Start-Partner gewinnen, die in der Branche bestens eingeführt sind
- Einen Standort im Herzen des späteren Ecosystems wählen
- Zusammenbringen unterschiedlichster Partner in einer Konferenz, um Ihnen den Ecosystem Gedanken begreifbar zu machen

Ein letztes Beispiel soll deutlich machen, dass auch Selbstständige ihr eigenes Ecosystem aufbauen und gemeinsam mit anderen und dem Kunden profitieren können. Zu Beginn meiner Selbstständigkeit als Interim Manager betrieb ich viel Projektmanagement notleidender Projekte. Es ist aus der Rückschau nicht verwunderlich, dass bald auch ein Projekt anstand, das völlig aus dem Ruder gelaufen war. Und: der Kunde hatte davon gleich mehrere. Nachdem ich mein beauftragtes Projekt schnell in halbwegs beherrschbaren Zustand gebracht hatte, rief mich der Business Group Chef zu sich und offenbarte mir sein Problem: er brauche „mehr Leute mit meiner und ähnlicher Qualifikation – und das schnell". Er fragte, ob ich ihm helfen könne. In dieser Situation kann man nur nach Bauchgefühl entscheiden, weiß aber, dass die Entscheidung eine hohe Tragweite hat. Die Situation ist ungewöhnlich. Ein Kunde macht sich von der Lieferkettenbeziehung frei, offenbart seine Probleme, begibt sich mit Dir auf Augenhöhe und sucht einen Partner in der Not. Das war der Punkt, an dem ich entweder offenbaren konnte, mir keine Lösung zuzutrauen. Oder ein höherer Berg von Aufgaben würde hinter dem auftauchen, dessen Bewältigung ich gerade erst begonnen hatte. Ich entschied mich die Herausforderung anzunehmen. In den nächsten Monaten arbeitete ich zu 100% an dem ersten Berg, und zu 30-40% an dem Finden und Betreuen der Partner, die den zweiten Berg bewältigen konnten – mit Erfolg. Dadurch waren die Themen, die ich mit meinem Netzwerk bearbeitete, aus meiner Kernkompetenz in andere Bereiche vorgedrungen – ein klassisches Merkmal des Ecosystems. Aus dem Erfolg entwickelten sich weitere Projekte und eine fruchtbare Zusammenarbeit in einem Netzwerk von Spezialisten in unterschiedlichen Themen. Ich entschied mich jedoch, daraus kein Geschäftsmodell für die Zukunft zu machen. Der Hauptgrund: es ist äußerst anstrengend, selbst ein Krisenprojekt zu managen, und gleichzeitig der Orchestrator für andere Krisenprojekte zu sein. Es hätte zwangsläufig mein Zurücktreten von der Rolle des Machers in die Rolle des Orchestrators erfordert, und das wollte ich nicht.

Was ist die Quintessenz aus den Beispielen zu den Ecosystems?

- Es gehört zu den spannendsten, aber auch zu den schwierigsten Herausforderungen eines Berufs- oder Unternehmerlebens, ein Ecosystem aufzubauen.
- Wer damit Großes zu bewegen wagt, kann unerkannt unter dem Radar der in Silos denkenden Industrien ganze Geschäftsfelder ablösen. Die meisten etablierten Konzerne sind aus Systemgründen nicht auf rechtzeitige Gegenwehr eingerichtet.
- Ecosystems beweisen ihre Kraft auch und gerade im Kleinen. Der deutsche Mittelstand des 20. Jahrhunderts und erfolgreiche internationale Start-ups des 21. Jahrhunderts sind der Beweis.
- Deutschland spielt beim Aufbau neuer Geschäftsmodelle und Ecosystems in der 3. Liga. Das eröffnet Chancen. Die Politik muss aber dazu auch erkennen, dass die Wirtschaft nach der Pandemie Krise mehr neue Unternehmen braucht, anstatt weitere Milliardenhilfen für angeschlagene Riesen und kurze Konsumanreize.

Fazit und Kompetenzen: Vielfalt und flexibles Zusammenspiel vorsichtiger Revolutionäre unterstützt durch vorausschauendes Verhalten

Vielfalt zu erhalten ist eine zentrale Herausforderung der Zukunft. Unternehmer können den Ecosystem Ansatz nutzen, um ihre Firmen zukunftssicherer aufzustellen. Zusätzlich ist jedoch die Politik an dieser Stelle dringend gefordert. Start-ups und Selbstständigkeit müssen dringend besser gefördert werden. Nur so kann es, wenn überhaupt noch, gelingen den rasanten Verlust an unternehmerischer Vielfalt in Deutschland auszugleichen. Dazu sollte auch die Erkenntnis gehören, dass digitale Plattform Geschäftsmodelle, genau wie der Taylorismus, ihre Zeit haben. Wir leben nicht *im* Digitalen, sondern *mit dem* Digitalen. Vielleicht sollte man jetzt einen Schritt weiterdenken, sich auf das Bewährte besinnen und es mit dem Neuen zusammen auf eine neue Stufe heben – ganz im Sinne von Moore. Digitale Technologien und Plattformen leben von der Skalierung und dem Entstehen einer digitalen Vormachtstellung. Menschen und Ökosysteme leben dagegen von Individualität. Viele digitale B2C Plattformen geben vor, Individualität zu ermöglichen, tun dies aber nur in der digitalen Welt. Sie zerstören Individualität im täglichen Leben. Die digital ermöglichten Ecosystems der Zukunft könnten kleiner, lokaler und individueller sein – auf der Basis von frei verfügbarer und sicherer digitaler Technologie. Damit kommen wir zu einer wichtigen Wegscheide der Digitalisierung. Wenn Automatisierung immer komplexer wird, wie autonomes Fahren, dürfen die Entscheidungsprozesse, die eine Maschine trifft, einem Unternehmen als verschlossenes Know-how gehören oder müssen diese offen und transparent sein? Muss Software in einem digitalen Zeitalter in ihren Grundfunktionen Open-Source werden, da ihre Nutzung ein Grundrecht darstellt? An dieser Weggabelung müssen wir uns *richtig* entscheiden, denn von dieser Entscheidung hängt unsere Zukunft ab. Und wir müssen uns *rechtzeitig* entscheiden, denn es ist fünf vor zwölf.

Den fundamentalen Unterschied in der Denkrichtung von industriellen Plattformen zu Ecosystems veranschaulichen die Abbildungen 5 und 6 auf der folgenden Seite.

Von der Lieferkette zum Plattformdenken:
Gleiche Komponenten auf Effizienz getrimmt

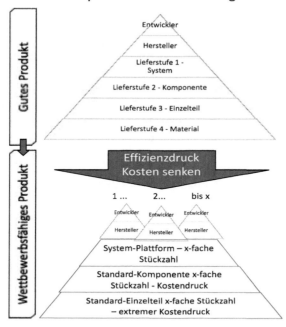

Gutes Produkt

Entwickler
Hersteller
Lieferstufe 1 - System
Lieferstufe 2 - Komponente
Lieferstufe 3 - Einzelteil
Lieferstufe 4 - Material

Wettbewerbsfähiges Produkt

Effizienzdruck
Kosten senken

1 ...   2...   bis x

Entwickler   Entwickler   Entwickler
Hersteller   Hersteller   Hersteller

System-Plattform – x-fache Stückzahl
Standard-Komponente x-fache Stückzahl - Kostendruck
Standard-Einzelteil x-fache Stückzahl – extremer Kostendruck

Abbildung 5: Industrielle Plattformökonomie führt zu Kostendruck und Innovationsbremse

Vom Mittelstand zum Business Ecosystem:
Diverse Partner auf Wertsteigerung ausgerichtet

Überlegenes Produkt

Spezialist 2
Spezialist 1
Ecosystem Orchestrator
Entwickler 2
Entwickler 1
Hersteller aus Industrie 1
Entwickler 3   Entwickler 4
Hersteller aus Industrie 2
Innovativer Komponenten-lieferant

Wert steigern
Effektivitätsziel

Gutes Produkt

Entwickler 1   Entwickler 2   Entwickler 3   Entwickler 4   Entwickler 5

Spezialisierter Hersteller 1   Spezialisierter Hersteller 2

Innovativer Komponenten-lieferant 1   Innovativer Komponenten-lieferant 2   Innovativer Komponenten-lieferant 3

Abbildung 6: Business Ecosystems befeuern Innovation und schaffen überlegene Produkte

MÜSSEN WIR UNS VON MASCHINEN ABHÄNGIG MACHEN?

Digitalisierung denken.

Der Mensch macht's.

„Zu niemandem ist man ehrlicher als zum Suchfeld von Google."
Constanze Kurz [29]

Erlebnis: Was hat ein Elefant mit Digitalisierung zu tun?

Schauplatz: das All Lao Elephant and Mahout Camp an einem Seitenfluss des Mekong in Luang Prabang, Laos. In der Hauptstadt des ehemaligen Königreichs Lang Xang ist die buddhistische Tradition so ursprünglich präsent, dass die UNESCO die 32 Klöster und die Innenstadt 1995 ins Welterbe aufnahm. Eine Stadt die noch authentisch funktioniert.

    Gleiches gilt für das Zusammenspiel von Mensch und Tier. Im Camp werden Arbeitselefanten von ihren Führern, den Mahouts, ausgebildet. In Laos wie auch in Thailand werden Elefanten noch im großen Stil für Waldarbeiten eingesetzt. Sie sind im unwegsamen Gelände beweglicher als alle Arbeitsmaschinen. Ihr größter wirtschaftlicher Vorteil: Sie sind nicht auf Straßen angewiesen. Und: Elefanten arbeiten nachhaltiger als jede Maschine. Sie verursachen wesentlich weniger Umweltschäden als die Sprit fressenden Ungetüme aus der westlichen Welt. Für die Laoten ist die Elefantenhaltung eine Tradition, die in ihrer jahrtausendealten Kultur fest verwurzelt ist. Besonders sichtbar wird dies hier wo der Mekong noch kein Strom, sondern ein Fluss so groß wie der Neckar ist. Der Massentourismus ist noch weitgehend außen vor. Die meisten Menschen gehen ihren ursprünglichen Arbeiten nach. So auch Mahout und Elefant, sie arbeiten jahrzehntelang zusammen. Ihre Beziehung entwickelt sich in der Elefantenschule. Als Tourist hat man dort die Möglichkeit, sehr nahe mit den Tieren in Kontakt zu treten. Füttert man einem Elefanten eine Banane aus der Hand, spürt man, welche unglaubliche Feinfühligkeit in seinem Rüssel steckt. Mit diesem kann er aber ebenso einen Baum ausreißen und über weite Strecken im dichten Busch transportieren. Wie ist es möglich, dass die stillen Riesen Kraft und Feinfühligkeit verbinden, wie es Maschinen bis heute nicht einmal ansatzweise vermögen?

Des Rätsels Lösung liegt in dem unwahrscheinlich feinen Aufbau Ihres Rüssels. Er ist mit bis zu 1,5 Metern Länge und bis zu 130 Kilogramm Masse ein Schwergewicht. Von seinem Aussehen her traut man ihm keine Feinfühligkeit zu. Doch die Kraftentfaltung im Elefantenrüssel geschieht nicht brachial, wie beim Hanteltraining eines Bodybuilders, sondern über 40.000 feine Muskeln, die längs und quer verlaufen. Die Meisterleistung, hiermit eine Nuss vom Waldboden aufzuheben ist nur möglich aufgrund einer unglaublich ausgeprägten Sensorik: Riechen und Tasten. Der Elefantenrüssel besitzt allein 2.000 Rezeptoren für den Geruchssinn. Damit kann das Tier Wasserstellen noch in 10 Kilometern Entfernung riechen. Die zweite Gruppe von Sensoren auf dem Rüssel sind Tastsensoren. Sie werden von den feinen Tasthaaren stimuliert, die über die gesamte Haut des Rüssels verteilt sind. Der Tastsinn ist so fein, dass Elefanten sich Sand aus den Augen reiben können.

In Bezug auf messbare Intelligenz kommt das Gehirn des Elefanten trotz seinem Gewicht von über 4 Kilogramm nicht an die Verstandesleistung eines Menschen heran. In lebensnotwendigen Einzelfunktionen jedoch übertrifft es alles was Menschen leisten können. So kann das Gedächtnis des Elefanten gepaart mit seinem Orientierungssinn spielend die Position einer 60 Kilometer entfernten Wasserstelle wiederfinden.

Versuche, mittels modernstem Stand der Technik an die Möglichkeiten eines Elefantenrüssels heranzukommen scheitern noch heute. Das Esslinger Unternehmen Festo entwickelte immerhin einen sensiblen Bionik Elefantenrüssel [30], der mit Druckluft bewegt wird. Er wiegt nur 1,8 Kilogramm, schafft es aber gerade einmal 500 Gramm zu heben. Immerhin lässt sich ein solcher Nachbau-Rüssel dank seiner weichen Gummi-Greifer bei der Apfelernte in Neuseeland sinnvoll einsetzen. In der Technik gilt ein Verhältnis von 1:1 im Gewicht von bewegtem Teil zu Arbeitsarm schon als gute Leistung. Jeder Elefant würde darüber schmunzeln.

Worin liegen die Gründe dafür, dass Technik in diesem Fall so weit unterlegen ist?

Erstens in der Signalerkennung: Ein digitaler Prozess, wie ihn ein Computer beherrscht, benötigt digitale Signale, die ihm sagen, was ‚draußen' passiert. Aus diesen berechnet er seine Antwort, also sein Verhalten. Wollte er also ‚tasten' wie ein Elefant, so bräuchte er an einem digitalen Rüssel tausende einzelner Kraftsensoren.

Zweitens in der Signaldifferenzierung: Wollte der Computer eine ertastete Nuss treffsicher an ihrem Geruch erkennen, bräuchte er zusätzlich mindestens hunderte verschiedener Geruchssensoren. Denn ein typischer technischer Geruchssensor erkennt nur einen einzigen Geruch.

Drittens in der Aktion: Um eine ‚ertastete' und ‚erkannte' Nuss aufzuheben, müsste er dieses Verhalten wiederum von einem digitalen Signal in eine natürliche Aktion umwandeln. Dazu bräuchte er tausende maschinelle Muskeln. Diese drei Unterschiede machen einen ebenbürtigen technischen Rüssel heute und noch für lange Zeit viel zu aufwändig.

Lediglich in der Signalverarbeitung wäre der Computer dem Elefanten ebenbürtig: „ich habe eine Nuss an Geruch und Form erkannt, diese sollte ich aufheben weil sie Nahrung darstellt".

Schon an diesem einfachen Beispiel wird deutlich, dass Computer, Roboter und somit alle digitalisierten Prozesse, die in reale Umwelt eingreifen, systembedingt den Lebewesen weit unterlegen sind. Will man menschliche Möglichkeiten nur in Teilaspekten erreichen, benötigt es einen ungeheuren Aufwand. Warum dann die Angst vor künstlicher Intelligenz?

Erfahrung: Einfalt ist menschlich - Elefanten wäre sie fremd.

Im obigen Beispiel liegt der Schlüssel in den Daten. Der Zentralcomputer des Elefanten bekommt eine derartige Fülle von Daten aus seiner Umgebung geliefert, dass er damit absolut zielsicher entscheiden kann was zu tun ist. Zielsicher aufgrund der gesicherten Daten, obwohl seine Rechenpower im Vergleich mit anderen Lebewesen oder Großcomputern nicht besonders beeindruckend ist. Die Menge und Qualität der Daten ist also entscheidend für die Macht, die sie entfalten. Diese Menge und Qualität kommt bei Lebewesen aus ihren Sinnesorganen. Über Jahrmillionen der Evolution ist eine in ihrer Gesamtheit bis heute technisch unerreichte Vielfalt von Sensoren entstanden. Der Elefantenrüssel besitzt nicht nur Tastsinn und Geruchssinn, sondern zigtausende Wärmesensoren, Feuchtigkeitssensoren, Kraftsensoren und Wegsensoren. Sie alle liefern innerhalb von Millisekunden verschiedenste Daten. Diese Vielfalt der Daten ermöglicht dem Elefantengehirn die treffsichere Entscheidung.

Betrachten wir den Menschen. Die selbsternannte Krone der Schöpfung hat sich im 21. Jahrhundert zum Ziel gesetzt, künstliche Intelligenzen zu schaffen, um bestimmte Aufgaben besser als er oder sie selbst zu erledigen. Prinzipiell, wie wir gerade gesehen haben, können diese Aufgaben nur dann besser von Computern als von Menschen erledigt werden, wenn dem Computer eine größere Menge und Qualität von Daten als dem Menschen zur Verfügung steht.

Diese Vielfalt der Daten stellen wir - in unserer glorreichen Einfalt - seit Jahren kostenlos und massenhaft den Digitalkonzernen auf der ganzen Welt zur Verfügung. Wir geben mit unseren feinen Fingern unsere geheimsten Wünsche über plumpe Eingabegeräte namens Tastatur in das Suchfeld von Google ein. Google freut sich - und wird zu einem der größten Unternehmen der Welt. Steuern zahlen muss es dafür in Deutschland kaum. Die Daten über alle unsere Vorlieben und Freunde schenken wir Facebook. Die Daten über unsere amourösen Vorlieben schenken wir Dating Portalen. Die Daten über vieles was wir an nicht Essbarem konsumieren schenken wir Amazon. Und was wir nicht selbst gekocht essen und wann, weiß Delivery Hero.

Warum haben wir also Ängste vor einer möglicherweise übermächtig werdenden künstlichen Intelligenz? Weil wir jeden Tag beweisen wie einfältig wir sind? Ich glaube, wir haben Angst vor unserer eigenen Dummheit und Faulheit. Wenn es so ist, opfern wir milliardenfach unsere Einzigartigkeit auf dem Altar des leichteren Genusses und der Gier nach mehr Konsum.

Frage: Würde ein Elefant, wenn er könnte, die Positionsdaten seiner wichtigsten Wasserstelle im laotischen Dschungel an eine Herde von 1.000 Büffeln weitergeben? Nächste Frage: Wie viele Menschen geben täglich mit einer Smartwatch ihre Position (z.B. am Geldautomaten der Sparkasse), ihre Pulsfrequenz (z.B. von 60 auf 75 steigend, weil sie gerade viel Geld abgehoben haben), und ihre nächste Position (z.B. in einer dunklen Seitengasse der Altstadt) über Internet weiter, wissen aber nicht an wen? *(Keine Angst: Noch kann eine künstliche Intelligenz Dich nicht in der dunklen Gasse ausrauben, weil sie nicht laufen kann. Aber der Ganove der auf sie zugreifen kann... ?)*

Wie gerade gesehen, ist Digitalisierung dort erfolgreich wo
- Menschen (oder Maschinen) Daten aus eigenem Antrieb (oder massenhaft automatisch) zur Verfügung stellen
  und
- Menschen (oder Maschinen) mit diesen Daten Aktivitäten (oder Prozesse) steuern können, die andernfalls aufwändiger oder schwieriger zu erledigen wären.

Da Maschinen (noch) von uns Menschen erdacht und gebaut werden, lässt sich der Erfolg oder Misserfolg der Digitalisierung also nicht auf Computer, sondern nur auf Menschen zurückführen. Digitale Transformation ist menschliche Transformation.

Ein Überwachungsstaat ist - außer in Diktaturen- nur möglich, wenn die Menschen ihn mehrheitlich zulassen. Sie lassen ihn zu, wenn sie einen Nutzen darin erkennen. Die Einwohner von Shenzen im Süden Chinas lassen die massenhafte Überwachung aller Straßen unter anderem deswegen zu, weil die Regierung ihnen erfolgreich vorrechnet, dass die Kriminalitätsrate seit der Einführung der Massenüberwachung um 70% gesunken ist. Sie lassen den massenhaften Abfluss ihrer Daten über Smartphones zu, weil diese Technologie ihnen einen ungeahnten Wohlstand gebracht hat. Wenn dieser Wohlstandssprung in China einmal zu Ende gehen wird, werden die Menschen vermutlich kritischer werden. Daher nutzt die Regierung die Gunst der Stunde, um Überwachung salonfähig zu machen.

Praxisnutzen: Digitalisierung in Marketing und Vertrieb

In der alten Welt des Vertriebs war das Verkaufen eine Sache der Beziehung. Ich vertraue Dir - also kaufe ich von Dir. Millionen sinnvoller und sinnloser Versicherungen wurden über die Beziehungskiste in deutschen Wohnzimmern verkauft. Autos kaufte man von der ,Marke seines Vertrauens'. Selbst der B2B-Vertrieb von Produkten und Dienstleistungen zwischen Unternehmen war ohne Beziehung zwischen Einkäufer und Key Account Manager schwierig. Jahrzehntelang glaubten wir, wer komplexe Produkte in der Industrie verkaufen will, muss sich ins Auto setzen, zum Käufer fahren, und ihn überzeugen. Bis uns ein Virus lehrte, dass es auch anders geht. Vertrauen 2.0?

Vertrauen in der digitalen Welt hat ein Elefantengedächtnis. Das Internet vergisst nicht von alleine. Beziehung entsteht, wenn Käufer einen Wunsch preisgeben, auf den sie eine Antwort erhalten, die sie begeistert. Eine Garantie für einen erneuten Kauf ist das nicht. Lediglich enttäuschtes Vertrauen ist eine Garantie für keinen erneuten Kauf.

Meine Versicherungsgesellschaft kann ich 24/7 anrufen, mein menschliches Gegenüber ist innerhalb weniger Sekunden ohne Warteschleife am Apparat, gleicht über zwei Sicherheitsfragen meine Identität ab, sieht sofort mein Vertragsportfolio vor sich auf dem Bildschirm, löst mein Problem mit Hilfe einer internen Wissensdatenbank, bestätigt noch während des Gesprächs die Vertragsänderung per SMS, und findet noch Zeit mit mir einige persönliche Worte zu wechseln. Das Ganze findet über einen nahtlosen Mobilfunkempfang während der Bahnfahrt ins Büro statt, ohne dass ich irgendwelche Vertragsunterlagen oder Kundennummern zur Hand haben muss. Science-Fiction ist das nur noch in Bezug auf den nahtlosen Handy-Empfang in der Deutschen Bahn.

Erfolg von Digitalisierung entsteht, wo Menschen das Gefühl haben, als Menschen wahrgenommen zu werden, auch wenn die Verarbeitung von Vorgängen zwischen ihnen vollständig digital stattfindet. In Zeiten von Corona zeigen sich Menschen in der nahtlos funktionierenden Videokonferenz gegenseitig ihre individuellen Kaffeetassen, um die persönliche Nähe zu erhöhen. Bebildert mit ihren Rock'n'Roll Idolen oder Katzenbildern. Digitalisierung funktioniert, wo ich begeistert bin, weil ich persönlich einen unerwartet hohen Nutzen habe. Vor einem Jahr noch war ich begeisterter Bahnfahrer zu Geschäftsterminen. Unterwegs kann man bisher eh kaum telefonieren, findet also ideale Bedingungen zum ungestörten Lesen vor. Heute finde ich mein damaliges Verhalten befremdlich. Statt in der Bahn zu sitzen nutze ich Videokonferenzen, muss mir nicht auf kalten Bahnsteigen die Füße platt stehen und überhöhte Kaufpreise für einen Kaffee zahlen. In der gesparten Zeit höre ich zuhause auf der Couch ein Hörbuch und finde es fantastisch. Digitalisierung führt uns vor, welch irrationales menschliches Verhalten wir an den Tag legen. Und gerade wenn wir diese Irrationalität erhalten können, wenn wir Herr unserer Menschlichkeit bleiben, dann kann Digitalisierung ihre Stärken ausspielen.

Verkaufen zum Erreichen von Umsatzzielen ist tot. Der Job ist umfassender geworden. Erfolgreiche Digitalisierung im Vertrieb bedeutet, ich erkenne mein Gegenüber - selbst im B2B Geschäft - als Menschen mit all seinen Bedürfnissen und kann diese mit meinen digitalen Werkzeugen besser erfüllen als andere. Digitalisierung im Vertrieb bedeutet, dass Dein gesamter digitaler Auftritt authentisch ist. Dass der Besuch Deiner Homepage Deinen Kunden Spaß macht. Sie hinterlassen Dir gerne ihre Kontaktdaten, weil sie das Gefühl haben, dass es sich lohnt. Sie kommen wieder, weil Dein Geschäft auch im Digitalen eine unverkennbare Identität besitzt. Deine Kunden müssen kein digitales Stalking erleiden, wie ich es leider zunehmend auf beruflichen Netzwerken erlebe.

Digitalisierung ist die einfache und computerisierte Nahtstelle zwischen individuellen Menschen, und genau dafür sollte der selbst ständig werdende Mensch oder Unternehmer sie einsetzen. Mein Verkäufer ist nicht mehr präsent, wenn ich ein Auto kaufe. Ich kaufe das Auto, weil es sich in der digitalen und realen Welt als das Beste herumgesprochen hat. Es reicht nicht mehr, das Beste zu scheinen oder in der Werbung vor der Tagesschau ‚Freude am Fahren' zu wecken. Ich leiste auf der Homepage des Anbieters eine Anzahlung und erhalte sofort ein realistisches Bild von meinem Auto mit meiner persönlichen Ausstattung und meiner Seriennummer. Zwei Wochen nachdem ich mein Fahrzeug reserviert habe, erhalte ich überraschend Post. Nicht per E-Mail, sondern in einem hochwertig wirkenden großen Briefumschlag, überreicht von einem freundlichen Postboten aus Fleisch und Blut.

Post aus Kalifornien, von einer Ikone des digitalen Zeitalters. Im Umschlag ist eine Hand-skizze des Fahrzeugs und eine Grußkarte mit dem Text: „Thank you for ordering a Model 3. - Elon." Post vom Inhaber. Wow. Gutes Marketing ist, weil sehr authentisch.

Fazit: Digitalisierung ist was wir zulassen

Angst vor Digitalisierung und künstlicher Intelligenz ist die Angst vor unseren eigenen Feh-lern, und insofern natürlich berechtigt. Sich der Macht der Daten bewusst zu sein, tut Not.
Am 27. September 2025 wird die erste Eisenbahn 200 Jahre alt. „Für viele Men-schen war die Eisenbahn zu dieser Zeit noch Teufelswerk. Man ängstigte sich vor den hohen Geschwindigkeiten und befürchtete, durch sie krank zu werden. Die Rauchwolken der Lo-komotiven würden hindurchfliegende Vögel töten, Kühe in der Nähe der Bahnhöfe keine Milch mehr geben." heißt es dazu auf planet-wissen.de [31]. Auch wenn das Führen eines Zugs längst technisch vollständig durch Computer machbar ist: noch immer sitzen in der Bahn Menschen als Lokführer und entscheiden, obwohl es primär nur um die Entscheidung zwischen Beschleunigen oder Bremsen geht. Der Grund ist, dass die Entscheidung des Lok-führers potenziell viele Menschenleben betrifft. Jede Entscheidung kann damit auch eine Entscheidung über Leben und Tod sein. Diese letzte Instanz kann nicht einem Computer überlassen werden.
Wie können wir also eine vernünftige Schnittstelle zwischen Menschen und Com-puter schaffen, die uns jederzeit die volle Kontrolle gibt, aber uns die lästigen und gefährli-chen Dinge vom Hals schafft? Die Beantwortung dieser Frage sollten wir nicht technisch lösen. Sie erfordert eine Anstrengung des elektrochemischen Zentralcomputers zwischen unseren Ohren. Dafür stehen einem Menschen im Schnitt 86 Milliarden Neuronen in sei-nem Gehirn zur Verfügung - so viel wie zehn iPhone 11 zusammen an Transistoren haben. Wenn sich die Rechenkapazität von Chips nach dem Mooreschen Gesetz also weiterhin alle 2 Jahre verdoppelt, passt die Rechenleistung unseres Gehirns in weniger als einem Jahr-zehnt in ein iPhone. Aber die Rechenleistung unseres Gehirns wächst nicht. Um es vorweg-zunehmen, wir brauchen gesellschaftliche Regeln für den Umgang mit Digitalisierung und KI, die weltweit erarbeitet, akzeptiert und umgesetzt werden müssen, denn wir reden nicht von einem lokalen Problem. Bedenkt man, dass das Kyoto Protokoll zum globalen Klima-schutz seit 15 Jahren in Kraft aber nicht annähernd umgesetzt ist, fragt man sich wie die Weltgemeinschaft ein ähnlich komplexes Problem in kurzer Zeit lösen will, zumal es nicht einmal auf der globalen politischen Tagesordnung ist.

Kompetenzen: Für Digitalisierung braucht es die gesamte Bandbreite

Für jede technische Aufgabe bedarf es eines guten Handwerkszeugs. In Bezug auf Digitali-sierung bedeutet das: breite Fachkompetenz, Methodenkompetenz, Sozialkompetenz, und ethische Kompetenz. Ein dickes Brett das wir zu bohren haben. Für Dich als Unternehmer Deines Ecosystems gibt es tolles Handwerkszeug für die fachlichen und methodischen Kom-petenzen von der Stange - in Form von Schulungen und vielen Büchern.
Da dieses Thema sehr vom Inhalt Deines Vorhabens abhängt, konzentriere ich mich im nächsten Kapitel, Werkzeugkasten, vor allem auf den Teil, der relativ unabhängig

vom Produkt dargestellt werden kann, ohne den ein Erfolg aber in den meisten Fällen nicht möglich sein wird: den Vertrieb.

WELCHE WERKZEUGE SIND UNTERWEGS UNVERZICHTBAR?

Werkzeugkasten bauen.

Das Handwerkszeug.

„Wenn ich 8 Stunden Zeit hätte, einen Baum zu fällen, würde ich
7 Stunden darauf verwenden, die Axt zu schärfen."
Abraham Lincoln [32]

Erlebnis: Bei den Wildpferden und Auerochsen

Pape Naturpark, Lettland. Unweit der Ostseeküste in Lettland erstreckt sich der Pape-See,
umgeben von Hochmooren und Alluvialwiesen. Unter Federführung des World Wildlife

Fund wurde dort ein Schutzgebiet eingerichtet, in dem in Lettland lange ausgerottete Tiere
wieder angesiedelt wurden. Das Gebiet wirbt mit einer einzigartigen Ansammlung ur-
sprünglicher Pflanzen- und Tierarten. Man kann eurasische Wildpferde und Auerochsen
aus nächster Nähe beobachten. Die Rangerstation ist bei unserer Ankunft besetzt. Die nette

Rangerin führt uns ganz nah an die Pferde heran. Die Tiere beäugen uns unruhig.

Bald zieht ein Gewitter auf, wir erreichen gerade noch unser Wohnmobil und machen uns auf den Rückweg. Letzter Tag im Baltikum, in weniger als drei Stunden wollen wir auf die Fähre nach Hause. Die Ranger Station ist nur über kilometerlange abgelegene Waldwege zu erreichen, die zwar unbefestigt aber in sehr gutem Zustand sind. Nachdem der schlimmste Teil des Gewitters vorüber ist, fahren wir los. Einen Kilometer den Waldweg entlang, und die Fahrt ist jäh zu Ende. Das Gewitter hat zwei Bäume gefällt. Sie liegen nebeneinander quer über den Weg. Rechts von uns ein Graben, links der dichte Wald. Umfahren unmöglich. Wenden unmöglich, Der Regen bricht wieder los.

Hätte ich doch eine Säge dabei. Heike läuft zurück zur Rangerin um Hilfe zu holen, ich versuche derweil von Hand die recht dünnen Bäume zur Seite zu ziehen. Ich schaue auf die Uhr. Zwei Stunden Luft haben wir noch. Wenn es länger dauert, verpassen wir die Fähre. Heike kommt zurück und berichtet, dass die Rangerin Hilfe angefordert hat. Es ist allerdings völlig unklar wie lange es dauern wird bis sie eintrifft.

Hätte ich doch eine Säge… nun muss es irgendwie ohne gehen.

Wille versetzt Berge. Wir schaffen es, von Hand beide Bäume Stück für Stück vom Weg zu ziehen. Völlig durchnässt und dreckig steigen wir wieder ein, wechseln die tropfnasse Kleidung und fahren erneut los. Nach der nächsten Biegung ist die Fahrt schon wieder zu Ende. Nun liegt ein Baum über der Straße, der definitiv mit Menschenkraft nicht zu beseitigen ist. Doch hier kann ich an einer Weggabelung wenden.

Die Anhängerkupplung könnte unsere Rettung sein.

Ich befestigte ein Seil an Baum und Anhängerkupplung und ziehe langsam an. Der Baum biegt sich, bewegt sich jedoch nicht. Handbremse zu, aussteigen, begutachten. Wie einen Indianerbogen habe ich den Baum gespannt, das Seil hält, der Baum bewegt sich nicht. Während ich zu dem Schluss komme, dass mir die Sache nun definitiv zu gefährlich wird, und gerade wieder einsteigen will, beginnt der Baum das Wohnmobil gegen die angezogene Handbremse zurück zu ziehen. Einen Meter weit setzt das vier Tonnen schwere Gefährt wie von Geisterhand rückwärts, dann bleibt es stehen. Merke: ein Wohnmobil mit Anhängerkupplung ist keine Waldmaschine. Glück gehabt.

Wir warten. Eine halbe Stunde später kommt Hilfe. Mit der Kettensäge des erfahrenen Waldarbeiters ist der Baum in Windeseile zerteilt. Wir schaffen es rechtzeitig zur Fähre. Seit diesem Ereignis befindet sich im Wohnmobil immer eine gute Baumsäge.

Erfahrung: Worst Practice ist leider zu oft Standard

Manchmal erlebe ich auch bei meinen interimistischen Einsätzen in Unternehmen, dass die einfachsten Werkzeuge zwar bekannt sind, aber nicht vorhanden. Oder vorhanden sind, aber nicht genutzt werden. Oder genutzt werden, aber nur von einigen Unverzagten, während der Rest der Mannschaft darauf pfeift - vom Management geduldet. Was natürlich den Sinn der Nutzung durch wenige ad absurdum führt.

Ich frage mich dann meist, wie konnte das passieren? Eine einfache Antwort darauf finde ich selten. Vielleicht neigen die meisten Menschen dazu, ‚den Vorgaben zu folgen‘, oder ‚einfach mal zu machen‘. Zuerst zu überlegen, wie man eine Aufgabe am sichersten und einfachsten löst, kostet Energie. Bei Unvorhergesehenem (Baum vs. Wohnmobil) kann man das Wählen des falschen Werkzeugs noch mit einer Kurzschlussreaktion entschuldigen. Bei täglich wiederkehrenden Routinen finde ich dieses Verhalten jedoch befremdlich. Trotzdem begegnen mir regelmäßig Vorgänge in Unternehmen, die ganz offensichtlich, ständig wiederkehrend, total ineffizient sind. Aber niemanden scheint es zu kümmern.

Eine der wichtigsten Quellen von Ineffizienz ist die Kleinteiligkeit, mit der viele Firmen strukturiert sind. Kleinteilige Strukturen dienen Mitarbeitern wie Führungskräften oft als Rechtfertigung, ihren gesunden Menschenverstand am Firmentor abzugeben. Was innerhalb der Abteilung nicht zu lösen ist, dauert ewig, muss x-Mal nachgefragt werden, oder wird von der Nachbarabteilung einfach ausgesessen.

Die Werkzeuge, die bei diesem Missstand helfen, sind immer auf das Erkennen von Zusammenhängen ausgerichtet. Und sie sind überwiegend so einfach.
Drei Beispiele:

Es erstaunt, welche Aha-Erlebnisse das Abbild eines Projektplans in Form einer Mindmap selbst bei alten Hasen auslösen kann. In beliebiger Schachteltiefe kannst Du damit beliebig komplexe Probleme darstellen, abarbeiten und für immer dokumentieren. Über alle Abteilungsgrenzen hinweg. Durch Anhängen beliebiger Dokumente, Hyperlinks, Fähnchen, Icons, ist alles in einem Dokument übersichtlich und detailliert verfügbar. Kein Suchen, kein Vertun. Aber nahezu niemand arbeitet mit Mindmaps. Vielleicht weil sie meist kostenlos sind, und die IT Abteilung die Installation von Freeware per Definition blockiert. „Dann kauft doch eine teure Mindmap Software von XYSoft, ...“ möchte man schreien, hält sich aber gerade noch vornehm zurück.

Ein DIN A1 großes Stück Papier in Form eines Flipchart Blattes entfaltet geradezu überirdische Macht, wenn das gerade Gesagte im multidisziplinären Team plötzlich nicht mehr wegdiskutiert werden kann. Groß und überdeutlich wirkt es vor allen Beteiligten. Aber Flipcharts sind out. Für mich nicht. Ich liebe es, in Aktion zu treten und ein Blatt nach dem anderen mit Grafiken, Ideen und Zahlen zu füllen. Und es hilft fast immer.

Eine simple Excel Tabelle mit 20 Zeilen und 10 Spalten kann schon mal die Strategie eines Unternehmens auf links drehen - oder ad absurdum führen. Das Einkaufsvolumen seiner 20 wichtigsten Kunden, abgeschätzt mit einer simplen Logik aus Produkten und Umsätzen, und nach Potenzial sortiert, kann geradezu eine Zeitbombe sein. Mancher Kunde erweist sich plötzlich als so attraktiv - oder so überschätzt, dass die Strategie sich zwangsläufig ändern sollte. Oder die Planer erkennen selbst, dass Ihrer Vertriebsplanung die Substanz fehlt. Selbstverständlich wird die Richtigkeit meiner errechneten Zahlen oft - weil ich von außen komme - in Frage gestellt. Bis zum ersten Meeting mit einem der Kunden, der dann in etwa die Abschätzung bestätigt. Ich sehe in solchen Erlebnissen immer einen Gewinn, denn das Team lernt dazu und wird diese gemeinsame Erfahrung nicht vergessen.

Praxisnutzen: Sales Excellence

Die hochwertige Toolbox im Unternehmen macht genauso viel Sinn wie die gut gefüllte und sauber geordnete Werkbank zuhause. Arbeit ohne das richtige Werkzeug macht einfach keinen Spaß, sondern frustriert.

Das Problem: Firmen wissen oft nicht, wie gut oder schlecht sie im Vergleich mit den Marktbegleitern ihrer Branche aufgestellt sind. Die Analyse hierfür ist ein klassisches Beraterthema. Für Vertrieb oder Key Account Management gibt es dazu Sales Excellence

Projekte. Richtig praktiziert, geht ein erfahrener Sales Excellence Experte um die hundert Fragen mit verschiedenen Vertriebsmitarbeitern durch. Aus den Antworten ergibt sich, wo Lücken bestehen, und wie gut das Unternehmen insgesamt im Branchenvergleich aufgestellt ist. Die Analyse und Auswertung sind innerhalb weniger Tage möglich. Die Beseitigung der Lücken, das Definieren und Einführen neuer, spezifisch auf das Unternehmen angepasster Werkzeuge, und die Verankerung ihrer Nutzung im Vertriebsteam dauert wenige Monate. Ich habe erlebt, dass Vertriebsmitarbeiter mit großer Begeisterung dabei waren, wenn sie selbst die Tools und Vorgehensweisen für die Zukunft mit entwickeln konnten. Produktmanager oder Entwicklungsmitarbeiter waren plötzlich mit Eifer in Vertriebsbesprechungen dabei, weil ihnen die Wichtigkeit ihrer Expertise vor Augen geführt wurde. Es entstanden positive Rückkopplungseffekte überall, nur durch die Erkenntnis, dass man gemeinsam festlegen konnte, wie unternehmensübergreifende Informationen gewonnen und verdichtet werden. Nicht zuletzt, lernte jeder ein Stück weit Best Practice, und alle lernten, besser zusammen zu arbeiten.

Es würde den Rahmen dieses Buchs sprengen, tiefer in dieses Thema einzutauchen. Vertriebsmitarbeitern empfehle ich daher das Buch ‚Sales Excellence' von Prof. Christian HOMBURG zur Vertiefung.

Selbstverständlich gebe ich Dir gerne weitere Auskunft, wenn Du magst. Schreib mir Dein Anliegen einfach an ecosystems@hmexecutive.com .

Fazit und Kompetenzen: Wer als Werkzeug nur einen Hammer hat, sieht in jedem Problem einen Nagel - Methoden von analysieren bis verändern sind gefragt

Mit den besten Werkzeugen arbeitest Du besser und entspannter als jemals zuvor. Es macht Spaß den richtigen Werkzeugkasten zur Hand zu haben, und zu sehen wie Du mit jedem Handgriff Erfolg hast. Probleme, die sich früher ergeben haben, lösen sich plötzlich in Luft auf, weil Du weißt, wie Du sie angehst. Manche Probleme entstehen erst gar nicht, weil sie Folgeprobleme sind, die Du mit der Anwendung des richtigen Werkzeugs vermieden hast. Durch das Mehr an Freude das Du an Deiner Arbeit gewinnst, entsteht ein mehr an Erfolg, und eine positive Tendenz in Deiner Balance zwischen Leben und Arbeiten.

Es gibt Werkzeuge für alles in Hülle und Fülle. Unternehmer benötigen neben ihrer Fach- und Methodenkompetenz Werkzeuge für Strategie, Kommunikation, Wahrnehmung, Rhetorik und vieles mehr. Ein neuer Werkzeugkasten der Wahrnehmung, die Mimikresonanz, erfasst zum Beispiel winzige Veränderungen im Gesichtsausdruck Deines Gegenübers und ermöglicht Dir dadurch, dessen Gefühle besser zu interpretieren. Befasse Dich intensiv mit den Werkzeugen und Du wirst nicht nur mehr Spaß bei der Arbeit haben, sondern auch mehr Erfolg. Im Ecosystem kann man Werkzeuge teilen, und gemeinsam neue Werkzeuge entwickeln. Das gilt für die digitale Welt genauso wie für handfeste Werkzeuge aus Stahl.

Mit diesem Rüstzeug wird es sehr einfach für Dich mit Deinen Ecosystem Partnern den zentralen Schritt Deines Vorhabens anzugehen: Die Inhalte des Geschäfts.

WIE SOLLEN DIE AKTIVITÄTEN IN MEINER REISE AUSSEHEN?

Inhalte aufbauen.

Die Essenz.

„Wenn ich mein Leben noch einmal leben könnte, würde ich die gleichen Fehler machen. Nur etwas früher, damit ich mehr davon habe."
Marlene Dietrich [33]

Wie töricht ist es, Pläne für das ganze Leben zu machen, da wir doch nicht einmal Herren des morgigen Tages sind.
Lucius Annaeus Seneca [34]

Erlebnis: Der beste Plan braucht manchmal höheren Beistand

Idee: Eine mehrtägige Wanderung in einer der abgelegensten Gegenden Neuseelands.
Ziel: Der Lake Waikaremoana, im größten Naturwald der Nordinsel. In der Sprache der Maori Ureinwohner bedeutet Waikaremoana so viel wie ‚Meer der kleinen Wellen‘ oder auch ‚See des sich kräuselnden Wassers‘. Der See umfasst eine Fläche von 54 Quadratkilometern und ist bis zu 256 Meter tief. Ein einsamer Wanderweg von 46 Kilometern Länge umspannt den See. Er führt in eine Höhe von bis zu 1180 Metern. Mehr als 600 Meter hoch und steil überragen auf seiner einen Seite beeindruckende Klippen den See.
Aufgabe: ein Auto mieten, die Vorbereitung der Rucksäcke, Proviant packen für alles auf was man in 3-4 Tagen gefasst sein sollte, die für Mietwagen verbotene Anfahrt zum Startpunkt über 100 Kilometer weitgehend unbefestigte Straßen, tags zuvor fit dort ankommen, übernachten, Ausrüstung packen, sich mit einem Motorboot am anderen Ende des Sees absetzen lassen, 46km Wandern, dazwischen mit Glück 2 Hüttenübernachtungen. Alles war schon einige Monate zuvor gut vorbereitet, die gesamte Neuseelandreise und natürlich auch die geplante Wanderung als spannendster Höhepunkt des Reiseteils auf der Nordinsel.
    Kurz nach der Ankunft in Neuseeland befiel mich ein starkes Asthma. Asthma hatte ich noch nie erlebt. Leichter Heuschnupfen, ja, aber Asthma? Ich suchte den nächsten Arzt auf, den ich in bar bezahlte, und mit dem Rezept wackelte ich in die nächste Apotheke. Der Arzt tippte auf allergisches Asthma, das komme bei Neueinreisenden in Neuseeland schon mal vor, da sie die neue Pflanzen- und Tierwelt nicht gewohnt seien. Toller Start für eine Traumreise, dachte ich. Zwei Tage vor der geplanten Wanderung war ich vollgepumpt mit Medikamenten. Wir kamen in Rotorua an. An unser Vorhaben einer anstrengenden Wanderung war bei meiner Kurzatmigkeit nicht mehr zu denken. Also konzentrierten wir uns auf das, was buchstäblich zu unseren Füßen lag. Die vulkanische Aktivität der Nordinsel ist mit blubbernden, dampfenden Schlammlöchern, verteilt auf diverse Parks in Rotorua, hautnah erlebbar. Vulkanischer Geruch erfüllt die ganze Gegend. Im Polynesian Spa kann man in 28 heißen Pools aus 2 geothermalen Quellen unterschiedlichen Ursprungs baden. Diverse Mineralien machen das Wasser aus der einen Quelle leicht sauer, das andere alkalisch. Diesen Quellen wird eine heilende Wirkung zugeschrieben. Das konnte ich gut gebrauchen und verstand es als Wink von oben.
    Zum Ursprung der Geothermie sprechen die Maori Legenden von einem Mann namens Ngatoroirangi, einem Tohunga (Priester), der das Te Arawa-Kanu in dieses Land führte. Er erkundete die Gegend und bestieg einen der zentralen Berge der Nordinsel, der heute Tongariro genannt wird. Auf seinem schneebedeckten Gipfel drohte der Priester den Kältetod zu sterben. Also rief er seine weit entfernt in Hawaiki wohnenden Schwestern an. Sie schickten Feuerdämonen, um ihrem Bruder zu helfen. An jedem Ort, an dem die Feuerdämonen auf dem Weg auftauchten, hinterließen sie eine dampfende, sprudelnde Spur thermischer Aktivität, bis sie ihn erreichten und wiederbelebten. Er nannte den Berg Tongariro, um an den kalten Südwind zu erinnern, der ihn fast umgebracht hätte. Und so kam es, dass vulkanische und thermische Aktivität in der Region Einzug hielt. Rotoruas Te Arawa-Stamm wurde der Hüter dieser heilbringenden Kräfte. Das ursprüngliche Badehaus ist heute ein vielbeachtetes Gebäude in der Stadt.
    Das neue Thermalbad war unser Ziel. Zwei Stunden lang genossen wir die verschiedensten heißen Pools. Und das Ergebnis war kaum zu glauben. Noch am selben Abend

war mein Asthma wie weggeblasen. Trotzdem dachte ich nur an ein Zwischenhoch. Morgen früh würde vermutlich das Asthma wiedereinsetzen. Es kam aber nicht mehr. Am nächsten Morgen ging es mir bestens, auch ohne Medikamente. Der Wanderung stand nichts mehr im Weg. Wir brachen auf zum Abenteuer am See des kräuselnden Wassers. Ein Boot setzte uns im Regen im Nirgendwo aus. Am dritten Tag im strahlenden Sonnenschein den gesamten Weg um den See überblicken zu können, fühlte sich magisch an. Für mich war das meine bisher intensivste Erfahrung in einer noch absolut unberührten Natur.

Ohne Planung hätten wir es nicht geschafft, ohne Glück oder höheren Beistand wohl auch nicht. Die Belohnung kurz vor dem Ende der Tour von oben über unsere gesamte Strecke blicken zu dürfen machte uns sprachlos.

Erfahrung: Unternehmensplanung

Ein Unternehmen planen ist Konzipieren, Detaillieren, Testen, Beurteilen, Verändern. Dazu benötigt man Kreativität, Ausdauer, Sorgfalt, Selbstreflexion, Variabilität. Fünf Schritte, fünf Kernkompetenzen. Das ist eigentlich alles.

Ich behaupte, jede Unternehmung, von der Abenteuerreise bis zum Jahresplan eines Konzerns, lässt sich mit diesen Schritten vernünftig und relativ gut planen.

Nun zur Realität. Fangen wir bei der Jahresplanung an. Bei vielen Unternehmen besteht ihre Planung lediglich aus der in die Zukunft gerichteten Detaillierung dessen was sie immer tun. Ohne das Unternehmenskonzept zu hinterfragen, werden ab September jedes Jahres unendlich lange Zahlenkolonnen von Absatz und Umsatz in unübersichtliche Excel Tabellen gehackt, mit neuen Preisen versehen, ein bisschen *Blue Sky* (anderes Wort für heiße Luft) zugefügt und am Ende als Jahresplan präsentiert. Niemand hat mit Beispiel-Kunden getestet, ob die Annahmen stimmig sind. Niemand hat Alternativen beurteilt. Niemand hat den Plan aufgrund einer Lernkurve verändert, denn dazu bleibt im Unternehmensalltag keine Zeit mehr. Diese Vorgehensweise wird tausendfach Jahr für Jahr wieder praktiziert. ‚Dinner for One' ist auch jedes Jahr dasselbe, aber wenigstens noch lustig.

Man könnte Unternehmensplanung auch so machen:

1. **Konzipieren, unterstützt von Kreativität:**
   Wie können wir eine sinnvolle Weiterentwicklung des Unternehmens erreichen?
   Was wollen wir Ende nächstes Jahr besser können als heute? Warum?
   Welche Produkte und Technologien sind davon betroffen?
   In welchen Märkten wollen wir mitspielen?
   Wie kann sich das in Umsatz / Gewinn auswirken?
   Wen oder was brauchen wir dafür?
   Welches sind die drei oder vier Erfolg versprechenden Ansätze?

2. **Detaillieren, mit Akribie und Ausdauer:**
   Wie würden wir diese drei, vier Ansätze in die Tat umsetzen?
   Wieviel Zeit / Geld / Menschen benötigen wir dafür?
   Wie wirken sich die neuen Ansätze auf die bisherigen Produkte und Leistungen aus?
   Welche Ideen können wir uns leisten auf Basis von Zeit und Ressourcen?

Welche Feedbacks von Kunden können wir dazu gewinnen?
Wie berücksichtigen wir sehr unterschiedliche Feedbacks im Basisplan?
Wie sieht das Gesamtbild der ‚klassischen' Planung plus Weiterentwicklung aus?

3. **Testen, mit der Sorgfalt eines Unternehmers:**
Was sagt ein Kunde oder Partner, dem ich einige neue Ideen näherbringe?
Wenn er die Ansätze gut findet, was sind seine Gründe?
Sind diese Gründe für uns nachvollziehbar?
Können wir sie zur noch besseren Anpassung des Produkts verwenden?
Wenn er die Ideen nicht gut findet, warum nicht?
Wie ergibt sich daraus, wo ihn der Schuh wirklich drückt?

4. **Beurteilen, begleitet von kritischer Selbstreflexion:**
Haben wir möglicherweise eine tolle Lösung - für kein Problem des Kunden? (Kein Witz, sondern DER Klassiker der Produktentwicklung)
Schaffen wir es, die neuen Ideen selbst umzusetzen - oder machen wir uns etwas vor?
Wen gibt es da draußen, der in dieselbe Richtung arbeitet?
Wie viele mag es noch geben die das auch tun, und wir kennen sie nicht?
Wie könnten wir darüber mehr erfahren?

5. **Verändern, mit hoher Variabilität zugunsten eines guten Ergebnisses:**
Was ist wichtiger: den Zieltermin für die Planung zu halten?
Oder die höchst mögliche Qualität des Ergebnisses zu erzielen?
Trauen wir uns zu, mit einer Optimierungsschleife bessere Ergebnisse zu erzielen?
Haben wir die richtigen Unterstützer?

In der rauen Wirklichkeit von Unternehmen habe ich als Angestellter kaum eine höhere prozessuale Leidensform erlebt, als die Ausarbeitung der Jahresplanung. Das Controlling braucht ‚schnell die ersten Zahlen', um daraus die erforderlichen Kapazitäten zu rechnen und Alternativen der Personalplanung durchzugehen. Der Gesellschafter möchte schon mal ‚eine Richtung' erschnuppern. Der Geschäftsführer braucht noch ‚Blue Sky' in der Planung, weil die bisherigen Zahlen seinen Bonus ruinieren würden. Vom Vertrieb wird, so lange es geht, der Hauch des Geheimnisses über den Zahlenkolonnen verbreitet. Anfang November beginnt dann schon mal der Stuhl des Vertriebsleiters zu wackeln, weil er entweder noch kein Planungsergebnis hat oder der Überbringer einer schlechten Nachricht ist.

   Gute Unternehmen planen immer. Nicht nur von September bis November. Dadurch haben sie immer Alternativen im Köcher, wenn etwas schiefläuft. „Die Nachfrage sinkt. Wir hatten doch letztes Jahr die Idee mit diesem neuen Produkt, es aber mangels Ressourcen nicht umgesetzt. Nun ist ein großer Kunde abgesprungen, also sind Leute frei, die den Plan vom letzten Jahr adaptieren und in die Tat umsetzen können." So sollte die Diskussion sinnvollerweise laufen.

   Da bei der Nachfrage in Unternehmen so gut wie immer etwas schiefläuft, ist ein nicht umgesetzter Plan zur Nachfragesteigerung selten Zeitverschwendung. Entweder man ist froh, ihn aus der Schublade holen zu können, oder man hat etwas gelernt, und - Gott sei Dank - nie benötigt.

Praxisnutzen: Start-up Aufbauphase

Persönlich kenne ich in der Welt der Wirtschaft wenige Projekte, die so reizvoll sind wie der Aufbau eines neuen Unternehmens. Ein Unternehmensaufbau bringt für die Gründer viele Parallelen zu der Geburt eines Kindes für eine Familie: die Beziehung zum neuen Unternehmen ist wie zu einem neuen Wesen. Jedes Wesen hat seinen ganz eigenen Charakter. Man möchte nichts falsch machen, nichts dem Zufall überlassen. Unbändiger Stolz auf das Neue kann sich in starkem Beschützer Verhalten äußern. Man denkt Tag und Nacht daran, tut mehr als man müsste, um gute Fortschritte zu erreichen. Manchmal tut man des Guten zu viel. Erst viel später begreift man das, mit dem nötigen Abstand zur Ausnahmesituation, in der man sich befand. Es ist ohne Frage das größte Erlebnis.

Ich wünsche Dir, dass es Dir einmal vergönnt ist, ein solches Projekt durchführen, erleiden und erleben zu dürfen. Dafür möchte ich Dir meine wichtigsten persönlichen Erkenntnisse mit auf den Weg geben. So sieht - aus heutiger Sicht und nach einigen ‚Geburten' - mein persönliches 15-Phasen-Programm zum Start-up Aufbau aus:

1. **Den Markt genau studieren (Konzeption Phase 1):**
Es reicht nicht, die Marktteilnehmer, ihre Produkte bzw. Dienstleistungen und ihren Umsatz zu kennen, man sollte auch ihre Stärken und Schwächen verstanden haben. Die Fragen sind: Was haben sie, das sie vor allen anderen auszeichnet? Was scheinen sie nicht besonders gut zu können? Ist diese Einschätzung belastbar?
Bei der Einschätzung der Schwächen anderer Marktteilnehmer ist Vorsicht angebracht. Möglicherweise kennen sie selbst diese am allerbesten, und haben schon für baldige Abhilfe gesorgt, was aber öffentlich noch nicht bekannt ist. Dem zeitlichen Aspekt ist daher die größte Aufmerksamkeit einzuräumen. Nicht alles was man auf der Homepage eines Anbieters findet, entspricht seinem aktuellen Entwicklungsstand. Immens wichtig ist, Einschätzungen von dritter Seite zu erhalten. Das können andere Marktteilnehmer, Kunden oder Berater sein.
Ich möchte hier ausdrücklich hervorheben, dass Firmen in aller Regel ihr Können bei der Gewinnung von Marktinformationen überschätzen. Ein Mittelständler, der vielleicht über ein Vertriebsteam von 6 Personen verfügt, von denen 3 als Key Account Manager bzw. Vertriebsleiter im Markt unterwegs sind, kann bei allen anderen operativen Aufgaben bestenfalls das Äquivalent einer halben Stelle für die aktive Marktbeobachtung darstellen. Wenn diese Funktion dann über das Team verteilt ist, entsteht erstens Redundanz und zweitens fehlt es an Professionalität in der Umsetzung. In der Regel sind weder die Mitarbeiter geschult in der Gewinnung, Sammlung und statistisch zuverlässigen Auswertung von Informationen, noch können sie die gewonnen Erkenntnisse professionell verdichten, und oft sind sie auch nicht in der Lage die richtigen Schlüsse daraus ziehen. Auch wenn es zunächst teuer anmutet, sollte man externe Unterstützung von Marktforschern von vorne herein im Budget einplanen. Sie machen tagein, tagaus nichts anderes. Sie haben oft schon Teilinformationen ohne Recherche verfügbar. Die Erfahrung zeigt, dass gerade in der Aufbauphase diese Position eine der sinnvollsten für die Verlagerung an externe Experten ist, weil sie das Team massiv entlasten können und überdies schnellere und relevantere Ergebnisse liefern. Von der Wirkung neutral gewonnener Informationen auf die Präsentation beim Vorstand ganz zu schweigen.

Das Zusammenführen der intern vorhandenen Informationen mit denen der Marktforscher - und die Erarbeitung der richtigen Schritte aus diesen - sind die zentralen Aufgaben dieser Phase 1. Je sorgfältiger und qualitativ besser diese Aufgabe erledigt wird, desto höher wird das Risiko eines frühen Scheiterns. Das ist eine tolle Sache. Du liest richtig: früh zu scheitern ist klasse, denn es heißt schnell zu erkennen, dass das geplante Unternehmen am Markt wenig Chancen hätte.

Kommst Du in Phase 1 zu dieser Erkenntnis, hast Du alles richtig gemacht: rechtzeitig und ohne viel Geld zu verbrennen stampfst Du die Idee ein - oder verwandelst sie von Grund auf. Würden Gründer sich konsequent daran halten, würde sich vielleicht irgendwann die typische Quote von Fehlschlägen zu Erfolgen bei Start-Ups von 9:1 auf 5:1 reduzieren. Warum ändert sich die Quote dann bisher nicht? Meine Einschätzung sieht die Hauptgründe in Selbsttäuschung: entweder durch Überschätzung der eigenen Fähigkeiten oder durch krampfhaftes Festhalten an der eigenen Idee.

Wenn Du in Phase 1 ‚aufrichtiger weise' nicht scheiterst, folgt die zweitgrößte Hürde mit der Frage: ist jetzt die richtige Zeit für mein Vorhaben?

2. **Einschätzen ob und wann der Markt reif ist (Konzeption Phase 2):**
Über diesen Abschnitt könnte ich ein eigenes Buch schreiben. Hier nur die Auflistung einiger Erfahrungen über die Marktreife von Innovationen in Unternehmen. Es handelt sich bei der Auflistung nicht um Start-Ups, sondern um intern umgesetzte Innovationsprojekte. Diese haben, da nahe am Kerngeschäft, eine höhere Erfolgswahrscheinlichkeit als komplett neue Unternehmen.

So sehen reale Beispiele aus, wie mit Innovationsprojekten umgegangen wird:
- Erfolg: Das erste Unternehmen war inhabergeführt und höchst erfolgreich. Von seinem Kunden war es zur Erhöhung des Wettbewerbs bei einem wichtigen Zulieferprodukt auch in sein neues Geschäftsmodell ‚geführt' worden. Mit den richtigen Investitionen zur richtigen Zeit wurde das Projekt ein Erfolg für beide. Es führte zu nachhaltigem Wachstum. Entscheidend war dafür auch der Wille des Kunden, Konkurrenz zu seinem Hauptlieferanten zu schaffen. Der Zeitpunkt war also genau richtig gewählt.
- Fehlschlag: Das zweite Unternehmen scheiterte an maßloser Überschätzung der Marktfähigkeit einer Innovation und seiner eigenen Fähigkeiten, war viel zu früh am Markt, und ging wegen Vernachlässigung seines Kerngeschäfts in die Insolvenz.
- Negierung: Das dritte Unternehmen verzichtete auf große Innovationen, da sein Kerngeschäft aktuell in höchster Gefahr war. Es kaufte sich rechtzeitig Kompetenz in seinem Kerngeschäft, konnte damit die Gefahr abwenden, was eine lange Erfolgsgeschichte wurde.
- Erfolg: Das vierte Unternehmen vertraute in einem Geschäftsbereich auf eine neue Geschäftsidee, die ihm in der akuten Unternehmenskrise von außen angetragen wurde. Es handelte sich um eine reine Geschäftsinnovation mit vorhandenen Produkten. Der Geschäftsbereich schaffte so den Umschwung und konnte gesunden.
- Fehlschlag: Das fünfte Unternehmen, die Konzernmutter des vierten, war mit einer Innovation viel zu früh am Markt, hatte Millionenbeträge falsch investiert, zusätzlich durch Luftbuchungen betrogen, ging in die Insolvenz und riss das mittlerweile erfolgreiche Unternehmen vier mit in den Abgrund.

Fünf Beispiele für Umgang mit Innovationen, nur zwei Erfolgsgeschichten in Bezug auf die Innovation. Die Fehlschlagquote von etwa 50%, wenn man das Negieren von Innovation als Strategie einmal außen vor lässt, würde ich als realistischen Durchschnitt bezeichnen. Gemeinsam ist jedoch allen fünf Beispielen die außerordentliche Wichtigkeit, den Zeitpunkt eines Engagements oder Nicht-Engagements richtig zu wählen! Diese Erkenntnis kann nicht oft genug wiederholt werden.

3. **Das Geschäftsmodell an Markt und Zeit anpassen (Konzeption Phase 3):**
Jedes noch so gute Geschäftsmodell ist nur so erfolgreich, wie der Markt es zum aktuellen Zeitpunkt zulässt. An diesem Thema scheitern die meisten Start-ups. Sie sind meist viel zu früh am Markt. Dabei meine ich nicht Monate, sondern bis zu 10 Jahre. Dann haben sie nicht die Energie durchzuhalten, bis der Trend am Markt günstig ist und die Nachfrage groß genug. Oder sie sind nur leicht zu spät gestartet, haben dann ein Jahr mit Interna vergeudet, und bei Markteintritt ist der Zug schon längst mit einem Mitbewerber abgefahren. Zu früher Markteintritt kommt öfter vor, und verfehlt den Zeitpunkt um Jahre. Zu später Markteintritt ist seltener, kann aber schon bei wenigen Monaten die Spitzenposition kosten.

4. **Die eigene Ambition dem Geschäftsmodell anpassen (Konzeption Phase 4):**
Wenn Du zu ambitionierte Ziele setzt, schlägt die Motivation schnell in Frust um. Um diesen Fehler zu vermeiden, frage Dich wie Du in der Vergangenheit geplant hast, und ob Du tendenziell später oder früher Dein Ziel erreicht hast. Und beachte: die Begeisterung des Augenblicks trübt Deinen Blick. Ich kann Dir dazu von einem Jahr mit 2.000 Kilometern Training für einen Marathon berichten, bei dem alles nahezu perfekt geplant und durchgeführt war. Obwohl ich mir x-Mal eingehämmert hatte, dass der größte Fehler zu schnelles Anlaufen auf den ersten 10 Kilometern ist, habe ich mich von der Begeisterung des Augenblicks, mit 10.000 Läufern auf dem für Fahrzeuge gesperrten Innenstadtring unterwegs zu sein, mittragen lassen. Ich finishte zwar noch, aber eine ganze Stunde langsamer als mein Plan - und unter Schmerzen.

5. **Die detaillierte Mindmap erstellen (Detaillierung Phase 1):**
Eine Mindmap gibt Dir die Möglichkeit, beliebig komplexe Themen in jeder Schachteltiefe immer weiter auszuarbeiten. Verändern ist ein Kinderspiel und macht Spaß. Mindmaps unterstützen die Reifung Deiner Gedanken. Wenn Du ein visueller Typ bist, brennen sie sich bildlich in Dein Gedächtnis ein. Das Gehirn kann viel komplexere Informationen in Bildform speichern, als in Textform oder Sprache. Welches Programm Du dazu verwendest, ist Nebensache. Die meisten Tools können Inhalte in verschiedenster Form anhängen und auch in die gängigen Formate wie Word, PDF, Excel, HTML und so weiter exportieren.

6. **Die detaillierte Roadmap erstellen (Detaillierung Phase 2):**
Kunden, Unternehmen, Projekte, Produkte, Zukauf, Aktivitäten, Zeitrahmen, Kosten, Investitionen, Einnahmen: das alles sollte über drei Jahre geplant werden, wobei das erste Jahr tiefer detailliert wird als die Folgejahre. Für mich hat sich bewährt, eine einfache Excel Tabelle mit einem GANTT Diagramm für die Haupt-Aktivitäten zu füllen, und darunter direkt die Kosten, Investitionen und Einnahmen zuzuordnen. Der Vorteil ist, dass man

die nicht benötigen Informationen jederzeit ausblenden kann. Damit kann jeder Beteiligte in der gewünschten Detaillierung informiert werden, ohne überflüssige oder vertrauliche Informationen preiszugeben. Selbstverständlich kann die detaillierte Finanzplanung noch einmal separat erforderlich sein, insbesondere wenn es um die Frage der Liquidität geht.

7. **Die detaillierte Präsentation erstellen (Detaillierung Phase 3)**:
Lege bei der Präsentation Wert auf Emotion und Aktion. PowerPoint ist möglich, aber nicht ohne einige Zusatzelemente, mit denen Du begeistern kannst. Ob es das Aufzeichnen eines Sachverhalts am Flipchart ist, die unerwartete Präsentation eines Bauteils, ein lustiges Kurzvideo, Fragen an die Zuhörer oder eine kurze Redepause, um Aufmerksamkeit auf den wichtigsten Inhalt zu lenken: nichts ist schlimmer als eine PowerPoint Präsentation ohne Punkt und Komma.

8. **Die internen Stakeholder abholen (Testen Phase 1)**:
Deine Mitstreiter sind das A und O Deines Vorhabens. Wenn Du sie nicht komplett abgeholt und eingebunden hast, bist Du noch nicht fertig für die externe Präsentation.

9. **Die externen Stakeholder abholen (Testen Phase 2)**:
Partner, Investoren, Banken müssen Deine Verbündeten werden. Falls Du überhaupt welche brauchst. Erst gar nicht von externen Stakeholdern abhängig zu sein, wäre natürlich der Königsweg.

10. **Die Test-Kunden ansprechen (Testen Phase 3)**:
Die wichtigste Phase deines Rollouts sind die ersten Kunden. Wähle sie sorgfältig und unterschiedlich aus. Nimm ihr Feedback ernst und frage lieber mehrfach nach, wenn Du Dir nicht sicher bist, was gemeint ist, als die Antworten falsch zu interpretieren.

11. **Die Testergebnisse beurteilen (Testen Phase 4)**:
Hier liegt Dein größtes Risiko des Scheiterns: Feedback von Kunden falsch zu interpretieren, und in Deiner eigenen Filterblase falsch zu deuten. In einem größeren Team gibt es viele Akteure. die ein Ergebnis an ihrer eigenen Realität messen. Das kann zu zermürbenden Diskussionen führen. Manchmal zu monatelangem Stillstand. An dieser Stelle ist die Unternehmerpersönlichkeit gefragt. Mit kalkulierbarem Risiko starten ist in der Regel besser als Stillstand durch Uneinigkeit in Diskussionszirkeln.

12. **Das Geschäftsmodell an die Testergebnisse anpassen (Verändern Phase 1)**:
Das fühlt sich bitter an. Das Unternehmen ist noch nicht richtig gestartet, und schon umsteuern? Ja! Jede spätere Reaktion erhöht die Kosten und das Risiko.

13. **Das Geschäftsmodell erneut testen, ggf. anpassen (Verändern Phase 2)**:
Auch die Veränderung aufgrund des ersten Feedbacks ist nicht automatisch die richtige. Mühevolle Kleinarbeit. Hier brauchst Du Fleiß und Durchhaltevermögen.

14. **Unterlagen anpassen, Freigaben einholen, starten (Verändern Phase 3)**:
Wenn das Team sich sicher ist, dass es richtig am Markt losgehen kann, dann sind alle

Beteiligten (Stakeholder) noch einmal mit den Ergebnissen der Testläufe abzuholen. Erst die Diskussion mit ihnen formt aus Beteiligten Begeisterte, und die wirst Du auf dem weiteren Weg noch oft genug brauchen.

15.   **Regelmäßige Wiederholung 10. - 14. (Verändern Phase 4).**
In angepassten Abständen.

Das war absichtlich sehr kurzgehalten, im Verhältnis zum Aufwand ein erfolgreiches Start-up aufzubauen. Warum? Es gibt Hunderte von Büchern mit Tipps zur Existenzgründung. Sie befassen sich meistens sehr detailliert mit Aufgaben, Abläufen, Hilfsmitteln. Viele davon sind wirklich gut.

Aber: mir kommen dabei fast immer zwei Dinge zu kurz: Die Persönlichkeit des Gründers und der Inhalt des Unternehmens. In erfolgreichen Unternehmen sind das zwei untrennbare Seiten derselben Medaille. Steve Jobs WAR Apple.

Fazit: Ein Unternehmen gründen ist harte Arbeit nach einfachen Regeln - auf Personen und Inhalte kommt es viel stärker an als auf Abläufe

Du kannst jeden dieser Schritte anpassen oder einfach über Bord werfen, solange Du Dir halbwegs sicher bist was Du tust. Gefahren der Fehleinschätzung lauern überall. Lass Dich nicht blenden von Vorstellungen, stelle immer wieder neue Fragen, hab keine Angst vor Antworten, die nicht in Dein Raster passen. Vielleicht musst Du Dein Raster anpassen?

Eine weitere Komplexitätsstufe, das Finden und Einbinden der Ecosystem Partner in das neue Unternehmen habe ich an diesem Kapitel aus Gründen der Vereinfachung bewusst ausgespart. Sie folgt im Wesentlichen denselben Prinzipien wie das Kapitel ‚Mitarbeitende finden'. Man sollte dafür einen größeren zeitlichen Vorlauf einplanen, je größer das zu erwartende Ecosystem sich darstellt. Die Partner liefern wertvolle unterschiedliche Sichten und Informationen zu dem geplanten Markt. Es ist sinnvoll sie so früh wie möglich sukzessive in die Konzeptionsphase der Schritte 1. bis 3. einzubinden.

Kompetenzen: Soziales, strategisches und ethisches Verhalten

Hier steht zum einen der Umgang mit anderen im Vordergrund: von Umgangsformen über Respekt bis Empathie ist alles gefragt was in den Bereich verbaler und nonverbaler Kommunikation fällt. Weiterhin sind strategische Kompetenzen wichtig: welche Prioritäten sollen gesetzt werden, wie lösen wir Probleme, wie wirken sich unsere Entscheidungen auf uns, die Kunden und Beteiligten aus? Und schließlich dürfen ethische Elemente nicht vergessen werden: wie wollen wir abwägen zwischen Eigennutz und Gemeinwohl, welche Werte sind uns wichtig?

WIE PLANE ICH MEIN REISEBUDGET?

Finanzen planen.

Tischtuch oder Bierdeckel.

„Die Staatsgeschäfte teilten sich in mehrere Kammern.
Wölfe besorgten die Finanzen, Füchse waren ihre Sekretäre. ...
Wen der Wolf nicht zerriss, den prellte der Fuchs, ...“
Friedrich Schiller [35]

Erfahrung: Firmenübernahme

Es ist der 11. September 2001. Wir sind dabei, eine Firma vor Ort zu analysieren, die wir übernehmen wollen. Da brechen die Nachrichten vom Einsturz der Twin Towers über uns herein. Nach 20 Minuten Fassungslosigkeit vor dem Fernseher müssen wir zurück an die Arbeit. Nach der Arbeit ist vor der Arbeit, denn abends sitzen wir in einem italienischen Restaurant und die Arbeit geht unvermindert weiter. Das Tischtuch ist aus Papier. David holt einen Stift aus seinem Sakko und fängt an, Strategien und Finanzdaten auf die Tischdecke zu kritzeln. Nach zwei Stunden ist das Essen vorbei und die komplette Strategie inklusive aller Zahlen steht auf dem Tischtuch. Als wir das Restaurant verlassen fällt mir ein, dass wir etwas vergessen haben. Ich gehe zurück, räume die Weingläser beiseite, falte das bereits leicht rot angefärbte Tischtuch und nehme es mit. Der Gastwirt steht staunend hinter dem Tresen. Wir haben ihn nie wiedergesehen. P.S.: Auch wenn wir das Unternehmen nicht kauften, die einfache Art der ersten Planung haben wir erfolgreich beibehalten.

Praxisnutzen: Sinn und Zweck einer Finanzplanung

Die meisten Gründer sind keine Finanzexperten. Das müssen sie auch nicht sein. Eine gute Finanzplanung für ein Gründungsvorhaben oder selbst für eine Übernahme passt auf ein Tischtuch. Noch besser auf einen Bierdeckel oder gleich in den Kopf des Planers, da geht sie nicht verloren.

Sinn und Zweck einer Planung ist bei selbstständigen Gründern, sich über ihre Liquidität in den ersten 1-3 Jahren bewusst zu werden. Solltest Du es schaffen, einen Plan mit einer positiven Liquidität für die Startphase zu erreichen, kannst Du mit größtmöglicher Unabhängigkeit agieren. Mir ist das gelungen, obwohl sich die Aktivitäten nach Gründung meiner Selbstständigkeit stark gegenüber dem Plan verändert haben. Die Differenz von Einnahmen und Ausgaben über der Zeit folgte immer in etwa dem Plan.

Meine persönliche Planung sah immer so aus, dass ich keine Unterstützung von Banken oder anderen Geldgebern brauchte. Der Schlüssel ist von Anfang an kein Geld zu verbrennen. Vom Tag des ersten Auftrags an habe ich Rücklagen gebildet und nie einen Kredit aufgenommen. Ich habe nur den Euro ausgegeben, den ich verdient hatte. Leasinggesellschaften haben nie von mir profitiert und werden es auch zukünftig nicht. Ich habe mich nie für mein Rating bei der Bank interessiert. Ich weiß, dass es nur das Beste sein kann. Jede Rechnung wurde sofort bezahlt und jede Forderung wenn möglich sofort eingebracht. Für meine Bank bin ich ein langweiliger Kunde. Sie sieht mich so gut wie nie. Für das Finanzamt bin ich noch langweiliger. Es bekommt immer alles sofort. Meinen Steuerberater habe ich abgeschafft, alles Formale wird vereinfacht und dann intern erledigt. Das macht die Dinge unglaublich einfach. Denn ich kann mich auf mein Geschäft konzentrieren und auf die Menschen, mit denen ich zusammenarbeite.

Fazit und Kompetenzen: Finanzen sollten einfach sein - analysieren, strukturieren, auswerten, entscheiden

Ich stecke nur soviel Arbeit in die Finanzplanung wie es für mich persönlich sinnvoll ist, viel wichtiger sind die Aktivitäten der Firma und die Zusammenarbeit mit meinen Partnern. Wenn meine Finanzen langweilig sind, ist das eine Win-Win-Situation. Weil ich erstens weiß, dass alles was das Unternehmen braucht, dem Unternehmen gehört. Das schafft Ruhe und ich kann mich auf meine Themen konzentrieren. Und zweitens kann ich in der Krise alle Kosten nahezu auf null fahren und gegen die Krise investieren, anstatt zu sparen. Und wenn es trotzdem eng wird: darum geht im nächsten Kapitel.

WIE BEKOMME ICH IM PROBLEMFALL DEN KARREN WIEDER AUS DEM DRECK?

Tiefpunkte überstehen.

Das Tal der Tränen.

„Der Witz der Verzweiflung überflügelt den Schneckengang der ruhigen Weisheit.
Friedrich Schiller [36]

Erlebnis: Im ‚Briefkasten' gefangen

Eines der schönsten Höhlensysteme der Welt. Die Cango Caves in der südafrikanischen Provinz Westkap liegen in den Swartbergen, in der Kleinen Karoo. Insgesamt haben die drei Höhlen eine Länge von über vier Kilometern. Die erste und größte Kammer ist etwa 90 Meter lang, 50 Meter breit und bis zu 18 Meter hoch. Der schmalste Abschnitt des Höhlensystems wird ‚Letter Box' genannt. Nur mit einer speziellen Führung und gegen Unterschrift einer Erklärung darf man diesen Abschnitt betreten. Wenige aus der Gruppe wollten mit.

Auf einer Länge von 5 Metern muss man dabei einen Abschnitt passieren, der einen Abstand von 60 cm von der Decke bis zum Boden hat. Um hineinzukommen muss man über eine Einstiegs-Wand hochklettern, sich dann flach hinlegen und vorwärts in den Berg hineinzwängen. Ist man drin, gibt es kein zurück. Der Briefkasten hält einen gefangen. An dieser Stelle entscheidet sich der weitere Ablauf – entgegen dem vorgenannten Schiller Zitat. Verzweiflung würde in Panik umschlagen. Da drinnen ist niemand der Dich herausziehen kann. Der Schneckengang der ruhigen Weisheit - vorwärts - führt dazu, dass der Berg - oder Briefkasten - Dich irgendwann an der anderen Seite wieder ausspuckt.

Erfahrung: In der beruflichen Zwangslage

Ich hatte mich Ende der 90er Jahre entschieden den Job zu wechseln. Für mein Ziel, etwas bewegen zu wollen, war ich ein Risiko eingegangen. Ich hatte den sicheren Hafen eines guten Jobs verlassen und heuerte bei einem Unternehmen an, das in der Krise steckte. Es kam ursprünglich aus England und wollte mit einem zugekauften Werk seine Produkte in Deutschland absetzen, war jedoch in seinem Bereich ein No-name bei deutschen Kunden. Die Zeit, die es für den erfolgreichen Markteintritt brauchte, hatten seine Manager unterschätzt. Weil die Verluste von Tag zu Tag stiegen, wurde die Lage zunehmend ausweglos. Ich hatte selbst den Kontakt zum Unternehmen aufgenommen, weil ich nach einer neuen Aufgabe Ausschau hielt und noch alte Bekannte dort hatte. Im ersten Gespräch offenbarte mir der Geschäftsführer sein Problem. Als Pragmatiker schlug ich ihm vor, ein kurzfristig umsetzbares Brückengeschäft zu etablieren, mit dem genügend Geld verdient werden konnte, um das Ziel mit den neuen Produkten in Ruhe erreichen zu können. Er fand Gefallen an meiner Idee. Also brachten wir das Ganze in Vertragsform und ich kündigte bei meinem bisherigen Unternehmen mit einer Frist von drei Monaten. Dass ich eine hohe berufliche Sicherheit aufgab, bereitete mir kein Kopfzerbrechen. Ich freute mich auf die neue Aufgabe.

Zwei Wochen vor Antritt der neuen Position erhielt ich einen Anruf vom Geschäftsführer, der meinen Vertrag unterzeichnet hatte. Er teilte mir in knappen Worten mit, dass er seine Position am heutigen Tage verlassen müsse. Es gebe Differenzen mit der Konzernführung. Er könne mir zwar nichts raten. Aber den neuen Job anzutreten wäre ein Risiko. Da er nicht im Mindesten sagen könne, was mich bei meinem Antritt erwarten würde. Er wünschte mir viel Glück und verabschiedete sich.

Ich fiel aus allen Wolken. Als ich mich nach einigen Stunden gefangen hatte und wieder klare Gedanken fassen konnte, lagen die beiden Alternativen deutlich vor mir. Eine schrecklicher als die andere.

Variante a): Meinem bisherigen Arbeitgeber, der mich nicht gehen lassen wollte, hatte ich mit aller Konsequenz klar gemacht, dass meine Entscheidung zu gehen unumkehrbar sei. Würde ich ihn nun mit der Rücknahme meiner Kündigung konfrontieren, wäre das ähnlich einer Kapitulation. Ich hätte danach wieder einen Job, den ich zwar nicht sehr schätzte, der aber sicher war.

Variante b): Würde ich die neue Stelle antreten, wäre mein wichtigster Fürsprecher weg und ich würde von Null anfangen. In einem Unternehmen im Sturzflug. Mit einem neuen Verantwortlichen den ich nicht kenne. Würde es misslingen, wäre vielleicht mein

Lebenslauf ruiniert. Das klang nach russischem Roulette mit mindestens drei Kugeln im Revolver.

Vielleicht ahnst Du schon, wofür ich mich entschieden habe? Variante b). Warum? Ich fand damals, es gebe wohl keinen Ersatz für eine nicht ergriffene Chance. Und mein Konzept war gut, also müsste das - bei einer rationalen Entscheidung - auch ein beliebiges anderes Management verstehen.

Tat es nicht. An meinem ersten Arbeitstag traf ich auf einen neuen Geschäftsführer, Amerikaner, der von meinen Plänen nichts wissen wollte. Was ich ihm erklärte sei so nicht mit ihm besprochen worden - und daher belanglos. In seiner etwas herablassenden Art ließ er mich einfach kalt abtropfen. Meine Positionsbeschreibung aus dem Vertrag interpretierte er wie es ihm ins Konzept passte. Seine Kernaussage konnte man so zusammenfassen: ich sollte mich einreihen und keine Ansprüche stellen.

Jetzt war ich endgültig verzweifelt. Zurück ging nicht mehr, sonst würde ich mich erst recht blamieren. Wenn ich auf die Barrikaden ging würde mir der Neue womöglich sogar in der Probezeit kündigen, dann stünde ich eventuell vor dem Scherbenhaufen meiner Karriere. Nachts schlief ich mit denselben negativen Gedanken ein, mit denen ich morgens wieder aufwachte. Es war einfach grauenhaft.

So vergingen einige Wochen. Ich beobachtete. Ich stellte fest, dass der Neue mehr daran interessiert war, mit seinem sportlichen Firmenwagen die Berge der Umgebung kennen zu lernen, als die Firma voranzubringen. Also arbeitete ich weiter an meinem Konzept, quasi als U-Boot. Das war immerhin besser, als Däumchen zu drehen.

Es dauerte keine drei Monate, und der Neue war schon wieder Geschichte. Erfolglosigkeit. Es kam wieder ein neuer Geschäftsführer, diesmal ein Ire. Bodenständiger Typ, lustig, sehr kommunikativ, und mit allen Wassern des Geschäftemachens gewaschen. Es klingt sehr plakativ, aber der Amerikaner und der Ire entsprachen nahezu vollständig den Klischees, die man über sie erzählt.

Der Ire bat mich in sein Büro um mich kennenzulernen. Ich sollte einfach mal frei von der Leber weg erzählen was denn so anliege. Die Unterhaltung dauerte - einschließlich Präsentation meines vollständigen Konzepts für die neue Einnahmequelle - etwa zwei Stunden. Er kaufte meinen Businessplan sofort - und zu 100%. Dann wünschte er mir viel Erfolg und gab mir noch die nötigen Freiheiten, die ich zur Umsetzung brauchte.

Meine Welt war wieder in Ordnung und ich hatte bewiesen, dass Sachverstand sich durchsetzen konnte. Innerhalb weniger Monate gelang es mir, aus meinem Plan Realität zu machen: wir verdienten damit schnell gutes Geld. Im Nachhinein weiß ich, wir sind damals hauchdünn an einer Insolvenz vorbei gerutscht, denn der Mutterkonzern hätte uns nicht mehr lange durchgefüttert.

Wenn ich heute über meine damalige Misere nachdenke, bin ich einfach nur froh, dass ich nicht aufgegeben habe. Damals war meine Verzweiflung über die Sackgasse, in die ich mich selbst manövriert hatte, unermesslich. In dieser Situation konnte ich mir beim besten Willen kein gutes Ende vorstellen. Keinerlei leichter oder wenigstens klarer Ausweg war sichtbar. Trotzdem habe ich so gehandelt, als WÜRDE es ein gutes Ende geben. Das hat den Unterschied gemacht. Ich habe einfach unbeirrt weitergemacht, bis der Wind aus der richtigen Richtung kam.

Was ich weiterhin nicht verschweigen will, ist wie nach Jahren aus dieser ursprünglich verzweifelten Geschichte eine glatte Erfolgsgeschichte wurde. Wir brachten gemeinsam die ganze Firma wieder auf Kurs, hatten immer Spaß bei der Arbeit, holten Aufträge, von denen wir nie zu träumen gehofft hatten. Ich wurde innerhalb von vier Jahren zweimal befördert, und der Ire und ich wurden gute Freunde.

Praxisnutzen: Gründung und Verzweiflung sind Partner

Die gerade erzählte Geschichte ist für einen Gründer genauso wichtig wie für einen Angestellten. Vielleicht noch wichtiger. Tatsächlich stand ich auch am Anfang meiner Selbstständigkeit mehr als einmal verzweifelt da.

Natürlich ist es toll, anfangs an einem Firmenkonzept zu arbeiten, seinen Traum auch mit anderen zu teilen, und man genießt die Unabhängigkeit. Jedem Anfang wohnt ein Zauber inne. Doch der Zauber verfliegt.

Wundere Dich nicht, wenn es ungefähr so läuft: Im Monat eins Deiner Selbstständigkeit musst Du Prioritäten setzen, alles ist neu. Im Monat drei hast Du viele grundlegende Dinge erledigt, ein Takt schleift sich in Deinen Tag ein. Im Monat fünf hättest Du vielleicht gerne endlich den ersten Auftrag. Im Monat sechs fragst Du Dich warum er nicht kommt. Im siebten Monat bist Du vielleicht verzweifelt. Der Auftrag kommt nicht. Du weißt nicht, ob Du etwas falsch machst, und wenn ja: was?

Nach zwei Jahren, Du bist aus Deiner Verzweiflung des Anfangs heraus und alles läuft. Da erhältst Du einen sehr lukrativen Auftrag, völlig unerwartet, mit hohem Termindruck. Du lässt alles stehen und liegen, arbeitest wochenlang Tag und Nacht, um ihn zu erledigen und bist am Ende sehr froh alles pünktlich abgeliefert zu haben. Du hast andere Aufträge abgelehnt. Wartest auf die Bezahlung des Kunden. Hohe fünfstellige Summe. Sie kommt nicht. Nicht nach sechs Wochen, nicht nach sechs Monaten, nicht nach einem Jahr. Du kannst den Kunden (in Übersee) anmahnen wie Du willst. Nichts. Du fühlst Dich ausgenutzt und machtlos.

Nach weiteren eineinhalb Jahren, Du hast gedanklich die Forderung ausgebucht, schaust Du morgens in Dein Firmenkonto und verstehst zuerst nicht warum der Kontostand so hoch ist. Bis Du entdeckst, dass das Geld von dem säumigen Kunden gekommen ist. Vermutlich, weil Du vor Monaten in Deiner Verzweiflung den CEO des Multi-Milliarden-Konzerns direkt per E-Mail angeschrieben hast.

Dazwischen lag eine Vertragsverlängerung mit Deinem Hauptkunden, der Dich seit mehr als einem Jahr zur Hälfte Deines Umsatzes trägt. Kurz nach der Vertragsverlängerung wird dessen CEO entlassen, der Interims-Nachfolger will Deinen Vertrag zum nächstmöglichen Zeitpunkt kündigen, weil der vorige CEO Dein Vertragspartner war.

Du lernst, dass es zum selbstständig sein dazugehört, großen Kunden prinzipiell unterlegen zu sein, Dich trotzdem mit Mut durchsetzen zu können, dass nicht jeder lukrative Auftrag ist was er scheint, und dass Verzweiflung gut ist, wenn Du in ihr richtig reagierst.

Fazit und Kompetenzen: Nutze im Tiefpunkt Dein Ecosystem, finde völlig neue Lösungen – denke um die Ecke

Mit dem Kapitel ‚Unterstützer haben' wollte ich Dir deutlich machen wie schwierig es ist, den Weg in ein selbstständiges Leben allein zu gehen. Du brauchst ein Ecosystem, wie klein und spezialisiert es auch immer sein mag. Hast Du unterstützende Partner, heißt das aber noch lange nicht, dass Du deshalb nicht in ausweglose Situationen kommen kannst, oder an den Rand der Verzweiflung. Dann brauchst Du einen gefestigten Charakter, einen der nicht aufgibt, auch in einer No-Win-Situation, und die außergewöhnlichen Lösungen findet.

Im Kinofilm ‚Star Trek II - Der Zorn des Khan' wird zum Testen dieser Situation der ‚Kobayashi-Maru-Test' verwendet. Er soll die Charakterstärke der Kadetten an der Akademie der Sternenflotte in einem No-Win-Szenario testen. Dieser Test kann eigentlich nicht bestanden werden. Doch Captain Kirk ist der Einzige im Universum der ihn je bestanden hat. Wie? Mit einer außergewöhnlichen Lösung! Sie bestand darin, die Versuchsbedingungen so umzuprogrammieren, dass er den Test bestand.

Tayloristisch organisierte Unternehmen mit ihren langen, eingespielten Lieferketten gehen davon aus, dass eine vorgegebene Situation mit ihren Mitteln und innerhalb in ihrer Industrie gelöst werden muss. Genau dieses Vorgehen brachte uns zu Beginn der Pandemie in die missliche Situation, dass keine Schutzmasken verfügbar waren. Die Amerikaner hingegen erinnerten sich an den Kobayashi-Maru Test. Sie änderten die Versuchsbedingungen, schickten militärische Einsatzkräfte auf asiatische Flughäfen und leiteten das lebensnotwendige Material in die USA um. Die prozessual geschulten Verantwortlichen im Bundeskanzleramt und im Gesundheitsministerium schauten verwundert und machtlos zu.

Eine außergewöhnliche Lösung ist es auch, ein Unternehmen in Krisenzeiten zu gründen, also antizyklisch zu investieren. Wenn die Firma in schwierigen Zeiten gut anläuft, ist sie für den Wachstumspfad nach der Krise hervorragend aufgestellt. Und während der Krise sind Investitionen günstiger zu bekommen – ohne lange Bestellfristen.

Auch das sogenannte ‚Long Tail' Geschäftsmodell war anfangs eine außergewöhnliche Lösung. Unternehmen, die es nutzten, zielten nicht auf die 20% der Kunden ab, die nach dem Pareto Prinzip 80% des Umsatzes in einer Branche darstellen, sondern auf die 80% die nur 20% Umsatz bringen. Dieses Modell wurde durch Digitalisierung immer attraktiver, da die Transaktionskosten ständig sanken. Der Charme des Modells besteht in vielen kleinen risikolosen Transaktionen mit hohen Margen, da es kaum Wettbewerb gibt, weil die Beschaffung im Internet selbst bei höheren Preisen günstiger ist als der Gang ins Geschäft. Heute ist dieses Geschäftsmodell nicht mehr außergewöhnlich, sondern eine weltweit florierende Norm. Es brachte Amazon, Ebay, Netflix und andere an die Weltspitze. Sie orchestrieren einige der weltweit größten Ecosystems.

WEN NEHME ICH AUF DER REISE MIT?

Mitarbeitende finden.

Keine Mittelmäßigkeit.

"A single mediocre hire in the first five will often in fact kill a startup."
Sam Altman [37]

Erlebnis: Eine spezialisierte Suchmannschaft

Wir kommen noch einmal auf die beiden Hunde aus dem Kapitel ‚Antreiber finden' zurück: der Golden Retriever, sie heißt Uma, und der Beagle, sie heißt Jessie. Beide sind ideale Familienhunde, ursprünglich als Jagdhunde gezüchtet. Meine gedankliche Parallele: in mehr als einem Vorstellungsgespräch beschrieb der Arbeitgeber den gesuchten Kandidaten so:

„Wir suchen für unseren Vertrieb den Teamplayer mit Jagdinstinkt. Einen echten Hunter."

Ein Beagle wird jede sich bietende Gelegenheit nutzen, um seiner Jagdpassion nachzugehen. Sobald er eine Spur aufgenommen hat, lässt er sich schwer von dieser abrufen. Aus Frankreich kommend, wurden Beagle bereits 1515 in den Haushaltsbüchern des englischen Königs Heinrich VIII. erwähnt. Sie wurden zu Fuß auf Kaninchen und Hasen angesetzt.

So passiert es dann - unabsichtlich - an einem Abend. Beagle Jessie - an einer langen Schleppleine - reißt sich los, verfolgt eine Fährte und verschwindet samt langer Leine im Wald. Alle Versuche den Hund wiederzufinden scheitern zunächst. Wir glauben Jessie weit entfernt im Bergwald bellen zu hören. Doch es ist völlig unklar wo genau - und wie weit entfernt. Es ist bereits fast dunkel. Wir halten Rat.

Wir befinden uns auf 330 Metern Höhe, der Berg ist fast 900 Meer hoch. Selbst bei Helligkeit benötigt man im Eiltempo 1,5 Stunden für den Aufstieg. Es führt ein einziger halbwegs befahrbarer Weg hinauf. Der Hund wird sicher keinem Weg gefolgt sein. Die Schleppleine wird sich vermutlich irgendwann im dichten Wald verheddern. Dann ist der Hund gefangen.

Was haben wir? Einen zweiten Jagdhund - Uma. Sie wird - wenn wir nur nahe genug sind - Jessie finden können. Golden Retriever laufen nie weg - aber finden alles. Sie ist unser Spezialist.

Was brauchen wir? Stirnlampen, Taschenlampen, Messer, das Auto.

Wir fahren los, immer dem Waldweg folgend - nach oben. Es ist mittlerweile stockdunkel. Immer nach einigen hundert Metern halten wir an. Motor aus. Lauschen. Wir glauben Jessie bellen zu hören. Sehr leise, sehr weit weg. Die Richtung: über uns. Weiterfahren. Lauschen. Nach etwa 20 Minuten glauben wir Jessie so nahe zu sein, dass der Fahrweg uns nicht mehr näherbringt. Nun setzen wir Uma ein. Zwei von uns folgen ihr in den dichten Wald. Sie findet Jessie sofort und zielsicher ganz in der Nähe, im dichten Geäst. Sie hat sich mit der Schleppleine mehrfach um einen Baum gewickelt. So konnten wir den einen Spezialisten mit dem anderen Spezialisten als Team wiederfinden. Mit dem mittelmäßigen Geruchssinn und Gehör des Menschen wäre das nahezu unmöglich gewesen.

Erfahrung: Warum ist mein Kollege so unnahbar?

In einer Firma gab es einen Kollegen auf derselben Führungsebene. Von der guten Zusammenarbeit zwischen ihm und mir hing für den Erfolg des gesamten Unternehmens viel ab. Er hatte die technische Verantwortung inne. Anders als mit vielen anderen Kollegen war mit ihm keine menschliche Nähe im Gespräch zu erzielen. Bei ihm drehte sich fast alles nur um Ziele, um Wege dahin und um Fakten. Für anderen Schnickschnack nahm er sich keine Zeit - kurze Schwätzchen zwischendurch oder seinen spontanen Besuch an meinem Schreibtisch gab es nie. Unsere Büros waren nicht weit entfernt voneinander. Doch für kurze Gespräche rief er mich an. Umfangreichere Besprechungen waren kurz und exakt getaktet. Sie fanden meist in seinem Büro statt, auf förmliche Einladung. Blickkontakt nahm er im Gespräch so gut wie nie auf. Scherze machte er nur manchmal, doch wenn er lachte wirkte es aufgesetzt. Die Gespräche mit ihm verliefen recht einseitig. Er hatte ein Thema oder eine Idee, und ging von vorne herein davon aus, dass ich ihm zustimmte. Dabei teilte er mir auch mit, was ich selbst dazu tun könne. Wenn ich einen besseren Vorschlag hätte, könne ich diesen selbstverständlich gerne einbringen. Er gehe jedoch davon aus, dass sein Vorgehen das richtige sei. Und der Termin stand normalerweise auch schon fest. Also war am Ende des Gesprächs klar was ich zu tun hatte. Ich fühlte mich nach einiger Zeit nicht nur wie sein Gehilfe - ich war es anscheinend aus seiner Sicht auch. War meine Meinung kontrovers zu seiner, gab es in der Regel eine längere Diskussion - mit demselben Ausgang. Er hatte die längere Betriebszugehörigkeit. Seine Mitarbeiter waren für mich selten formlos ansprechbar. Sie verwiesen auf ihn, alle Themen liefen über ihn. Die Stimmung in seiner Abteilung empfand ich als sehr unterkühlt, die handelnden Personen überwiegend introvertiert.

Mit der Zeit wurde die Zusammenarbeit mit ihm für mich problematisch. Wenn etwas nicht nach seinem Schema lief, klärte er sein Anliegen mit unserem gemeinsamen Chef - in seinem Sinne. Ich zermarterte mir den Kopf, ob ich fachlich oder menschlich etwas falsch machte - ohne Ergebnis. Da er ‚systemrelevant' war, und ich keine Lust auf ständige Interventionen über unseren Chef hatte, ging ich Meinungsverschiedenheiten mehr und mehr aus dem Weg. Ich machte meinen Job bestmöglich. Ich kam mit der Zeit ins Grübeln ob mir der Job wohl noch lange Freude machen würde. Ich dachte an die Zeit meiner Bewerbung zurück. Man hatte mir meinen wichtigsten zukünftigen Kollegen bei den Vorstellungsgesprächen als höchst intelligent und als ausgezeichneten Fachmann beschrieben. Er sei so etwas wie eine ‚sichere Bank' und würde uns den Vorsprung vor dem Wettbewerb sichern. Kennenlernen konnte ich ihn vor Antritt der Stelle leider nicht - er war unterwegs oder anderweitig beschäftigt.

Im Nachhinein möchte ich nicht behaupten, vielleicht anders entschieden zu haben, wenn ich ihn vor Vertragsunterschrift kennengelernt hätte. Doch ich finde es mit dem heutigen Wissen nachvollziehbar, warum man mir - bei mehreren Vorstellungsgesprächen - ausgerechnet meinen wichtigsten Partner im Job persönlich vorenthalten hatte. Wenn ich damals gewusst hätte, dass mein Vorgänger unter anderem deswegen weichen musste, weil er auch mit diesem speziellen Kollegen Probleme hatte, hätte ich auf dem Kennenlernen bestehen müssen.

Verhalten in Firmen ist ein Spiegel von Verhalten in der Gesellschaft. Ich habe mich in den letzten Jahren auch mit Verhalten aus dem autistischen Spektrum beschäftigt. Es liegt mir fern, Menschen zu analysieren. Über die praktische Beschäftigung mit dem Thema kenne ich jedoch Merkmale von Störungen aus dem Autismus-Spektrum. Die Bandbreite von Autismus ist riesig. Den typischen Autisten gibt es nicht. Oft werden bei Menschen mit milden Formen autistischer Persönlichkeitszüge diese erst im Erwachsenenalter diagnostiziert. Das sogenannte Asperger-Syndrom geht oft mit hoher rationaler Intelligenz einher. Trotzdem ist das mögliche Intelligenzspektrum von Autisten genauso breit wie bei allen Menschen. Hohe messbare Intelligenz geht oft einher mit fehlender Fähigkeit, die Emotionen anderer zu verstehen. Autisten müssen nicht selten lernen, welcher Gesichtsausdruck sich beispielsweise hinter ‚Lächeln' verbirgt, und was diese Emotion bedeutet. Mangel an emotionalen Fähigkeiten ist für Menschen in Führungspositionen eine große Einschränkung. Deshalb sind Autisten in Unternehmen in der Regel nicht in Führungs- sondern in Expertenfunktionen zu finden, die zwar hoch komplex sein können, aber über eine klare Struktur verfügen sollten.

Leider ist Wissen über Autismus und der richtige Umgang mit Autisten erst in ganz wenigen Firmen zu finden. Eine davon ist SAP [38]. Dort werden in großem Umfang gezielt Mitarbeiter mit Autismus rekrutiert. Asperger Autisten verfügen meist über ausgeprägte

Spezialinteressen und Begabungen. Sie sind normal bis hoch intelligent. Probleme haben sie normalerweise mit der Deutung von Gestik und Mimik. Sorgt ein Unternehmen dafür, dass Ihnen ihre geringeren kommunikativen und sozialen Fähigkeiten nicht zum Nachteil werden, können Autisten hervorragende Leistungen erbringen.

Praxisnutzen: Egoistische Agenda erkennen

Der Auftrag: Ich sollte eine Führungskraft coachen. Es ging dabei ausschließlich um die methodischen und fachlichen Themen, nicht um soziale und interpersonelle Fähigkeiten. Die betreffende Person war überaus freundlich, zuvorkommend, kommunikativ und machte einen kompetenten Eindruck im Job. Die Mitarbeiter der Führungskraft waren wissbegierig und ebenfalls sehr aufgeschlossen. Als ich mich an die Analyse der Prozesse machte, fand ich vieles im Argen liegen. Es gab zwar eine saubere Struktur der einfachen Abläufe und Verantwortlichkeiten, aber hinter der ersten Fassade war kein Tiefgang in den Abläufen erkennbar. Alle Aufgaben waren recht kompliziert angelegt, die Prozesse langsam, fachlich wenig fundiert. Das Knowhow hatte wenig Tiefgang. Zahlen beruhten eher auf Einschätzungen als auf Fakten. Strategische Überlegungen gab es nur in unausgegorener Form. Zukunftsgerichtetes Handeln war nicht erkennbar. Selbst die Abstimmung mit den Nachbarabteilungen ließ zu wünschen übrig.

Ich unterhielt mich mit den Mitarbeitern über ihre täglichen fachlichen Themen und merkte schnell, dass sie meine Hilfe geradezu suchten. Es dauerte nur wenige Tage bis zur Erkenntnis, dass die Führungskraft kaum gestalterischen Einfluss in die Abteilung gebracht hatte. Es war, als wäre die Person kaum vorhanden. Und tatsächlich deckte sich das mit den Tatsachen. Die führende Person war in der Regel ständig zu auswärtigen Terminen unterwegs, das Team mehr oder weniger auf sich selbst gestellt. Da man jemanden der kaum da ist, kaum coachen kann, lag die Lösung darin, zunächst ausgefeilte Prozesse zu ersinnen, diese mit den Mitarbeitern schrittweise abzustimmen, und schließlich einzuführen. Die Führungskraft kam von Zeit zu Zeit zur Sichtung des Stands der Dinge dazu. Alles was ich mit dem Team voran trieb, nickte die Führungskraft wohlwollend und ohne große Kommentare ab.

Das Projekt neigte sich nach einigen Monaten dem Ende zu. In einer abschließenden Runde wurden alle erarbeiteten Methoden und Ergebnisse mit dem gesamten Team besprochen. Schließlich übergab ich die gesamte Dokumentation dem Team und der Führungskraft.

Wenige Wochen nach Abschluss des Projekts erfuhr ich, dass sich das Unternehmen und die Führungskraft überraschend und im Unfrieden getrennt hatten. Beide Seiten riefen mich danach noch mehrfach an und erzählten mir unterschiedliche Versionen des Trennungsgrunds. Ich brauchte nur die Fakten auf mich wirken lassen, um einzuschätzen was passiert war. Die Führungskraft hatte schon vor dem Einstieg bei meinem Auftraggeber eine eigene Firma geführt, die auch weiter existierte. Mein Auftraggeber war froh, dass ich anstatt der Führungskraft hauptsächlich das Team gecoacht hatte. Das Team hatte eine Lernkurve erlebt. Auch die Führungskraft profitierte vermutlich vom Wissen meiner kompletten Methodensammlung.

Hinreichende Informationen über eine mögliche eigene Agenda eines Führenden, die den Firmenzielen entgegenläuft, sind schwer zu gewinnen. Gibt es Hinweise schon vor der Einstellung, sollten diese unbedingt hinterfragt werden.

Fazit: Erfolg steht und fällt mit Qualitäten und Agenda aller Mitarbeitenden

Du kannst die besten Spezialisten der Welt haben, wenn sie nicht ins Team passen kann Dein Unternehmen mit ihnen untergehen.

Um festzustellen ob jemand zum Team passt, oder ob ein Partner ins Ecosystem passt, hilft wirklich nur Erfahrung und die Einschätzung und Entscheidung eines möglichst breit besetzten Teams. Ich persönlich finde es in der heutigen Zeit unangemessen, starre Arbeitsverträge für alle Positionen in einem Unternehmen zu haben. Die im letzten Jahrhundert erkämpften Arbeitnehmerrechte sind wichtig und richtig. Aber je kreativer, verantwortungsvoller und flexibler die Tätigkeit von Mitarbeitenden ist, desto flexibler sollten die vertraglichen Randbedingungen sein. Auch die Fairness von Bezahlung spielt heute eine viel größere Rolle. Eine Rolle, in der man die Geschicke eines Start-ups maßgeblich mitgestaltet, sollte auch immer eine Beteiligung am Wert oder am Gesamterfolg des Unternehmens beinhalten.

Ich habe erlebt, dass Mitarbeiter bei der Neueinstellung nach einer Beteiligung am Unternehmen fragten, und bereit waren dafür auf einen Teil ihres Gehalts zu verzichten. Das ist ein hoher Beweis ihrer Motivation und ein hoher Vertrauensvorschuss in das Unternehmen. Umso schlimmer ist es, wenn das Unternehmen aus formalen Gründen dazu kein Angebot machen kann.

Die gemeinsam erreichte, außergewöhnlich hohe Wertschöpfung, die ein Ecosystem anstrebt, ist auch eine Verpflichtung für den Orchestrator gegenüber allen Teilnehmern, diese Wertschöpfung fair zu teilen. Diese Aufgabe ist eine der Hürden, die für den Erfolg von Ecosystems zu nehmen sind. Man kann in einem dynamischen System kaum vorab so verhandeln, dass alle immer fair entlohnt werden. Daher ist eine einfach zu berechnende und dynamisch anpassbare Basis für die Bewertung und Entlohnung von Erfolg sehr wichtig. Trotzdem geht es nicht ohne einen Vertrauensvorschuss und regelmäßige offene Kommunikation. Der Aufwand hierfür im Ecosystem ist höher als in starren althergebrachten Organisationen. Der Gegenwert für diesen höheren Aufwand ist jedoch groß und drückt sich in einer viel höheren Leistungsfähigkeit aus.

Kompetenzen: Nonverbale Signale erkennen und sich einfühlen können

Mimik, Gestik und Körpersprache sind der Kanal um Informationen zu erkennen, die ein Gegenüber nicht teilen möchte. Die meisten von uns sind natürlich keine Experten auf diesem Gebiet. Es genügt jedoch die eigenen Sinne zu schärfen, denn jeder hat die Fähigkeit nonverbale Signale zu erkennen. Wir sind lediglich nicht trainiert darin. Wenn man einmal von Tierhaltern absieht, die nur nonverbal mit ihren Schützlingen kommunizieren können. Glaubt man bestimmte Signale in einem Gespräch erkannt zu haben, tut man gut daran sie nicht zu ignorieren. Vielleicht bietet sich ein günstiger Zeitpunkt an, um mit einer Frage festzustellen, ob man das Signal richtig gedeutet hat.

WIE KÖNNEN ALLE MITREISENDEN PROFITIEREN?

Verhandlungen führen.

Dein Gegenüber verstehen.

"Place a higher priority on discovering what a win looks like for the other person."
Harvey ROBBINS [39]

„Während der Verhandlungen in Camp David hatte Sadat in dem israelischen Außenminister Moshe Dajan einen Partner, der, wie er, davon träumte, dass Juden und Araber eines Tages in Frieden miteinander leben könnten. ... Dajan verstand viel von der arabischen Mentalität; er hatte als Junge mit den Palästinensern Fußball gespielt, und er sprach Arabisch. In Camp David saß Premierminister Begin mehrere Wochen mit Sadat am Verhandlungstisch und tat so, als sei er an weitreichenden Ergebnissen interessiert. Am Ende eines Verhandlungstages ging Dajan zu den Amerikanern und gab ihnen Empfehlungen, wie sie mit Begin reden müssten, damit die Verhandlungen nicht scheiterten."
Helmut SCHMIDT [40]

„Count to 10. By then, the other person usually will start talking and may very well make a higher offer."
Bill Coleman [41]

204

Erlebnis: Vermeintlich tiefe Gräben überwinden

Unterwegs im Auto auf der Fahrt in eine süddeutsche Großstadt - vor knapp 20 Jahren. Ich bin allein unterwegs, mit dem Ziel die Preise für einen Multi-Millionen-Euro Auftrag zu verhandeln. Meine heutige Mission erscheint mir als ein aussichtsloses Unterfangen, denn die Fronten sind klar und liegen um Welten auseinander. Mein Unternehmen will eine Preiserhöhung im hohen einstelligen Prozentbereich durchsetzen. Der Kunde hat vorab deutlich artikuliert, dass er eine ebenso hohe Preisreduzierung erwartet.

In der Autoindustrie sind bei einfachen Produkten 15 - 20 Prozent Differenz in der Preiserwartung beider Seiten eine kaum überwindbare Hürde. Es fühlt sich für mich etwa so an: der Kunde steht oben auf einem hohen Turm auf seiner Seite des Grand Canyon - und ich schaue mit einem Fallschirm auf dem Rücken in den Abgrund auf meiner Seite, und zwar ohne Aufwind. Es ist also ziemlich klar, dass die Aktion meinen Kopf als Vertriebschef kosten kann.

Ich habe mich gut vorbereitet auf meinen Sprung ins Bodenlose. Meine Argumente für die Verhandlung sind zur Hälfte technischer Natur, also monetär nachvollziehbar, zur anderen Hälfte mit der guten Zusammenarbeit begründet, durch die wir dem Kunden aus einer Projektkrise geholfen haben. Rechnerisch reichen sie aber nicht aus, um meine Position durchzusetzen. Ich versetze mich in die Verhandlungssituation und gehe im Kopf verschiedene Varianten durch, wie das Gespräch anfangen könne. Drei Dinge sind klar: erstens bin ich der Macht des Kunden unterlegen, zweitens haben wir diesem aus der Patsche geholfen, drittens ist es ungewöhnlich ein finanziell so bedeutendes Gespräch unter vier Augen zu führen. Der letzte Punkt geht mir nicht aus dem Kopf. Mein Gegenüber wurde mir als harter, fairer Verhandler beschrieben, ich konnte ihn bisher leider nie persönlich treffen.

Die Begrüßung ist kurz und herzlich. Wir setzen uns - auf gegenüberliegenden Seiten des Tisches. Ich lege meine Dokumentation auf den Tisch und reiche meinem Verhandlungspartner eine Kopie. Er bedankt sich und beginnt das Gespräch so: „Unsere beiden Unternehmen haben viel zusammen erreicht. Trotzdem brauche ich eine Preisreduzierung von 6% von Ihnen. Ich werde heute nicht in Details gehen, denn ich gehe davon aus, dass sie gut vorbereitet sind und wissen was unser Konzern von allen Lieferanten erwartet. Was sagen Sie dazu?". Dann schiebt er die Preisliste wieder weg, ohne sie anzusehen.

Stille. Wow. Er will meine Argumente nicht hören. Damit habe ich nicht gerechnet. Wenn ich mit konstantem Preis nach Hause kommen würde, wäre das ein Riesen Erfolg. Einige Sekunden vergehen bis ich das verarbeiten kann. In dieser Zeit passiert ganz viel. Ich glaube in seiner Wortwahl („viel zusammen erreicht" versus „Konzern von allen Lieferanten erwartet") eine Brücke zu ahnen. Sein Tonfall und seine Mimik lassen Zeichen von Empathie erkennen. *(Ob ich damals von seinem Intro so überrascht war, dass ich lange überlegen musste, oder unbewusst auch taktisch eine lange Redepause machte, kann ich nicht mehr mit Gewissheit sagen.)* Fakt: Ich habe mit einer höheren Forderung als minus 6% von seiner Seite gerechnet. Meine faktisch begründbare Forderung liegt bei 6% Preiserhöhung, das sagen meine Papiere, die vor ihm liegen aus - die er nun aber nicht mehr sehen will. Ich weiß, dass wir schon mit 3% Erhöhung sehr glücklich sein können. Die geforderten 6% Reduzierung würden uns jedoch in echte Not bringen. Ihm als Gegenposition genau 6% Erhöhung entgegen zu halten, sieht ein wenig durchsichtig aus. Da es prinzipiell egal ist, denke ich, ob er mich jetzt steinigt, oder meine Geschäftsführung mich später, gehe ich aufs Ganze.

„Herr …. ,“ sage ich, „wir sind stolz darauf, dass wir das gemeinsam geschafft haben und nun ihr Lieferant sind. Die Fakten sind: Wir brauchen 9% Preiserhöhung, sonst halten wir das nicht lange durch.“ Pause. Er fragt, ob mir bewusst ist was das bedeutet. Ja, sage ich, wir liegen meilenweit auseinander und das wussten wir beide vorher. Er fragt, wo unsere Schmerzgrenze liegt. Ich sage, heute bei 9% aber wenn wir noch ein wenig daran arbeiten, können wir in den nächsten Monaten noch einiges verbessern. „Ich biete Ihnen an,“ sagt er, „dass wir im ersten Jahr 3% Preiserhöhung vereinbaren. Wenn Sie das akzeptieren schlagen Sie jetzt ein und senden mir anschließend die Liste mit 3%. Diese nehmen sie wieder mit.“ Ich schlage ein und fühle mich als würde ich über den Wolken schweben. Mein Management schwebt mit, als ich zuhause von der Verhandlung berichte. Wir waren dem Vernehmen nach die einzige Lieferant in diesem Bereich, der eine Preiserhöhung durchsetzen konnte.

Erfahrung: Mikroexpressionen und Mimikresonanz

Der amerikanische Forscher Paul Ekman [42] begann bereits in den fünfziger Jahren des 20. Jahrhunderts mit seinen Studien über Gesichtsausdrücke, Gesten und Körperhaltungen. Als klinischer Psychologe befasste er sich intensiv mit der nonverbalen Kommunikation. Er arbeitete mit klinischen Fällen, in denen Patienten über ihren emotionalen Zustand logen. Er untersuchte Patienten, die behaupteten, nicht depressiv zu sein, und später Selbstmord begingen. Bei der Untersuchung von Filmen der Patienten in Zeitlupe entdeckten Dr. Ekman und Dr. Friesen Mikro-Gesichtsausdrücke, die starke negative Gefühle zeigten, die der Patient zu verbergen versuchte. Diese wissenschaftliche Entdeckung der sogenannte Mikroexpressionen im Jahr 1967 ergänzten die Forscher später um die Entdeckung, dass die Mikroexpressionen unabhängig vom Kulturkreis der Probanden auftraten und somit weltweit gelten. Mit der Definition des ‚facial action coding systems‘ FACS wurde daraus in den Siebziger Jahren die weltweit erste Toolbox entwickelt, um Emotionen in Gesichtsausdrücken objektiv messbar zu machen. Die Forschungen führten auch zur Anwendung in öffentlichen Medien. Dazu gehörte wie die wissenschaftliche Beratung der erfolgreichen Fernsehserie ‚Lie to me‘ und die Beratung der Disney Pixar Animation Studios.

Weiterhin entstand ein Atlas der Emotionen in Zusammenarbeit mit dem Dalai-Lama. Der Dalai-Lama stellte sich "eine Karte unserer Gefühle vor, um einen ruhigen Geist zu entwickeln". Er bat seinen langjährigen Freund, Paul Ekman, den Emotionsatlas zu erstellen. Ekman übernahm zusammen mit seiner Tochter, der Emotionsforscherin Dr. Eve Ekman, die Entwicklung des Atlas [43]. Der Atlas der Emotionen repräsentiert das, was Forscher heute aus der psychologischen Untersuchung von Emotionen gelernt haben.

In Deutschland beruht die Mimikresonanz-Methode von Dirk EILERT [44] auf den Grundlagen des FACS von Paul Ekman. Es gibt dazu umfangreiches Buch- und Videomaterial sowie Trainings von verschiedenen Anbietern.

Praxisnutzen: Verhandlungsstile und Fähigkeiten

Die grundlegenden Typen von Verhandlungsführern wurden von Forschern identifiziert, die am Harvard Negotiation Project [45] beteiligt sind.

Die drei typischen Arten von Verhandlungsführern sind:
- Weiche, harte und prinzipielle Verhandlungsführer

Verhandlungsführer tendieren dazu, aus einem von fünf Stilen zu verhandeln:
- konkurrieren, sich anpassen, vermeiden, kompromittieren, kooperieren

Ist ein Verhandlungsstil ‚besser' als ein anderer? Die meisten Untersuchungen legen nahe, dass Verhandlungsführer mit einem vorwiegend kooperativen Stil erfolgreicher sind als harte, konkurrierende Verhandlungsführer Der Grund liegt darin, dass sie eher neuartige Lösungen finden, die die Ergebnisse aller verbessern.

Nach Untersuchungen am MIT [46] sind die wichtigsten Fähigkeiten für Verhandler:
- vorbereiten und planen
- Verhandlungsgegenstand kennen
- unter Druck und Unsicherheit klar und schnell denken
- Gedanken mündlich ausdrücken
- Hörverstehen
- Urteilsvermögenögen und allgemeine Intelligenz
- Integrität
- Andere überzeugen
- Geduld
- Entschlossenheit
- viele Optionen berücksichtigen
- sich des Prozesses und des Stils der anderen Person bewusst sein
- flexibel sein
- über Bereiche der Übereinstimmung denken und sprechen

Es gäbe zu jeder einzelnen der genannten Fähigkeiten noch viel zu sagen. Pragmatisch gesehen glaube ich, Du wirst Dir instinktiv bewusst sein, welche der genannten Punkte für Dich am ehesten relevant sind. An diesen zu arbeiten bringt die besten Fortschritte.

Fazit und Kompetenzen: Ver-Handeln ist eine hohe Kunstform kooperativen Handelns

Sie erfordert den Einsatz Deines gesamten Repertoires. Du kannst immer besser werden, egal wie gut Du Deine Verhandlungsfähigkeiten bereits einschätzt. Besser werden bedeutet, am Ende ausschließlich Gewinner zu erreichen. Strategien sind nur ein kleiner Teil guten Verhandelns. Das Verhandlungsergebnis hängt von vielen kommunikativen Elementen ab. Dein Verhandlungspartner teilt Dir auf der nonverbalen Ebene viel von sich mit, das er nicht willentlich beeinflussen kann. Diese Signale zu verstehen wird Dir in jeder Situation helfen, bessere Verhandlungsergebnisse zu erzielen. Du solltest sie jedoch nicht dazu nutzen, einseitige Vorteile zu erzielen die Deinem Gegenüber einen gravierenden Nachteil zufügen. So manches vermeintlich finales Verhandlungsergebnis erzeugt am Ende nur Verlierer.

WAS MACHE ICH, WENN EIN TOTAL-ABSTURZ DROHT?

Ausnahmen meistern.

Verhalten in Notfällen.

„Wen das höchste Gelingen seines Vorhabens nicht verwirrt macht und wen ebenso eine zeitweilige Notlage nicht verwirrt macht, wer vielmehr Lust und Leid sowie den mittleren Zustand ruhig hinnimmt, der Mann ist ein Führender."
Unbekannt

Erlebnis: Notlandung in Afrika

Ein traumhafter Urlaub auf Mauritius geht zu Ende. Die Boeing 767 schraubt sich steil in den Südhimmel und die gesamte Insel taucht rechts unter uns im Indischen Ozean auf. Ich liebe diese letzten Blicke aus dem Fenster. Die majestätischen Anblicke, wenn die Welt unter einem zur Spielzeuglandschaft schrumpft. Reihe 39, Fensterplatz rechts. Ich überlasse bei Platzreservierungen nichts dem Zufall. Abheben von Mauritius normalerweise in einer Rechtsschleife, dann liegt die Insel unter Dir. Landung in Frankfurt bei Westwind meist über den Main von Hanau kommend mit Blick auf die City. Reihe 39 liegt weit genug hinter der Tragfläche, um einen freien Blick zu gewährleisten.

Ein dumpfes Geräusch, direkt danach fängt es an meinem Platz ohrenbetäubend an zu dröhnen. Etwas läuft nicht rund. Ein Blick aus dem Fenster, auf die Tragfläche und das Triebwerk. Draußen alles normal. Aber etwas wummert wie verrückt. Meine Frau neben mir am Gangplatz schaut mich an, bemerkt zwar auch eine Veränderung, aber nicht so dramatisch wie auf meinem Platz. Ich halte das Ohr an die Innenverkleidung der Kabine. Die Außenhaut des Fliegers vibriert wie verrückt. Nicht gut.

Zehn Minuten vergehen, mir wird übel von den Vibrationen. Mehrere Gäste in den Reihen vor und hinter uns werden unruhig. Wir auch. Ich rufe eine Flugbegleiterin und bitte sie den Flugkapitän zu informieren. Da sei etwas nicht in Ordnung.

Meine Hypothese ist, dass wir im Steigflug kurz vor Verlassen der Insel einen Vogelschlag im rechten Triebwerk hatten, das zwar noch funktioniert, aber angeschlagen ist.

Es passiert nichts, bis ich mich ein zweites Mal bei der Flugbegleiterin melde. Nach weiteren zehn Minuten erscheint der Kapitän. Er blickt auf unserer Höhe aus dem rechten Fenster, mehrmals. Bleibt wortlos einige Sekunden stehen. Geht wieder. Die Anspannung unter den Passagieren wächst. Das Wummern wird immer lauter. Ich bitte die Flugbegleiterin uns einen anderen Platz zu geben, da ich das Wummern nicht mehr aushalte. Sie lehnt ab, die Economy sei voll belegt. Meinen Hinweis auf freie Plätze in der Business Class weist sie zurück, die sei den Business Class Passagieren vorbehalten. Danke dafür.

Vor uns liegt - erst nach etwa einer Stunde Flug über den Indischem Ozean - die Insel Madagaskar. Ich hoffe daher, dass der Kapitän sich für eine Rückkehr nach Mauritius entscheidet. Nichts passiert. Eine Stunde später fliegen wir auch an Madagaskar vorbei. Ich verkrieche mich so gut es geht vor dem Lärm, wende mich meiner Frau auf dem Nebenplatz zu. Mittlerweile leiden wir beide sehr unter den Vibrationen. Doch nun werden wir geschätzte drei bis vier Stunden über dem offenen Meer parallel zum afrikanischen Kontinent weiterfliegen.

Eine Mitteilung über Lautsprecher: „Liebe Gäste, einige von Ihnen im hinteren Teil der Kabine haben Probleme mit Geräuschen. Unser Kapitän ist in Kontakt mit der Technik in Frankfurt. Dort wird das Problem untersucht und wir melden uns, sobald wir eine Lösung haben. Bis dahin bitten wir Sie um etwas Geduld."

Meine Besorgnis ist mittlerweile nackter Wut gewichen. Wir fliegen seit annähernd zwei Stunden mit einem offensichtlich defekten rechten Triebwerk und haben die einzigen Landemöglichkeiten auf Mauritius und Madagaskar hinter uns gelassen.

Die Boeing 767-300ER ist ein hochgezüchtetes Fluggerät. Ursprünglich für Mittelstrecken bis 7.000 Kilometer ausgelegt, wurde der Schmalrumpf-Jet für Ferienflieger mit einer höheren Reichweite (Extended Range) bis über 10.000 km aufgepeppt. Die Luftlinie zwischen Frankfurt und Mauritius misst 9.187 Kilometer Länge. Überflüssig zu erwähnen, dass die Chartermaschine in der Regel voll besetzt und mit maximalem Gewicht abhebt. Und dass bei der Flugstrecke keine Umwege wegen Schlechtwetter, keine Schleifen wegen Stau beim Landeanflug in Frankfurt und keine besonderen Vorkommnisse eingeplant sind. Nicht genug der grenzwertigen Auslegung, hat die Extended Range Version beim Start bis zu 91 Tonnen Flugbenzin an Bord. Das ist mehr als das Doppelte ihrer Nutzlast. Wenn das Flugzeug mit diesem Gewicht landen müsste, würde es unter der Treibstofflast auseinanderbrechen. Daher ist das Ablassen von Treibstoff bei einer unvorhergesehenen Landung eine Standardprozedur. Umweltschäden inklusive.

Während ich über die Technik und über unsere Situation sinniere, hört das schadhaft klingende Geräusch unvermittelt auf. Aufgeschreckt schaue ich aus dem Fenster. Das Flugzeug liegt mit einer leichten seitlichen Schräglage ruhig in der Luft über dem tiefblauen Wasser. Die Erklärung ist so einfach wie erschreckend: das rechte Triebwerk wurde abgestellt und daher stimmt die sogenannte Trimmung nicht mehr. Nur Sekunden später korrigieren die Piloten die Trimmung und das Flugzeug ist wieder im Lot. Vermutlich hat kaum ein Passagier bemerkt, dass wir nur noch mit einem Triebwerk fliegen.

Eine zweimotorige 767 kann mit einem Motor ab einer gewissen Geschwindigkeit noch abheben und auch fliegen, aber nicht vollgetankt landen.

Ich diskutiere die Situation mit meiner Frau, immer noch heftig erregt darüber, dass der Pilot ein solches Risiko eingegangen ist, mit einem offensichtlich seit kurz nach dem Start defekten Triebwerk eine Reise ins Ungewisse über den indischen Ozean zu wagen. Zum Zeitpunkt der Abschaltung eines der beiden Triebwerke sind wir auf unserer Route nach Norden noch knapp eine Stunde vom afrikanischen Festland entfernt.

Durchsage des Kapitäns. Die Besprechung mit dem Wartungszentrum in Frankfurt habe ergeben, dass man „sicherheitshalber einen Zwischenstopp" einlegen wolle. Dieser sei in Mombasa, Kenia geplant. Es sei eine reine Vorsichtsmaßnahme. Dabei müsse allerdings eine kurze Zeit vor der Landung eine „gewisse Menge Treibstoff" abgelassen werden. Das sei unbedenklich und würde an beiden Flügeln durch einen entsprechenden Strahl erkennbar sein, was wie gesagt, kein Problem, sondern eine erforderliche Maßnahme sei.

Nach meiner kurzen Überschlagsrechnung betrug die ‚gewisse Menge' etwa 50 - 60 Tonnen Kerosin. Kerosin ist giftig für Mensch und Umwelt und enthält krebserregendes Benzol. Bei Einhaltung der Ablassvorschriften erreichen bis zu 8% des abgelassenen Treibstoffs den Boden, die restlichen 92% verpesten die Atmosphäre. Ergibt also 4 Tonnen Kerosin als Gift für die Meeresfauna und -Flora, der Rest trifft die Vögel. Der Ablassstrahl ist gewaltig, ich habe freie Sicht auf das Rohr an der Tragfläche, und der Vorgang dauert etwa 15 Minuten. Wir nähern uns der Küste, als immer noch Kerosin aus der Tragfläche fließt. Die Stimmung in der Kabine wird immer unruhiger. Honeymooner empören sich paarweise über die Tatsache, dass sie „eigentlich nicht nach Schwarzafrika wollten. Da gibt es ja auch Aids." Ich frage mich ernsthaft, ob sie noch richtig ticken.

Eine Flugbegleiterin kommt den Gang entlang und versucht die Passagiere zu beruhigen. Als sie unsere Reihe 39 erreicht ist es mit Ihrer eigenen Ruhe bereits dahin. Den Tränen nahe legt sie mir eine Hand auf die Schulter: „Machen Sie sich keine Sorgen, das wird schon." Zum ersten Mal schauen meine Frau und ich uns mit der unausgesprochenen Frage an. Dann spricht sie leise in meine Richtung aus: „Ob wir das wohl überleben?" Ich überspiele meine eigene Furcht mit dem klassischen Rüstzeug des Ingenieurs. Also sage ich: „Bei der Landung bremst man normalerweise mit den Bremsen am Rad, und den beiden Triebwerken auf Umkehrschub. Wenn man nur das linke Triebwerk zur Verfügung hat, ist Bremsen mit Umkehrschub keine gute Idee, denn dann zieht die Maschine nach links. Aber die normalen Bremsen reichen aus. Also kein großes Problem."

Was ich nicht erwähne: aus der rechten Tragfläche läuft immer noch Kerosin, während wir bereits in der Endphase des Landeanflugs sind. Ich ahne, wenn das auf die heißen Bremsen kommt, kann es sich entzünden. Zum Nichtstun verdammt, schaue ich demonstrativ ein Comedy Programm. Mann will ja nicht sterben, ohne vorher noch einmal gelacht zu haben.

Touchdown. Linkes Triebwerk geht auf vollen Umkehrschub, „wie kann er nur...", rast mir ein Gedanke durch den Kopf. Mit einem Ruck zieht die Maschine nach links und verlässt beinahe die Landebahn, der Pilot lenkt die Maschine wieder nach rechts, wobei wir fast an der rechten Seite aufs Gras geraten, dann hat er sie abgefangen. Brutal bremst er das Fluggerät so stark ab, dass es bereits auf halber Länge der Landebahn zum Stehen kommt. Totenstille an Bord. Ich schaue rechts aus dem Fenster. Unter uns bildet sich bereits eine Pfütze von immer noch auslaufendem Kerosin. Die kenianische Sonne brennt auf die Landebahn. Nach einigen Minuten kommt ein altersschwaches deutsches Feuerwehrfahr-

zeug von hinten, danach noch ein neueres Modell von vorn. Mehr als einen schwindsüchti-gen Strahl in Richtung des Kerosins bekommen sie nicht zustande. Die Szene ist zum Lachen und zum Heulen gleichzeitig. Nach einer halben Stunde dürfen wir aussteigen. Wir gehen zu Fuß zum Terminal, werden ohne Wasser für Stunden in einen viel zu heißen Glaskasten gepfercht, während die Crew beschleunigten Schrittes an uns vorbei nach draußen geht, ohne uns eines Blickes zu würdigen.

Das Erlebnis hatte im Zeitraffer alle Kriterien und viele Fehler einer typischen Krisensitua-tion demonstriert:
- Ignorieren relevanter Hinweise
- Zu späte Reaktion auf ein Problem
- In Krisen unerfahrenes Personal
- Falsche Reaktion in einem entscheidenden Moment

Trotzdem ging offensichtlich alles gut. Aber die Kette des Fehlverhaltens setzte sich fort:
- Die Passagiere sollten warten bis die Maschine vor Ort repariert sei
- Das lehnten alle ab, keiner wollte sich mehr in dieses Flugzeug setzen
- Die Airline spielte das Ereignis dokumentationstechnisch herunter

- Forderungen der Passagiere nach Schadenersatz für mehr als einen Tag Verspätung wurden von der Airline abgeschmettert

Was von diesem Erlebnis bleibt, ist das Gefühl des völligen Ausgeliefertseins, das wir in der Situation hatten. Keinerlei Kommunikation mit den Kunden in der Krise. Man weiß nicht warum welche Entscheidungen getroffen werden, ahnt lediglich, dass auch wirtschaftliche Überlegungen eine Rolle spielen. Die einzige Maßnahme, die uns als Passagiere mit unseren Alpträumen von dieser Reise blieb, war unsere Entscheidung, nie mehr mit dieser Airline zu fliegen. Mit den damaligen Rahmenbedingungen und dieser Crew hätten wir sicher nicht das Kunststück einer erfolgreichen Notwasserung geschafft, das Chesley B. Sullenberger ein Jahr später auf dem Hudson River in New York gelang. Doch obwohl er alle Leben rettete, musste er sich in einem Prozess gegen seinen eigenen Arbeitgeber verteidigen, die richtige Entscheidung getroffen zu haben. Denn die Airline verlor ein teures Flugzeug. Money makes the world go around.

Erfahrung: Wirtschaftlicher Angriff durch einen Kunden

Während im vorigen Beispiel ein unvorhersehbares äußeres Ereignis eintrat, gibt es in der Wirtschaft oft frühzeitig Hinweise, dass etwas Fatales passieren könnte. Man tut gut daran, diese Hinweise nicht nur ernst zu nehmen, sondern auch Szenarien für den Ernstfall zu planen.

In unserem Zulieferbetrieb lief alles bestens. Wir hatten den größten Auftrag unserer jüngeren Geschichte gewonnen. Es waren viele Einzelteile für eine neues Fahrzeug mitsamt den zugehörenden Werkzeugen zu produzieren, was uns mindestens 7 Jahre lang einen guten Umsatz bescheren sollte. Das Problem: unser Kunde war nicht der Automobilhersteller selbst, sondern ein großer Zulieferer, der sich mit seinem gesamten Projektmanagement verhoben hatte. Seine eigenen Fehler zeigte er beim Kunden als unsere Verantwortung an. Der große Zulieferer, unser direkter Kunde, hatte aus Gründen der Risikostreuung die Werkzeuge und Teile der Produktion an Sublieferanten vergeben. Wir waren einer davon. Wir hatten von Anfang an unsere Dokumentation penibel gründlich geführt, was uns im Ernstfall gute Karten gäbe. Uns dämmerte, dass wirtschaftliche Gründe hinter dem falschen Spiel steckten, denn unsere Teile würden gut in die Produktion unseres direkten Kunden passen. Als Projektleiter mit einem mulmigen Gefühl hatte ich daher das gesamte Team und selbst den Wachdienst angewiesen, alle von der Norm abweichenden Anfragen, Telefonate, Besuche etc. direkt an mich durchzuleiten. Eines Freitagnachmittags ruft mich der Werkzeugbau an. Ein LKW stehe an der Pforte und wolle Werkzeuge abholen. Es sei mit mir abgesprochen. Alarmsignal.

Ich gehe direkt dorthin. Der LKW-Fahrer teilt mir mit, er sei von unserem Kunden beauftragt, mehrere Werkzeuge abzuholen. Schnell stellt sich heraus, dass es sich um eine Finte handelt. Ich schicke den Fahrer unter dessen Protest unverrichteter Dinge die gesamte Strecke von 500 Kilometern zurück. Hätten die Kollegen mich nicht informiert, wären wir unserer Werkzeuge beraubt und ohne Möglichkeit gewesen, den Auftrag zu behalten. Es kam zum Krisengespräch beim Automobilhersteller, das wir aufgrund unserer guten Vorbereitung und Dokumentation auf breiter Front gewannen. Die Aufträge wurden dann direkt vom Hersteller an uns vergeben und wir hatten den Angriff erfolgreich abgewehrt.

Praxisnutzen: Verhaltensmuster trainieren

Automatismen sind das A und O in Krisensituationen. Menschen, die außerordentlich sicher in Krisen reagieren, können alle irrelevanten Informationen ausblenden und sich nur auf die relevanten Informationen konzentrieren. Sie werden um so konzentrierter, je kritischer die Lage ist. Das ist in aller Regel keine Gabe, sondern Training. Das können nicht nur Piloten im Flugsimulator trainieren. Gewissenhafte Führungskräfte oder Ärzte gehen zigmal im Kopf durch, was schief gehen kann, und wie sie in diesem Fall reagieren. So entstehen Automatismen im Kopf. Selbst wenn sie etwas noch nie wirklich gemacht haben, kennen sie Muster, um sich bei verschiedensten Herausforderungen richtig zu verhalten. Sie denken wie beim Schachspiel mehrere Züge voraus.

Fazit und Kompetenzen: Auf das Verhalten in ungeplanten Situationen vorbereiten – durch vorausschauendes Handeln

In manchen Fällen macht das den Unterschied zwischen Gewinn und Verlust, zwischen Sieg und Niederlage, oder zwischen Leben und Tod.

Wie man es nicht macht, ist beispielsweise im Nationalen Pandemieplan Deutschland des RKI [47] vor Ausbruch von COVID-19 zu lesen:

„Eine Bevorratungsstrategie der Länder oder des Bundes für weitere Medikamente als die antiviralen Arzneimittel, ... existiert nicht. Grundsätzlich stellen pharmazeutische Unternehmer ... eine angemessene und kontinuierliche Bereitstellung ... sicher, damit der Bedarf von Patienten ... gedeckt ist. Inwieweit diese gesetzliche Vorgabe innerhalb der Sonderlage einer Pandemie umsetzbar ist, ist von der konkreten Marktsituation abhängig."

Das ist Stufe 1 negativen vorausschauenden Handelns. Damit hat man schon mal jede Verantwortung auf die Lieferkette abgeschoben.

Dann kommt Stufe 2: Die Bevorratungsstrategie von Mund-Nasenschutz und FFP2 Masken findet man als eine ‚Empfehlung' an die Krankenhäuser, Alten- und Pflegeheime. Das vorhersehbare und eingetretene Ergebnis: Unter wirtschaftlichem Kostendruck stehende Kliniken bevorraten - weil sie dazu nicht verpflichtet sind - keine Masken da diese bei Nichtgebrauch in regelmäßigen Abständen ausgetauscht werden müssten. Somit ist zu Beginn der Pandemie zu wenig Schutzausrüstung da.

Nun folgt Stufe 3: Beim Pandemiefall wird im Standardverfahren bestellt, das dauert zu lange (eben Standard) und somit wird auch nichts nachgeliefert, weil die Lieferkette inzwischen leer ist.

Einen Unternehmenslenker würde man für solche Krisenvorbereitung kurz nach Eintritt der Krise feuern.

WIRD MEIN REISEZIEL SICH UNTERWEGS VERÄNDERN?

Prognosen erstellen.

Vergangenheit für die Zukunft.

„Je langfristiger die Prognose, desto ähnlicher wird sie der Fata Morgana."
Hans-Jürgen Quadbeck-Seeger [48]

Erlebnis: Der größte Crash aller Zeiten

Seit mehreren Jahren lag schon 2019 ein Wirtschafts-Crash in der Luft, nach 10 Jahren Aufschwung. Als Unternehmer agiere ich in Finanzdingen wie die sprichwörtliche ‚schwäbische

Hausfrau'. Ich spare in der Zeit, dann habe ich in der Not. In diesem Punkt unterscheidet mich wenig von Wolfgang Schäuble, dessen viel kritisierte Schwarze-Null-Politik wohl seiner Altersweisheit entsprang. So ermöglichte er Deutschland, im Frühjahr 2020 mit vollen Kassen gegen die COVID-19 Pandemie vorzugehen. Hatte Schäuble einen Crash vorhergesehen? Eher nicht. Hat er ihn irgendwann in den nächsten Jahren für wahrscheinlich gehalten? Sicher ja, aber das mag ein Berufspolitiker nicht öffentlich aussprechen.

Im Dezember 2019 schaffte es das Buch ‚Der größte Crash aller Zeiten' von Marc Friedrich und Matthias Weik auf Platz 1 der deutschen Bestsellerliste. Sorglose Menschen würden dieses Buch sicher nicht kaufen. Da braute sich etwas zusammen, was die Menschen spürten. Zur passenden Zeit, wenn die Unruhe steigt, das Buch mit dem richtigen Titel herauszubringen, ist das Rezept für Bestseller. Ein bisschen Angst erzeugen, die das Fass zum Überlaufen bringt. Viele fangen an ihre Aktien zu verkaufen, und schon sind wir bei der sich selbst erfüllenden Prophezeiung. Ein bisschen ist es auch als ob man beim Roulette zehnmal hintereinander auf Rot gewonnen hat. Dann setzt man auf Schwarz.

Als die Pandemie losbrach, und alle Staaten weltweit ihre Wirtschaft heruntergefahren hatten, fragte eine Journalistin [49] Marc Friedrich: „In ihrem Buch haben Sie einen Crash vorausgesagt. Tritt dieser nun ein?" Marc Friedrich: „Jetzt kommt die Krise, der Crash. Das Coronavirus ist lediglich der Auslöser. Die Wirtschaft war schon letztes Jahr in der Stagnation, wir hatten schon eine Rezession insbesondere in Südeuropa und eine Nullzinspolitik. Es wäre so oder so gekommen - mit oder ohne Virus." Interessant.

Erfahrung: Nachfrageeinbruch beim Dienstleister

Ein Projekt bei einem Dienstleister sollte diesen aus einem unerwarteten Nachfrageeinbruch führen. Ich fand in den ersten Wochen keinerlei Indikatoren, warum die Nachfrage ausgerechnet in den letzten sechs Monaten so dramatisch eingebrochen war. Ursachenforschung war angesichts der Krise müßig, denn die Umsatzkurve zeigte steil bergab. Handeln war erforderlich. Also machte ich mich ohne weitere Analyse an die Lösung des Problems und sorgte schlicht für ein Vielfaches an Kundenkontakten, um einen Nachfrageschub zu erzeugen. Es funktionierte. Mit dem Erfolg im Rücken, wandte ich mich wieder dem Grundsatzproblem zu. Ich konnte einfach nicht im Raum stehen lassen, dass die Krise aus heiterem Himmel gekommen war, denn das hätte jederzeit wieder eine Krise ohne Vorbereitung bedeuten können. Im Stile einer ‚künstlichen Intelligenz light' wälzte ich Zahlen aus allen möglichen internen und externen Quellen, um Muster zu finden, die eine Erklärung bieten konnten. Die typischen Konjunkturindikatoren versagten völlig, die Umsatzkurve korrelierte damit schlecht bis überhaupt nicht. In einer Veröffentlichung des ifo-Institut stieß ich nach einiger Zeit auf einen ‚Investitionsindikator der deutschen Leasing Gesellschaften'. Dieser korrelierte aus mir unerfindlichen Gründen nahezu perfekt mit der Umsatzkurve des Unternehmens. Doch was hatte das Geschäftsmodell des Unternehmens mit Leasing zu tun?

Die weitere Recherche war geradezu kriminalistisch spannend. Es ergab sich, dass die Investitionen in Forschung und Entwicklung in Deutschland von der Automobilindustrie dominiert werden, keine große Überraschung. Spannender war schon, dass sich diese stark auf den Gesamt-Investitionsindikator auswirken. Denn viele Gebäude und Maschineninvestitionen laufen den F&E Investitionen der Autohersteller mit einem zeitlichen Abstand nach. Die Maschinenbauer und teilweise die Gewerbeimmobilien-Branche hängen eben auch am

Tropf der Autoindustrie. Da Zulieferer chronisch klamm sind, benutzen sie maximal viel Leasing. Die Leasing Unternehmen haben starkes Interesse am Investitionsindikator, weil das Leasing einen festen Anteil an den Gesamtinvestitionen darstellt. Wir hatten jedoch eine ganz andere logische Verknüpfung. Da mein Kundenunternehmen stark an den F&E Bereich der Autohersteller gekoppelt war, lag die Plausibilität auf der Hand. Und siehe da, der Einbruch der Nachfrage vor einigen Monaten hätte mit dem Indikator vorhersagt werden können. In der Vorschau war auch ersichtlich, dass es bald bergauf gehen sollte. Insofern war auf mittlere Sicht Entwarnung angesagt, wenn wir die aktuelle Krise durchstehen konnten. Und als zusätzlichen Nutzen hatte man nun quasi ein ‚Fernglas' in der Hand, um sich besser auf zukünftige Einbrüche vorzubereiten.

Praxisnutzen: Hockeystick ad absurdum

Wie viele Manager und Unternehmer Hockeystick-Umsatzplanungen machen, fasziniert mich seit Jahrzehnten. Je weiter in der Zukunft die Umsatz-Planzahlen liegen, desto mehr steigen sie - bar jeder Vernunft - in schwindelerregende Höhen. Mehr als einmal habe ich erlebt, dass Vertriebsleute geschasst wurden, die sich nicht dem Diktat des Hockeystick unterwarfen. In den seltensten Fällen steckte hinter dem sagenhaften Wachstumsplan des Unternehmens eine fundierte Prognose. Oft lag noch nicht einmal eine saubere Planung dessen, was bekannt war, zugrunde. Oft folgt diese krasse Fehlplanung zwei alternativen Mustern:
- Unternehmer unterliegen einer zwanghaften Logik
- Manager unterliegen einer zwanghaften Gier

Zwanghafte Logik bei Unternehmern entspringt oft echten oder gefühlten Notwendigkeiten auf der Finanzseite. Entweder ist das Unternehmen bis über beide Ohren verschuldet, oder es befindet sich in einem Verkaufsprozess, oder ähnliches. Gier bei Managern bezieht sich in aller Regel auf Bonuszahlungen, Macht, Aufstiegschancen, oder eine Kombination. Besonders spannend wird es, wenn man sich die Geschäftsberichte der vergangenen Jahre des Unternehmens im Vorfeld einer aktuellen Planungsrunde angesehen hat. Während die Firma seit Jahren auf der Stelle tritt, sieht die Zukunft mit jedem Jahr rosiger aus. Mit wenigen Fragen kann ein Geübter ein Hockeystick-Planungs-Kartenhaus zum spontanen Einsturz bringen: Wie hoch waren die Abweichungen zwischen Plan und ist in den letzten 3 Jahren? Wieviel % des Umsatzes pro Jahr in der Zukunft sind feste Aufträge? Wie ist ein fester Auftrag definiert? Wie hoch ist die typische Schwankung bei festen Aufträgen? Wurden Sensitivitäten berücksichtigt? Bis zur fünften Frage kommt man normalerweise selten. Bevor der sogenannte ‚Blue Sky' besprochen wird, also die Wunschaufträge in der Zukunft, ist das Kartenhaus meist schon implodiert.

Fazit und Kompetenzen: Wer das Heute verstehen will, muss das Gestern erklären können – durch Verarbeitung von Informationen

Informationen beschaffen, analysieren, strukturieren, interpretieren: wer das Gestern und das Heute versteht, kann sich an die Planung des Morgen machen. Bäume wachsen stetig. Wenn sie stark aus ihrer Umgebung herausragen, liegt es meistens nicht am Baum.

WIE WEIT GEHE ICH, UM MEIN ZIEL ZU ERREICHEN?

Korruption keine Chance geben.

Echte und unechte Unternehmer.

„Wenn der Mensch zu viel weiß, wird das lebensgefährlich. Das haben nicht erst die Kernphysiker erkannt, das wusste schon die Mafia."

„Im Leben kommt es darauf an, Hammer oder Amboss zu sein, aber niemals das Material dazwischen."

Norman Mailer (*1923), amerik. Schriftsteller [50]

Erlebnis: Mafiosi

Sommer 2007. Irgendwo im sizilianischen Hinterland. Kultur, Landschaft, Essen, Leute, fotografieren, den Duft der Hügellandschaft in sich aufsaugen. Fehlt nur noch ein kleines

Abenteuer. Ob der Reiseführer hierzu etwas zu bieten hat? Da taucht eine Formulierung auf, die so eindeutig uneindeutig ist, dass sich dahinter ein kleines Abenteuer verbergen könnte. „In diesem Restaurant isst man sehr gut, man speist unter Einheimischen und manchmal kommt auch die *Familie* zu Besuch."

Ob diese Zeile wirklich so gemeint ist, wie ich sie lese? Und ausgerechnet in einem deutschen Reiseführer? Wo ist dieses Lokal? Ach, um die Ecke, mal sehen ob die einen Tisch haben oder ob man reservieren kann. Gesagt, getan. In Erwartung einer mittleren Enttäuschung betreten wir zwei Stunden später das Lokal und werden gleich in einer Ecke platziert. In der Mitte thront ein großer Tisch, der wohl für eine Gruppe hergerichtet ist. Von nun an wird die Szene im 10-Minuten-Takt spannender, ja geradezu surreal.

Es beginnt mit zwei klassischen Bodybuilder Typen, die das Lokal betreten, sich umschauen, nach einem kurzen Wortwechsel mit dem Personal wieder gehen. Nach kurzer Zeit kehren sie zurück, umrahmt von mehreren sehr hübschen Damen, die selbst auf einer Piazza in Mailand viele Blicke auf sich ziehen würden. Das Personal wendet sich sofort mit aller Aufmerksamkeit den neuen Gästen zu. Wer jetzt noch nicht bestellt hatte, sollte Geduld mitbringen. Niemand außerhalb des Mitteltischs wird mehr bedient, dafür verdoppelt sich schlagartig die Personalpräsenz im Zentrum des Geschehens.

Nächste Szene. Die Damen haben bestellt, Getränke sind da, die Bodybuilder verlassen das Lokal. Sie kehren nach wenigen Minuten mit mehreren Herren zurück. Ihre Garderobe lässt keinen Zweifel mehr an ihrer Wichtigkeit und Ehrenhaftigkeit aufkommen. Schlagartig ist der Mitteltisch nicht nur von Personal umringt, sondern auch vom Gastwirt, dessen Ehefrau und dem Chefkoch. Gedanke: Restaurantkritiker sind das nicht. Gott sei Dank haben wir schon gegessen, sonst würden wir vermutlich verhungern. Ich wage es nicht, einen Ober zu rufen, das würde womöglich die traute Familienfeier stören. Und wer weiß wie diese Menschen reagieren, wenn sie nicht glücklich sind! Wir halten uns strikt an die Art und Weise wie die Italiener an den Nachbartischen sich verhalten. Wir unterhalten uns über Sinnloses und machen uns die ganze Zeit nicht bemerkbar. Meine Frau wird ungeduldig, sie macht Anstalten, dem Ober selbst kundzutun, dass wir zahlen möchten. Ich schaffe es, sie zurückzuhalten. Wir sind ja nicht auf der Flucht, sage ich.

Erst nachdem die gesamte Truppe wieder von dannen gezogen ist, werden normale Menschen wieder bewirtet oder dürfen die Rechnung bezahlen. Wir haben nie erfahren ob es Mitglieder der Mafia, Cosa Nostra oder Ndrangheta waren. Einfach nur ein honoriger Unternehmer des Ortes war es eher nicht. Bezahlt haben sie, im Gegensatz zu uns, auch nicht. Das Geld wert war die Show für uns aber allemal.

Erfahrung: Missbrauch einer Vertrauensstellung

Wenn Du an Korruption denkst, denkst Du wohl an die Übergabe eines braunen Umschlags im Gegenzug zum Großauftrag, an Kartelle, den Einfluss der Großfinanz, korrupte Politiker, Schutzgelderpressung in der Pizzeria, Schießereien in Neapel?
Ich nicht. Diese kinoleinwandgerechte Korruption habe ich in meiner gesamten beruflichen Laufbahn nie erlebt. Was nicht heißt, dass nicht auch Deutschland massiv davon betroffen ist, wie ich aus Erzählungen über solche Fälle gehört habe.

Die verderblichste Form von Korruption findet nach meiner Erfahrung massenhaft innerhalb der Unternehmen statt. Ich habe es selbst mehrfach erlebt und verabscheue diese Form der Vorteilsnahme und -verschaffung daher zutiefst. Und nicht zuletzt waren diese Erfahrungen ein Puzzleteil für meinen Drang zur Selbstständigkeit.

Exakt in der Wortbedeutung handelt es sich bei Korruption um den ‚Missbrauch einer Vertrauensstellung, um sich einen materiellen oder immateriellen Vorteil zu verschaffen'. Des Missbrauchs sind sich die Akteure oft nicht bewusst, wenn ein System über Jahre so funktioniert. Die Vertrauensstellung hat oft der Vorgesetzte inne. Den materiellen und/oder immateriellen Vorteil verschafft er sich in aller Regel dadurch, dass er seine Mitarbeiter subtil dazu auffordert, sich so zu verhalten, dass es ihm nützt, ohne dass sie sofort bemerken welchen Nachteil sie selbst haben. Das Erwachen ist für die Mitarbeiter meist bitter. Aber auch der Vorgesetzte ist letztlich meist selbst korrumpiert, und nicht selten ist er sich dessen ebenso nicht bewusst.

Einige mögliche Beispiele:
- Ein Vorgesetzter hat einem Berufseinsteiger sechs Wochen vor Ende seiner Probezeit mitgeteilt, dass er sich keine Sorgen zu machen brauche, seine Festanstellung sei sicher. Ihre Nachricht unterlegt sie zur besseren Wirkung noch mit einem einleitenden Scherz, in der Art, „bei dieser Minderleistung könne sie natürlich gar nicht anders als…". Der junge hochmotivierte Mitarbeiter freut sich sehr, dass er den Schritt ins festangestellte Berufsleben geschafft hat und gibt noch mehr Gas, um seine Ziele weit zu übertreffen. Zwei Wochen später erhält er kommentarlos und ohne Begründung die Kündigung - in der Probezeit mit einer Frist von 14 Tagen. Die naheliegende Auflösung ist, dass die Chefin wegen einer aufziehenden Konjunkturabschwächung ihren durch Umsatzrückgang nicht mehr realisierbaren Bonus nun eben durch Kostenreduzierung sichern wollte. Der Berufseinsteiger steht innerhalb von zwei Wochen ohne Arbeitslosengeld auf der Straße. Vorteilsverschaffung auf Kosten anderer in einer Vertrauensstellung? Beweisbar?
- Ein CEO teilt seinem höchst erfolgreichen Bereichsleiter mit, dass ihm der bei Einstellung versprochene Firmenanteil nach erfolgreichem Ablauf der Einarbeitung nicht gewährt werden kann, weil die Gesellschafterversammlung in der Mehrheit dagegen stimmt. Naheliegend ist, dass der CEO und die anderen Mitgesellschafter nie daran gedacht haben ihre Anteile zu verwässern, und letztlich ihre eigene Gier über eine mündliche Vereinbarung siegte. Harte Wirklichkeit? Vorteilsverschaffung durch Nichteinhaltung einer Zusage gegenüber einem Untergebenen? Beweisbar?
- Ein Abteilungsleiter erreicht als seinen wichtigsten Erfolg einen Deal mit seinem größten Kunden, der das Unternehmen vor dem Wegfall eines Großteils der Produktion bewahrt. Die Kriterien des Deals waren mit dem Bereichsleiter und nach dessen Aussage mit der Konzernleitung abgestimmt. Kurz darauf wird er vom Bereichsleiter zum Kunden geschickt, um den Deal rückgängig zu machen. Der Abteilungsleiter will sich das nicht gefallen lassen, da es seine Glaubwürdigkeit ruiniert und wird kurzerhand gekündigt. Kurze Zeit später stellt sich heraus, dass sein Chef auf seinem Rücken eine Kehrtwende gemacht hat, um sich mit einem geschickten Schachzug die Eintrittskarte als CEO in einen anderen Konzern zu sichern. Das Unternehmen landet ohne den Deal mit dem Hauptkunden Jahre später in der Insolvenz. Vorteilsverschaffung auf Kosten einer Vielzahl von Mitarbeitern und deren Familien. Untragbar? Strafbar?

- Ein Manager kauft mit Hilfe eines Bankenkonsortiums ein erfolgreiches mittelständisches Unternehmen von einer Erbengemeinschaft. Um dem Unternehmen den Schritt in eine hochtechnologische Zukunft zu ermöglichen, und selbst in der Presse glänzen zu können, lässt er von Partnern neue Produkte auf Basis von Technologie entwickeln, die er selbst nur wenig versteht. Seine Unwissenheit wird von einer Führungskraft ausgenutzt, die an der Spitze der Partner steht. Als das Unternehmen immer tiefer in einen Strudel von nicht rentablen Investitionen und nicht funktionierender Technologie gerät, werden mehr und mehr Mitarbeiter aktiv angewiesen, die Kunden zu belügen, um das Kartenhaus noch eine Weile am Laufen zu halten. Wer es sich gefallen lässt und bleibt, endet ein Jahr später nach der Insolvenz in einer Auffanggesellschaft. Vorteilsverschaffung? Strafbar?
- Drei Unternehmer kaufen günstig gemeinsam eine Firma, die langjähriger zuverlässiger Lieferant eines Weltkonzerns war. Dieser Hauptkunde ist von vielen Produkten der Firma abhängig. Um sich einen goldenen Lebensabend zu sichern, beschließen sie die vertraglich fixierten Preise für die wichtigsten Produkte kurzerhand für nicht mehr haltbar zu erklären, und wollen dem Hauptkunden die Preise um 30% erhöhen. Eine Prokuristin des Unternehmens wird aufgefordert, das „Angebot, das der Kunde nicht ablehnen kann", zu unterzeichnen, weigert sich und wird gekündigt. Innerhalb der nächsten 10 Jahre fährt der Hauptkunde das Geschäft mit der Firma geregelt auf null, die Firma geht in die Insolvenz und hunderte treue, hochqualifizierte Mitarbeiter verlieren ihren Job, während die beiden Käufer ihre Schäfchen im Trockenen haben. Schweinerei? Strafbar?

Die eher klassische Variante gibt es auch. Neue Compliance Systeme haben den meisten Spielarten inzwischen einen Riegel vorgeschoben:
- Ein Kunde lässt dem Mitarbeiter eines Lieferanten materielle Vergünstigungen zukommen, damit dieser ihm in bestimmten Situationen ein Alibi liefert.
- Kunden erhalten Einladungen zu teuren und prestigeträchtigen Großveranstaltungen in der Erwartung auf gute Geschäfte.
- Ein Alleingeschäftsführer lässt Mitarbeiter des Unternehmens während der Dienstzeit an seinem Privathaus bauen.

Praxisnutzen: Sumpf erkennen

Die Zerstörungskraft von Vorteilsnahme und Vorteilsverschaffung für die Existenz von Unternehmen und das Wohl ihrer Gesellschafter, Kunden und Mitarbeitenden entspricht der einer hoch infektiösen Seuche. Sie befällt irgendwann jeden, der nicht von Anfang an geistige Vorkehrungen in Form einer klaren Haltung getroffen hat. In der Rolle als Angestellter ist es dann höchste Zeit, zu gehen. In der eigenen Selbstständigkeit ist sie immer und mit aller Konsequenz zu meiden.

Das Problem ist dabei regelmäßig, dass die Vorteilsnahme in Form von ‚socializing' daherkommt, und der Herdentrieb im Kollegenkreis schnell eine aufrechte Haltung als Spielverderbertum brandmarkt und diejenigen, die Haltung bewahren, isoliert.

Eine klare Ansage, sprich Absage, ist hier wirklich alternativlos (ein Begriff, den ich nur äußerst ungern nutze). Wenn Du diesbezüglich klare Kante zeigst hast Du kurz- und langfristigen Nutzen.

Kurzfristig. Die meist in Unterstellungsverhältnissen auftretende Problematik, eine klare und sofortigen Absage an nicht tolerable Wünsche oder Verhalten von Vorgesetzten geben zu müssen, liegt auf der Hand: der Untergebene hat einen Nachteil zu erleiden. Die Beförderung bleibt aus, die Gehaltserhöhung kommt nicht, die betriebsbedingte Kündigung wird ausgesprochen, und so weiter. Indem Du aber so integer bist, dass Du Dich gar nicht erst zum ersten Mal korrumpieren lässt, wird diese Spirale nicht in Gang gesetzt.

Langfristig. Jede dieser im betreffenden Moment immer misslichen Situationen, in denen ich mich auch schon befand, entfaltet langfristig eine positive Wirkung auf Dein Verhalten. Sie bringen Dich jedes Mal weiter. Sie gehören zu dem wertvollsten Erfahrungsschatz eines Angestelltendaseins, und noch mehr einer jeden Selbstständigkeit. Jede dieser virtuellen Trophäen für Mut steht für einen Wendepunkt in Deinem Verhalten, und sei er auf den ersten Blick noch so unbedeutend.

Die Aufarbeitung ist entscheidend. Wenn der Rauch verflogen ist, gilt es nochmal Kriegsrat zu halten: warum habe ich so reagiert? was habe ich dadurch kurz-, mittel- und langfristig ausgelöst? was habe ich für mich selbst / für andere erreicht? Du kannst Dich ganz getrost zurücklehnen und sicher sein: der Nutzen ist Dir gewiss.

Fazit und Kompetenzen: Gespür entwickeln und bei Verdacht rechtzeitig reagieren

Dann machst Du Dich nicht zum Opfer korrupter und korrumpierender Systeme. Ein Ecosystem ist auf Kooperation, Augenhöhe, Vertrauen und Transparenz aufgebaut. Daher ist es resistenter gegen Egoismus, Intoleranz, Vorteilsnahme und Korruption als hierarchische Strukturen. Sicher erfordert es einen gewissen Aufwand, die Werte des Ecosystems zu erreichen und auch bei neu eintretenden Partnern zu gewährleisten. Dieser Aufwand zahlt sich langfristig aus.

RÜCKSICHTSLOSIGKEIT SIEGT?

Fürsten entlarven.

Machtspiele aus dem Mittelalter.

„Die Menschen sind so einfältig und hängen so sehr vom Eindruck des Augenblickes ab, dass einer, der sie täuschen will, stets jemanden findet, der sich täuschen lässt."
Niccolò Machiavelli [51]

Erlebnis: Chamäleon, Schimpanse und Gorilla

Täuschung wie Machiavelli sie beschreibt gibt es im Tierreich häufig. Die bekanntesten Varianten von Täuschung sind wohl die dem Chamäleon eigene Mimese, das Nachahmen der Umgebung zur Tarnung, und die Thanatose, also die Schreckstarre, die einem Gegner oder Opfer vortäuschen soll, dass man kein Lebewesen ist. Wenn Du dem nebenstehenden Geschöpf in freier Natur nicht zufällig aus kurzer Distanz ins Auge blickst, wirst Du den Zeitgenossen schlicht übersehen.

Eine gänzlich menschliche Erfindung sind die schlimmsten Ausgeburten des

Machtspiels, Kriege. Neuere Forschung fand eindeutige Hinweise dafür, dass selbst unsere Vorfahren vor tausenden von Jahren nur dann kriegerische Auseinandersetzungen entwickelten, wenn sie die Lebensweise von Nomaden verlassen hatten und sich in Siedlungen und Städten niederließen. Mehr dazu kann der interessierte Leser beispielsweise in dem Buch ,Im Grunde gut' des jungen niederländischen Denkers Rutger BREGMAN erfahren. Er legt dar, dass der Mensch von seinem Urwesen her freundlich ist. Einen wesentlichen Einfluss auf die Herausbildung kriegerischen Verhaltens hatte das Sesshaft Werden des Menschen.

Im Tierreich begann Machtausübung bei unseren Vorfahren den Primaten. Machtspiele bei Ihnen sind bestens untersucht. Eindeutig hat sich unser menschliches Machtgehabe vom Stand der Primaten nur minimal entfernt. Mit einem primatösen Gehabe und dem Fehlen von emotionaler Intelligenz kann man es heutzutage offensichtlich bis in die Amtsstube des Präsidenten einer Großmacht schaffen.

Eine für sie unvergessene Machtdemonstration erlebte eine Kollegin eines Tages im Geschäftsführungsbüro eines Unternehmens. Die Führungskräfte waren zusammengerufen worden, weil sich die neuen Eigentümer vorstellen wollten. Was sich bei dieser ,Vorstellung' und der ,Ansage' an die leitenden Mitarbeiter abspielte, verglich sie mit dem Auftritt eines gespielt freundlichen, aber zähnefletschenden Schimpansen und eines versteinerten Gorillas. Die Begrüßung war wohl sehr kurz und sehr trocken. Dann ließ man sich darüber aus, dass die vorigen Eigentümer den Karren in den Dreck gefahren hatten. Sodann wurde kundgetan, dass jetzt ein anderer Wind wehe, und man mit jedem Einzelnen die weiteren Schritte besprechen werde. Sie verstand das schon aufgrund der Mimik und des Tonfalls als unverhohlene Drohung. Sie hatte innerlich bereits mit ihrem Job abgeschlossen, bevor der erste neue Eigentümer den Mund aufgemacht hatte. Die non verbale Kommunikation war dem Vernehmen nach so eindeutig, dass sich jedes gesprochene Wort erübrigte. Zudem war sie als enge Vertraute der vorigen Geschäftsführung nach allgemeiner Regel bald Kanonenfutter. Die groteske Szene war nur der Anfang einiger Monate voller derber Überraschungen. Die Liste der ausgeübten Machtinstrumente war lang. Es begann damit, dass die neuen Inhaber zunächst die Werker an den Maschinen wochenlang täglich besuchten und dabei freundlichst begrüßten, sodass diese sich wahrgenommen fühlten wie nie zuvor. Erst in zweiter Linie wurden die Führungskräfte gehört, die deutlich weniger zuvorkommend behandelt wurden. Es folgte die Erpressung von Kunden mit dem Einstellen der Lieferung, wenn nicht umgehend drastisch gestiegene Preise bestätigt würden. Sinnigerweise hatte man sie beauftragt, das Schreiben an die Kunden zu unterzeichnen. Als sie sich weigerte, wurde sie für die nächsten Monate regelrecht kaserniert. Anstatt sie zu feuern und freizustellen, ließ man sie ohne Aufgaben und Verantwortung im Büro. Die von ihr als Lagerhaft empfundene Situation erwies sich als ein so wirkungsvolles Machtinstrument, dass man sie danach auf weitere unliebsame Mitarbeiter ausdehnte. Das war die beste Abschreckung für alle anderen, den Mund nicht mehr aufzumachen. Der Schilderung nach sollen die meisten Betroffenen früher oder später gekündigt oder einen Aufhebungsvertrag unterschrieben haben. Viele weitere Mitarbeiter verloren kurz danach durch Insolvenz ihren Job.

Erfahrung: Der Fürst im Schafspelz

Zurück zu Machiavelli. Der mittelalterliche Fürst kommt heute im normalen Berufsleben in der Regel als Wolf im Schafspelz daher. Nach außen hin ist er kommunikativ, immer freundlich, offen und hilfsbereit. Er ist nach eigener Auffassung überaus beliebt bei seinen Mitarbeitern. Er verwendet sehr viel Zeit für die Menschen und Themen, die ihm wichtig sind. Daher zeigt er sich oft und gerne im Unternehmen und in den Niederlassungen. Man trifft ihn am Flughafen meist in der Senator Lounge. Bei seinen Auftritten unter dem gemeinen Betriebs-Volk hat er stets ein Lob, eine Anerkennung oder ein Lächeln parat.

Mir sind zwei Hauptgattungen des Fürsten begegnet.

Die erste Version hält sich einen veritablen Hofstaat aus Blendern, oft als Vorstand daherkommend, dessen Vertreter überwiegend relativ schwach und in ihrem Verhalten vorhersehbar sind, somit leicht beherrschbar. Von Zeit zu Zeit tauscht man den Unliebsamsten unter ihnen aus, sodass kein anderer es wagt, aufzubegehren. Die bedeutendste Figur in diesem Hofstaat ist in der Regel eine einzige Vertrauensperson, die dem Fürsten in Kriegsthemen, die er regelmäßig anzettelt, den Rücken freihält. Das ist quasi der Verteidigungsminister. In Stabsstellen sitzen dann weitere langjährige Weggefährten des Fürsten, die zwar nicht in die Stellung des Hofstaates aufgerückt sind, aber wahrlich kompetente und vertrauenswürdige Mitarbeiter sind. Oft sind es Experten in ihrem Bereich, die es nicht in eine Führungsposition der ersten Ebene schaffen oder erst gar nicht die Ambitionen dazu haben. Sie nehmen jedoch eine herausgehobene Funktion in Veränderungssituationen ein. Wenn es um die Zurschaustellung missliebiger Linienmanager geht, also ein Sündenbock benötigt wird, dann sind sie zur Stelle, um ihm den letzten Schubs zu geben. Gemeint ist der zarte Schnips mit Daumen und Mittelfinger, der den am Abgrund hängenden Boss über die Klippe rutschen lässt. Sie arbeiten selbstverständlich aufgrund ihrer Kompetenz auch den Nachfolger ein und stellen damit die Kontinuität sicher. Diese erste Version des Fürsten ist in der Regel nur äußerlich stark. Innerlich sind es oft unsichere Gestalten oder solche die keinerlei Gespür dafür haben, wie sie von anderen gesehen werden. Ich nenne diese tendenziell schwache Version des Fürsten den ‚Trompisten' (von Französisch: ‚tromper' = täuschen), Namensähnlichkeiten sind unbeabsichtigt und somit rein zufällig.

Variante zwei des Fürsten im Schafspelz ist der wahre Fürst im Sinne von Machiavelli. Für ihn gilt Machiavellis Abwägung zwischen Recht und Gewalt:

> "Man muss wissen, dass es zwei Arten zu kämpfen gibt: mit den Gesetzen und mit der Gewalt. Die erste Art ist dem Menschen eigen, die zweite den Tieren; da aber die erste oft unzulänglich ist, muss man zuweilen auf die zweite zurückgreifen."
> Niccolò Machiavelli [51]

Der zweite Fürsten-Typus ist nicht nur selbst stark, er hat auch starke Mitstreiter. Meist sind diese Mitstreiter bewusst so ausgewählt, dass sie recht ehrgeizig sind. Sie neigen dazu sich, um Ihren eigenen Vorteil willen zur Missgunst anstiften zu lassen. Diese Missgunst untereinander nutzt immer dem Fürsten, und im besten Fall sät er sie selbst.

> „Jeder weiß, wie löblich es ist, wenn ein Fürst sein Wort hält und

rechtschaffen und ohne List seinen Weg geht. Gleichwohl zeigt die Erfahrung unserer Tage, dass die Fürsten, die sich aus Treu und Glauben wenig machten und die Gemüter der Menschen mit List zu betören verstanden, Großes vollbracht haben und sich schließlich gegen diejenigen, die redlich handeln, durchgesetzt haben."

Niccolò Machiavelli [51]

Dieser letzte Satz, den ich von Machiavelli bemühe, beinhaltet in perfekter Beschreibung den wichtigsten Grund für die Ent-Täuschung, die viele Führungskräfte in ihrem Job erleben. 500 Jahre sind seit dieser Erkenntnis vergangen, doch die weltweite Wirtschaft und Politik werden nach wie vor zu einem Gutteil von Täuschung aus Machtstreben beherrscht.

Praxisnutzen: Machtstrukturen erkennen

Jedes Unternehmen hat seine formellen und seine informellen Strukturen. Wer morgens zur Arbeit fährt, kaum dort angekommen seine Motivation an die Garderobe hängt, um sie erst abends wieder nach Hause mitzunehmen, der kann sich auf Regeln und Vorschriften konzentrieren. Mit dieser Einstellung bleibt man. Wer dagegen viel inneren Gestaltungsdrang besitzt, der sollte sich sehr intensiv darum kümmern, das Beziehungsgeflecht hinter den offensichtlichen Vorgaben zu erkennen und zu verstehen. Nur wenn man fähig und bereit ist, dieses Geflecht zu erkennen und zu pflegen, hat man eine Chance auf eine gestalterische Rolle. Allzu leicht passiert es sonst, dass man im Sinne des Unternehmens handelt, aber eben nicht im Sinne der Machtzirkel, die das Unternehmen steuern. Dann wird es gefährlich und man verliert sehr schnell den Rückhalt und letztlich auch den Job.

Gerade wenn Kollegen neu in das Unternehmen eintreten oder das Unternehmen verlassen, ist für die Neuen wie auch die Altgedienten oder Geschassten viel Gespür und Sensibilität erforderlich, um für alle Seiten Nutzen ziehen zu können. Der weit verbreitete Glaube, die Personalabteilung würde das schon regeln ist naiv bis gefährlich.

Fazit und Kompetenzen: Definiere Deine Werte, Deine Rolle, bleib Dir treu.

Dafür benötigst Du ein gerüttelt Maß an Kompetenzen wie Du mit Dir selbst umgehst. Sie heißen unter anderem Selbstbewusstsein, Selbstwertgefühl, Selbstdisziplin, Selbstvertrauen, Selbstwirksamkeit, Eigenverantwortung, aber auch emotionale Intelligenz und emotionale Reife. Legst Du darauf Wert, wirst Du am Ende Deiner Laufbahn allen Chamäleons, Gorillas, Schimpansen, Fürsten, Täuschern, Getäuschten, Ent-Täuschten dankbar sein, sie getroffen zu haben. Sie alle haben Dir gezeigt, wie Du nicht sein willst und Dir den Mut gegeben, Dir treu zu bleiben.

WIE FINDE ICH DIE BALANCE ZWISCHEN ERLEBEN UND ENTSPANNEN?

Work-Life-Circle leben.

Für jetzt oder für immer?

„Ein Tag aber ist eine Stufe des Lebens."
Lucius Annaeus Seneca [52]

Erlebnis: Ein Buch schreiben

Seit sieben Monaten schreibe ich an diesem Buch. Anfangs sahen meine Gedanken dazu grob beschrieben so aus:

Da ich zum ersten Mal ein Buch schreibe, gibt es kein Verhaltensmuster, auf das ich zurückgreifen kann. Ich habe nicht die geringste Struktur zur Verfügung, um dieses Projekt zu einem Erfolg zu machen. Es gibt keinen erprobten Tagesablauf zum Schreiben. Es gibt keinen bevorzugten Ort, an dem ich schreiben möchte, weil ich ja prinzipiell überall schreiben kann. Außer vielleicht, dass vom Lesen zu vieler Stephen King Bücher die fixe Idee in meinem Kopf herumspukt, in einer Hütte in den Wäldern von Maine schreibe es sich am besten. Doch die Hütte in Maine ist in Corona Zeiten keine gute Idee.

Da ist also nichts an dem ich mich hätte orientieren können, außer dem Wissen, zu welchen Zeiten und in welcher Umgebung ich am kreativsten bin.

Eines Tages Ende März stehe ich morgens auf, lese auf der Couch meinen morgendlichen Lieblings-Newsletter bei einer Tasse Kaffee. Danach schnappe ich mir den Hund - Uma. Wir gehen für eineinhalb Stunden in den Wald. Recht frisch ist es an diesem Tag. Als ich das Tal mit dem kleinen Bach erreiche, schraubt sich ein Graureiher über der Wiese hoch, weil wir ihn beim Frösche fangen gestört haben. Wir treffen dasselbe Graureiher Pärchen zu dieser Zeit beinahe jeden Morgen. Jeden Morgen, wenn der Tau langsam hochzieht, sind sie einzeln oder allein am Bachlauf unterwegs. Nachmittags habe ich sie selten gesehen. Meine Gedanken schweifen ab - nach Maine. Unvermittelt stehe ich vor dieser Waldhütte und schaue in die Landschaft. Ob es dort wohl ähnlich aussieht? Wo ist eigentlich der Unterschied ob ich nun hier oder dort bin? Würde ich dort auch morgens durch den Wald streifen? Klar Doch! Und warum bin ich eigentlich hier? Was will ich mit dem Buch erreichen? Wie soll es sich lesen? Wen soll es ansprechen? Was will ich darin verarbeiten? Wie will ich es schreiben? Wen will ich in mein Projekt einweihen? ...

Eineinhalb Stunden später. Uma und ich biegen auf die letzten Meter vor unserem Zuhause ein. Erst jetzt bemerke ich, dass ich auf unserem Waldspaziergang bereits das erste Grobkonzept für mein Buch gemacht habe. Das fühlt sich gut an. Etwas drängt mich, sofort hineinzugehen und meine Gedanken niederzuschreiben.

Was an diesem Tag angefangen hat, hat sich in den letzten Monaten ganz natürlich perfektioniert. Die Tage an denen ich schreibe, etwa jeder zweite, laufen fast immer gleich ab. Aufstehen, Kaffee, Newsletter lesen, Hundespaziergang im Wald, unterwegs Konzept für den Tag überlegen, zuhause angekommen schnell die wichtigsten Gedanken niederschreiben, Frühstücken, anfangen zu schreiben, und erst wieder aufhören, wenn es sich ungemütlich anfühlt oder ich mich leer fühle. Meine Produktivität ist seit Beginn um schätzungsweise 50% angestiegen. Ich kann also nach dem Zeitplan, den ich ursprünglich gemacht habe, an wesentlich weniger Tagen schreiben. Ja, ich schrieb meine Produktivität anfangs in eine Excel Tabelle. Für mich bedeutet es, dass ich sehe wie gut ich vorankomme, das erzeugt zusätzliche Motivation. In Scrum nennt man das ein Burndown Chart. Ich brenne nichts ab, sondern blühe dadurch auf. Was eines der Kernprinzipien von agilem Arbeiten ist. Durch meine guten Fortschritte kann ich mir die Tage aussuchen, die am besten zum Schreiben geeignet sind. Wenn es regnet, oder zu heiß ist, wenn ich den Kopf frei habe, und so weiter. Wenn ich einmal anfange und nach 20 Minuten nichts vorangeht, lege ich das Manuskript weg. Morgen ist auch noch ein Tag. Aus meinem Tagesablauf hat sich ein Wochenablauf entwickelt. Es gibt einfach Wochentage an denen Schreiben besser reinpasst. Ich bin insgesamt ausgeglichener geworden. Mich hat übrigens niemand, auch nicht mein ambitioniertes Ego, dazu gezwungen beim Schreiben produktiv zu arbeiten. Es macht ganz einfach viel mehr Spaß, und ich habe mehr Zeit für Hobbys und andere Themen.

Welche Chancen Unternehmen wohl hätten, würden sie ihren Mitarbeitern ermöglichen ihren Tag so zu strukturieren, dass sie dabei am produktivsten sind? Und wie oft ich mich früher manchmal mit einem schlechten Gewissen ertappte, weil ich mir an einem Arbeitstag eine ein- oder mehrstündige Auszeit vom Job gegönnt habe. Ich bin mir dessen bewusst, dass nicht jeder Job dafür taugt, Arbeit beliebig und unabhängig zu strukturieren, trotzdem empfinden wohl viel mehr Menschen eine Bevormundung am Arbeitsplatz, als es nötig oder sinnvoll wäre. Die Zukunft der Arbeit muss ganz einfach viel flexibler aussehen. Wie viele Mitarbeiter, die im Zeitalter der Digitalisierung noch mit Stechuhren gegängelt werden, würden wohl aus lauter Dankbarkeit von ganz allein produktiver (nicht unbedingt mehr!) arbeiten, wenn sie eine freiere Zeiteinteilung hätten? Das ist es worum es bei Kreisläufen geht: In Kreisläufen werden die vorhandenen Ressourcen so eingesetzt, dass sie zum größtmöglichen Nutzen des gesamten Systems beitragen.

Erfahrung: Nicht Balance, sondern Kreislauf

Schon der Begriff Work-Life-Balance ist falsch gewählt für das, was er ausdrücken soll. Balance stellst Du Dir normalerweise wie eine Waage vor. Tust Du links ein wenig mehr Arbeit drauf, kannst Du es rechts mit ein wenig mehr Freizeit ausgleichen. Wenn Du also in der Arbeit besonders gelitten hast, machst Du einen ganz besonders tollen und teuren Urlaub. Das hast Du Dir verdient... Du merkst sofort, dass solches Verhalten irrational ist, weil ein geschlossenes System vorliegt, keine Waage. In Wirklichkeit geht es nicht um links oder rechts, auch nicht um mehr oder weniger. Es geht darum, den geschlossenen Kreislauf des Lebens mit vielen kleinen in sich geschlossenen Einheiten (Tagen) zu einem lebenswerten Kreislauf zu machen. Wenn also der Work-Life-Circle ein geschlossenes System ist, und jeder Tag in einer bestimmten Weise auch (wegen Erholungsschlaf), und wenn es darum geht, das System lebenswert zu machen, was ist dann das vorrangige Ziel?

Der Tag. Wenn Du es nicht schaffst einen einzigen Tag lebenswert zu machen, wie soll dann ein lebenswerter Work-Life-Circle entstehen?

Praxisnutzen: Nutze den Tag, gerade wenn es ein Arbeitstag ist

Die einfache Formel aus der obigen Betrachtung ist: Du solltest es schaffen, jeden einzelnen Tag zu einem wertvollen zu machen. Das klingt schon wieder so banal, dass es weh tut darüber zu schreiben. Leider ist es die am wenigsten banale Aufgabe der Welt. Sie ist sogar unglaublich schwierig. Es gibt viele Muster, die sich Menschen angewöhnt haben, auch schwierige Tage wertvoll zu machen, beispielsweise durch eine kurze Nachlese des Tages am Abend, um zu erkennen was für den nächsten Tag die Lehre war. Wie Du das anstellst, ist von Deinem eigenen Rhythmus anhängig. Ich bin eher nach vorne orientiert, überlege also morgens was mir vom vorigen Tag wichtig erschien und wie ich es heute umsetze.

Fazit und Kompetenzen: Der Tag ist der Kreislauf, den es zu meistern gilt

Ein Leben hat etwa 30.000 Tage. Jeder ist aus seiner individuellen Sicht ein Kreislauf, den Du gestalten kannst. Dafür ist es wichtig im Jetzt zu leben – das können nicht viele.

Teil 3: Aufgaben und Chancen

Dreh-Moment.

Letzte Ausfahrt.

„Ich bin überzeugt, dass Menschen die Erde verlassen und auf einem anderen Planeten ein neues Zuhause finden müssen. Wenn wir bleiben, besteht die Gefahr der Vernichtung. ... Es könnte sich um ein neues Virus, den Klimawandel, einen Atomkrieg oder eine wild gewordene künstliche Intelligenz handeln. Damit der Mensch überleben kann, müssen die Vorbereitungen meines Erachtens innerhalb von 100 Jahren getroffen werden. Aber: wohin als nächstes?... Es muss der richtige Planet sein...ihn innerhalb von 2000 Jahren zu finden ist nicht unmöglich... Wir könnten Raumschiffe schicken, auf denen nachfolgende Generationen im Weltraum leben und sterben. Es mag nicht angenehm klingen, aber das wäre das Opfer für das Überleben unserer Spezies. ... Viele der Gründe, warum Menschen die Erde verlassen müssen, hängen mit der Art und Weise zusammen, wie wir Technologie eingesetzt haben. Verschmutzung, Klimawandel und sogar Überbevölkerung fallen mir ein. ... Für mich geht es nicht darum, ob wir eine interstellare Spezies werden, sondern nur darum, wann."

Stephen Hawking [53]

Wir erleben einen Dreh-Moment für die Welt
Könnte der berühmte Physiker Stehen Hawking eines Tages Recht behalten? Ist seine Vision nicht unmöglich - sondern vorstellbar?

Die Fakten sind: es ist keine Welt 2.0 in menschlicher Reichweite. Unsere Welt könnte aufgrund unserer Fehlentscheidungen oder äußerer Einflüsse in der Lebenszeit unserer Kinder oder Enkelkinder von der Auslöschung bedroht sein. Ist das kein Grund, nun in Alarmstimmung zu kommen?

Wie schon erwähnt, scheinen wir Krisen besser bewältigen zu können als den Normalzustand. Die biologische Erklärung dafür liegt auf der Hand. Unser Gehirn und unser Körper sind seit Urzeiten darauf eingerichtet, besonders bei Gefahr aufmerksam zu sein, eine Entscheidung zu treffen, zu kämpfen oder zu fliehen, und schnell Energiereserven dafür abzurufen. Sind wir entspannt, laufen wir geistig und körperlich auf Sparflamme. Die Dauerleistung, die ein Mensch erbringen kann, liegt bei 60-80 Watt. Etwa 20% unseres gesamten Energieverbrauchs entfallen auf das Gehirn, das ist doppelt so viel wie das Herz benötigt. Ist das ein Grund warum wir große Dinge nur in Krisen drehen können?

Wollen wir für die Erde kämpfen - oder fliehen? Die Antwort ist banal: wenn es zur

Flucht von der Erde kommen sollte, werden ca. 99,99... % der Menschheit rein technisch gar nicht die Möglichkeit dazu haben. Vom Willen, für immer in einem Raumschiff zu leben, ganz zu schweigen.

Wenn wir umdrehen wollen - ist jetzt vielleicht der letzte Moment.

Wir erleben einen Dreh-Moment in uns

Wie schnell nichts mehr so ist, wie es war, erleben wir gerade in der Pandemie.

Plötzlich dreht sich vieles ums nackte Überleben. Plötzlich helfen sich Menschen gegenseitig, bisher unterbewertete Berufsgruppen erlangen Heldenstatus. Wir haben gelernt, dass auch Experten vieles nicht verstehen, dass uns umsichtiges Handeln weiterbringt als Populismus. Wir merken, dass wir keine vorschnellen Urteile fällen sollten, dass wir besser nicht klagen, sondern selbst handeln. Wir entwickeln ein Gefühl dafür andere zu unterstützen die stärker bedroht sind. Wir stellen fest, dass der Flug nach Mallorca für 19,90 Euro nicht mehr begeistert, sondern Schamgefühl für früheres irrationales Verhalten erzeugt.

Wäre es möglich, dass wir diesen Punkt in unserem Leben später als den Wendepunkt erkennen, an dem sich die Richtung zum menschlich und global verantwortlichen Handeln gedreht hat? Weg vom Horten materiellen Wohlstands und hin zum Erhalt einer lebenswerten Welt?

Wenn wir umdrehen wollen - ist jetzt der Schwung dafür da.

Wir erleben einen Dreh-Moment für die Politik

Angesichts der gigantischen Krise, in der wir stehen, ist die Mehrheit der Bundesbürger momentan zufrieden mit den Handlungen der Politik. Da macht es einen rückblickend sprachlos, warum dieselben Politiker außerhalb der Krise die einfachsten Probleme nicht zügig und mit angemessenem Verhalten aus der Welt schaffen können.

Ein Beispiel: Eine Bundesratsinitiative schlägt neuerdings u.a. Fahrverbote für Motorräder an Wochenenden vor, um den Motorradlärm zu reduzieren.

Die Fakten: Lärm macht krank. Hohen Straßenlärm an wenigen Tagen im Jahr und in manchen Gegenden verursachen Motorräder, die gesetzlich geregelte Geräuschgrenzwerte überschreiten. Gründe dafür sind erstens Manipulationen, zweitens eingesetzte Abschalteinrichtungen und drittens Messvorschriften, die nicht den realen Fahrbetrieb abdecken. Das Problem der Abschalteinrichtungen und Messvorschriften ist direkt vergleichbar mit dem Problem des Abgasbetrugs bei den Dieselfahrzeugen: einfach regulatorisch lösbar. Das Problem der Manipulationen ist durch Kontrollen lösbar, also ein Problem der Exekutive. Für die Lösungen dieser Fragen ist die Politik zuständig und sie sind denkbar einfach. Verbesserte Messmethoden und Grenzwerte sowie ‚Lärmblitzer'. Technisch und regulatorisch ein Klacks. Doch was schlagen die Bundesländer vor? Flächendeckende Fahrverbote für Motorräder an Wochenenden. Verbot einer verbreiteten Freizeitaktivität in der Fläche. Auch wenn man sich die Frage stellen kann, wie sinnvoll diese Freizeitaktivität angesichts der deutschen Verkehrsdichte und generell ist: diese Reaktion der Politik ist genauso unsinnig wie das reflexhafte Einführen von Fahrverboten für Dieselfahrzeuge unterhalb Euro 6. Jahrelange Untätigkeit der Erkennung und Bearbeitung eines Problems, und wenn es brennt enteignet man die Bürger.

Zugegeben, ein lächerlich unwichtiges Beispiel. Aber kennzeichnend für eine falsche Vorgehensweise. Der Schaden, der angerichtet wird, ist flächendeckender Vertrauensverlust in die Politik durch die Gesellschaft. Anstatt kleine, einfache Probleme ohne viel Aufhebens wie Unkraut an der Wurzel zu packen und auszureißen, werden ganze Bevölkerungsgruppen in Sippenhaft genommen.

Die großen Themen bleiben derweil auf der Strecke. Stell Dir einmal vor, der Verkehrsminister, der Wirtschaftsminister und der Finanzminister würden gemeinsam vor die Presse treten und sagen:

"Liebe Mitbürgerinnen und Mitbürger, wir sprechen heute zu Ihnen gemeinsam, um Ihnen zu sagen: wir und unsere Vorgänger haben große Fehler gemacht. Wir haben uns von Konzernen an der Nase herumführen lassen. Der Schmiergeldskandal mit 3 Milliarden Euro Schaden hatte Methode. Der Abgasbetrug mit bisher 23 Milliarden Euro Schaden hatte Methode. Der Cum-Ex-Steuerbetrug mit 32 Milliarden Euro Schaden hatte Methode. Der Betrug an den deutschen Steuerzahlern durch globale Digitalkonzerne, die ihre Erlöse in diesem Land nicht angemessen versteuern, hat Methode. Dieser Schaden betrug in den letzten 10 Jahren weitere ca. 30 Milliarden Euro. Wir bedauern das, weil wir als Politiker nicht in der Lage waren diese Machenschaften zu verhindern, geschweige denn angemessen zu bestrafen. Wir haben daher gemeinsam einen Vorstoß beschlossen, mit dem diese Unternehmen im Verhältnis 2:1 den entstandenen Schaden ersetzen müssen und der Erlös von 176 Milliarden Euro sofort, sowie jährlich zukünftig 15 Milliarden Euro des Bundes kommen dem Umbau unseres Bildungssystems, unserer Energieerzeugung und der Wettbewerbsfähigkeit des deutschen Mittelstands zu gute." Unvorstellbar? Bisher ja.

Wenn Politiker umdrehen wollen - ist jetzt der richtige Moment.

Wir erleben einen Dreh-Moment für Unternehmer

Das Rad des Fortschritts dreht sich immer schneller.

Ein mittelständischer Unternehmer allein kann kaum noch überblicken, welche Einflüsse seinem Unternehmen schaden oder nützen. Diese Geschwindigkeit und Komplexität erfordert Mitdenkende, die seine Gedanken aus unterschiedlichen Richtungen beleuchten, andere Fragen aufwerfen und damit selbst unternehmerisch tätig werden. Immer häufiger bestehen Geschäftsführungen darum aus mehreren Personen. Ob das ausreicht, ob die klassischen Formen der Aufteilung von Verantwortung den Herausforderungen gerecht werden, würde ich persönlich bezweifeln. Vielleicht ist jetzt der Punkt, an dem neue Formen der firmeninternen und firmenübergreifenden Zusammenarbeit notwendig sind. Unternehmer könnten sich öffnen und interne wie externe Mitarbeitende inhaltlich und finanziell beteiligen. Beiräte können gerade Mittelständlern helfen, in vertrauensvoller Atmosphäre Anschluss an die neuesten Entwicklungen zu halten.

Wenn Unternehmer mehr Drehmoment entfalten wollen - jetzt ist der Moment.

Wir erleben einen Dreh-Moment für Unternehmen

Ihr Wert bemisst sich zunehmend nicht mehr allein nach Ihrem monetären Output.

Die Faktoren Nachhaltigkeit ihrer Wertschöpfung, Zukunftsfähigkeit ihres Geschäftsmodells, Zusammensetzung und Qualifikation ihrer Mitarbeiter fließen immer stärker in die Unternehmensbewertung ein. Banken verleihen ihr Geld zu schlechteren Konditionen, wenn diese Faktoren schlecht bewertet werden. Kunden bewerten solche Unternehmen nicht mehr als präferierte A-Lieferanten.

Unternehmen die ständig ihre Geschäftsmodelle hinterfragen und verändern, erlangen immer mehr Vorteile. Die Fähigkeiten, die dazu erforderlich sind, schlummern heute noch teilweise unerkannt bei ihren Mitarbeitern. Wie können sie freigesetzt und gefördert werden? Wie kann die Zusammenarbeit so gestaltet werden, dass die Unternehmen wendiger werden?

Wenn Unternehmen mehr Drehmoment entwickeln wollen - jetzt ist der Moment.

Du bist Pessimist und findest das meiste hiervon utopisch?
Dann lass uns eine neue Sicht auf den Begriff ‚Wert' anschauen. Wir können das, was uns etwas wert ist, neu und besser be-werten. Die Bewertungskriterien von Wertschöpfung in einem sich ändernden Wirtschafts- und Gesellschaftsumfeld müssen angepasst werden.

In der Bronzezeit bewerteten wir ein langes gerades Stück Ahornholz als höchst wertvoll, weil daraus ein Bogen hergestellt werden konnte, mit dem man auf die Jagd ging und Nahrung beschaffte. In der europäischen Industriegesellschaft der zweiten Hälfte des 19. Jahrhunderts wurde dasselbe Stück Holz nach seinem Brennwert bewertet. In den 1950er und 60er Jahren war es das beliebteste Holz für feinste Furniere. Und heute dient es überwiegend für klobige Wirtshaustische.

Der Wert von Waren verändert sich ständig, doch er erodiert tendenziell mit der Verfügbarkeit neuer Produktionstechniken.

Während ein Kellner in Italien immer noch einen gewissen Status genießt, weshalb der Beruf nach wie vor überwiegend von Männern ausgeübt wird, gehört er in den USA mit ihrer überwiegenden Systemgastronomie längst zu den prekären Jobs. Doch während hochbezahlte Rechtsanwälte möglicherweise bald durch KI ersetzt werden, gewinnen heute unterbezahlte Lehr- und Pflegeberufe an Ansehen und Bezahlung.

Der Wert von Dienstleistungen verändert sich ständig, doch er steigt tendenziell mit ihrem gesellschaftlichen Nutzen.

Dieser Wertverfall oder Gewinn ist ein Hinweis darauf, wie zukünftige Wertschöpfung in einem erfolgreichen Ecosystem aussehen sollte.

Systemwechsel.

Gesellschaftlichen Nutzen belohnen.

Finden wir Regeln zum Überwinden der Probleme?

Wir haben einige der Probleme kennengelernt, die aus dem Wirtschaftssystem des 20. Jahrhunderts in die Welt des 21. Jahrhunderts hinüberreichen. Wir können diese Probleme überwinden. Dazu müssen wir unsere eigenen Fähigkeiten entwickeln. Allein wird das nicht reichen, um eine moderne gerechtere Wirtschaft zu ermöglichen - eine Wirtschaft, die das Wohl der Gesellschaft und des Einzelnen in den Vordergrund stellt.

Immer müssen politische Ziele und Regeln dafür sorgen, dass gesellschaftliche Ziele erreicht werden. Dazu sollten wir die unbequemen Fragen stellen, die bisher nicht deutlich genug gestellt wurden.

Einige konkrete Beispiele möglicher unbequemer Fragen an die Politik:

Warum sollte ein Erzieher Steuern zahlen?

Er ermöglicht zum Beispiel zwei Elternteilen, selbst Geld zu verdienen. Er fördert die Fähigkeiten ihrer Kinder, die diese zukünftig befähigen einen gesellschaftlichen Wert zu erbringen. Er erhält dafür ein Gehalt, das diesem Wert in keiner Weise angemessen ist. Nicht angemessen der gesellschaftlichen Leistung seiner Arbeit, der Verantwortung, die er trägt, und den psychischen und körperlichen Herausforderungen, vor denen er täglich steht.

Ein Erzieher, fragst Du? Gibt es doch kaum, ist ein typischer Frauenberuf. Richtig. Und warum ist das so? Wenn ein junger Mann sich diesen Beruf aussucht, steht er vor der Frage, ob er mit 2200,- Euro brutto monatlich einmal eine Familie ernähren kann. Dies ist der durchschnittliche Verdienst über alle Erzieher in Baden-Württemberg. Dabei spielt es in diesem Beruf ausnahmsweise keine Rolle, welchem Geschlecht man angehört. Die Gehaltsunterschiede betragen gerade einmal 1% zwischen Frau und Mann. In Lohnsteuerklasse 4 mit 2 Kindern bleiben dem alleinverdienenden Familienvater hiervon 1.529 Euro netto. Hast Du schon einmal versucht in der Nähe von Heidelberg eine Wohnung für 4 Personen zu finden, und diese Menschen einen Monat lang zu ernähren für 1.529 Euro? Gut, das Kindergeld haben wir unterschlagen. Aber das bekommt sein Nachbar, der Assistenzarzt, auch.

Zum Beispiel des Assistenzarztes. Ebenfalls Familie mit 2 Kindern, die beide in die Kita des Erziehers gehen. Er - Assistenzarzt in einer Heidelberger Klinik. Er verdient im ersten Jahr 4.600 Euro monatlich, nach 5 Jahren 5.900 Euro. Sie - Angestellte in der öffentlichen Verwaltung mit Entgeltgruppe 6. Sie erhält monatlich 2.600 Euro. Ihr Familieneinkommen von 7.200 Euro lässt ihnen 3.977 Euro netto im Monat. Für die Kita ihrer beiden Kinder zahlt die Familie insgesamt 320 Euro im Monat, bleiben ihnen 3.657 Euro monatlich zum Leben. Das ist knapp das 2,5-fache der Erzieher Familie.

Die Familie des Erziehers ertüchtigt arbeitstäglich 4 kleine Kinder für ihr zukünftiges Leben und lebt von 1.529 Euro. Ihr Hartz 4 Regelsatz läge zwischen 1.210 und 1.390 Euro. Sie erziehen 4 Kinder jeden Tag, 2 eigene und 2 fremder Eltern, um den Vorteil von 250 Euro gegenüber Hartz 4. Ist das der gerechte Lohn für ihre gesellschaftliche Leistung?

Die Familie des Assistenzarztes nebenan lässt ihre Kinder auswärts auf das Leben vorbereiten und hat 3.657 Euro netto, geht davon dreimal im Jahr in Urlaub und schickt zukünftig ihre Kinder auf eine Privatschule. Das wird sich der Erzieher als Alleinverdiener nicht leisten können.

Gut. Das Beispiel des Erziehers ist konstruiert. Warum? Eine Erzieher Familie mit 4 Personen und einem Alleinverdiener gibt es praktisch nicht! Schlechte Bezahlung und zusätzliche Steuern verhindern dieses Lebensmodell in Deutschland.

Die konkret formulierte Frage: Wofür zahlt die Familie des Erziehers in unserem System 671 Euro Steuern jeden Monat? Müsste nicht ein gerechtes Steuersystem, das die Priorität verfolgt, unsere Renten zu sichern, ihnen die Steuern erlassen? Könnte man - isoliert betrachtet - der Familie des Assistenzarztes zumuten, die 671 Euro Steuern des Erziehers zu übernehmen?

Früher oder später wird sich dieses System ändern müssen, wenn wir ein funktionierendes Gemeinwesen erhalten wollen. Noch herrscht Erklärungs- und Verteidigungshaltung vor. Ich höre und lese in diesen Tagen mehrmals täglich in Fernsehen und digitalen Medien den Brennglas-Begriff, bei dem mir spontan übel wird: „Die Pandemie wirkt wie ein Brennglas, sie zeigt uns was wichtig ist." Ist es nicht die Aufgabe von Politik *gerade in normalen Zeiten mit dem Brennglas auf das Wichtige zu schauen*?

Überzeugt bin ich nicht, ob sich ohne mehr gesellschaftlichen Druck etwas ändert. Brennglas Themen gibt es am Fließband. Ob wir über einen einmaligen Bonus für Pflegekräfte reden. Ob eine Landwirtschaftsministerin zum x-ten Mal über ein nicht verpflichtendes Tierwohl-Label schwadroniert, obwohl sich in den Ställen nichts ändert. Ob die Preise für Lebensmittel so kaputt sind, dass Bauern lieber aufgeben als zu investieren. Sobald das viel zitierte Brennglas wieder weg ist, geht es weiter wie zuvor. Bisher.

Jeder kann einen wertvollen Beitrag zum Systemwechsel leisten

Es gibt viele intelligente Möglichkeiten, Lebensmittel besser und nachhaltiger zu erzeugen. Verbraucher, die dafür bezahlen wollen, sind da. Außer einige Erzieher, weil die zurzeit noch immer einen inakzeptablen Hungerlohn erhalten.

Es gibt viele Eltern, die mit dem staatlichen System der Erziehung nicht zurechtkommen können oder wollen. Oft liegt es an den individuellen Bedürfnissen der Kinder. Viele Eltern würden schon jetzt etwas mehr ausgeben, als die gemeindeeigene Kita kostet. Also warum keine private Kita gründen? Der Systemwechsel zu mehr monetärer Wertschätzung Deiner Dienstleistung wird zwar dauern, aber kaum aufzuhalten sein. Dazu musst Du Wert anbieten, den es so bisher nicht gibt. Echten Wert, ohne Umwege, ohne Schönfärberei, ohne Label. Nur gut. So gut, dass es sich herumspricht. Digital oder analog.

Wollen wir Kinder ausbilden oder Bilanzen prüfen?

In Deutschland waren 2019 insgesamt 69,2% des Bruttoinlandsprodukts nach Wertschöpfung Dienstleistungen [54].

Der Anteil der Dienstleistungen steigt Jahr für Jahr. Zu diesem Bereich der Dienstleistungen zählen sowohl Steuerberater und Wirtschaftsprüfer als auch Erzieher.

Wirtschaftsprüfer findest Du beim Statistischen Bundesamt im Bereich Rechts- und Steuerberatung, Unternehmensberatung. Dieser Bereich erwirtschaftete im Jahr 2017 genau 179,3 Milliarden Euro. Dieses Geld wird überwiegend für die Vergangenheit ausgegeben. Es werden Dinge geprüft, in jahrelangen Prozessen behandelt, aufgedeckt oder gar ihre Aufdeckung verzögert.

Erzieher findest Du im Bereich Erziehung und Unterricht, dieser erwirtschaftete im selben Zeitraum nur 169,0 Milliarden Euro. Geld für unsere Zukunft.

Ist uns die Ausbildung unserer Kinder 10 Milliarden Euro weniger wert als unsere Anwälte, Wirtschaftsprüfer und Berater?

Das Geld geben wir vorwiegend aus für die Bearbeitung von Vorgängen, die wir nicht bräuchten, wenn jeder ordentlich arbeiten und berichten würde. Ist das unser Ernst?

Selbst wenn es den Wirecard Skandal nicht gegeben hätte, sind diese Zahlen absolut beschämend. Sie zeigen, wo wir unsere Prioritäten bis heute setzen!
Wollen wir dieses Missverhältnis so weiterführen?

Um der beruflichen Welle der Entrüstung über meine Aussage vorzubeugen: Liebe Steuerberater, Anwälte und Wirtschaftsprüfer, ich schätze Eure Arbeit und sie hat einen großen Wert. Wir müssen uns aber die Frage stellen, wie und ob dieser Wert im Verhältnis zu den gesellschaftlichen Aufgaben zu bestimmen ist. Reicht allein die Tatsache, dass die Anzahl der Finanzskandale, des Verbraucherbetrugs und der Gerichtsprozesse stetig steigt, um das Wachstum Eurer Branche zu rechtfertigen? Oder sollte es unsere Aufgabe sein, das System so zu vereinfachen, dass weniger Betrug und Skandale passieren? Ist es möglicherweise ein unüberschaubares System von Gesetzen, Regeln, Verordnungen, das uns erst diesen Missstand beschert?

Ist die massenhafte Bearbeitung von lukrativen Einzelvorgängen echte Wertschöpfung, wenn diese Vorgänge vermeidbar wären?

Wäre nicht die individuelle und systematische Aufrüstung der Fähigkeiten unserer Kinder in dieser immer grenzwertiger werdenden Welt eine sinnvollere Wert-Schöpfung?

Was ist also der wahre Wert einer Dienstleistung?

Ist das nur der Wert, der für sie bezahlt wird, oder gibt es da noch weitere Kriterien? Ich sage, es MUSS andere Kriterien geben. Diese müssen wir festlegen und einführen.

Wer und was muss rund um den Globus geschickt werden?

Der gesamte Transport von Waren und der gesamte Verkehr zu Lande, zur See und in der Luft, erwirtschaftete 2017 in Deutschland ein Bruttoinlandsprodukt von 100,7 Milliarden Euro. In der Corona Pandemie brach die gesamte private und geschäftliche Reisebranche ein wie nie zuvor. Plötzlich wurde jedem bewusst, dass das Meiste davon unnötig war. Der Allianz CEO beschloss, die Ausgaben seines Konzerns für Reisen zukünftig zu halbieren. Firmen rund um den Globus tun es ihm gleich. Warum? Weil Reisen für die Firmen plötzlich keinen nennenswerten zusätzlichen Wert mehr schaffen. Wo lag also der Fehler vorher? Warum kamen die Firmenchefs nicht vorher auf diese simple Gleichung? Liegt hier ein Kultur gewordener falscher Standard vor? Reagieren wir falsch aus Angst vor einer Rezession? Sollte Rezession auch zukünftig nur an Zahlen festgemacht werden? Jeder spricht von den negativen Auswirkungen der Pandemie, aber haben wir uns einmal überlegt warum zwar die Wirtschaft und die Medien stöhnen, aber viele Einzelpersonen sagen, sie sehen auch die positiven Seiten einer Rückkehr zu den einfachen Dingen? Erzeugt wirtschaftliche Rezession vielleicht sogar einen geistigen Aufschwung?

Welche Art Rezession erleben wir eigentlich?

Die Bundeszentrale für politische Bildung definiert Rezession so: „Die Wirtschaft eines Landes muss wachsen, damit sich das Land weiter entwickeln kann. Gibt es zeitweise bei der Wirtschaft keinen Zuwachs mehr, spricht man von ‚Stillstand' oder ‚Stau'. Wenn sich die wirtschaftliche Lage aber verschlechtert, befindet sich ein Land im Abschwung. Das wird auch ‚Rezession' genannt."

Zwischen 2005 und 2015 wuchs die Bevölkerung in Deutschland um 350 (!) Menschen. Nachzulesen beim Statistischen Bundesamt. Bevölkerungswachstum = 0,0%. Im gleichen Zeitraum stieg das verfügbare Einkommen der Haushalte um 21,7%. Dieses Einkommen mehrt unseren Wohlstand und unsere Ausgaben. Wie nützen wir diesen Wohlstand? Während die Fleisch- und Wurstpreise bei den Discountern fielen, obwohl dort bei manchen Wurstwaren bald genauso viel Verpackungsaufwand wie Inhalt zu Buche schlägt, kostete das Premium Handy im Jahr 2015 ein Vielfaches im Vergleich zum Modell 2005. Essen ist uns relativ gesehen weniger wert, den Wohlstand stecken wir in digitale Erreichbarkeit. Das gilt wohlgemerkt für den Durchschnitt der Bevölkerung. Mein Eindruck: wir sind auf ungesundes Wachstum konditioniert. Statusdenken und fehlende Wertschätzung für gesunde Produkte treiben uns in fehlgeleitetes Wirtschaftswachstum – begleitet von einer geistigen Rezession: wir verlernen was gesund und nachhaltig ist, die Kehrseite der Medaille. Die geistige Kompetenz eines Landes sollte wachsen, wenn es sich weiterentwickeln will. Und ein gesunder Geist wohnt nicht gerne in einem ungesunden Körper. Momentan ist solcher Fortschritt nicht auf breiter Front zu entdecken. Politik, Unternehmen, Verbraucher ziehen an einem Strang in Richtung Abgrund? Nicht ganz, beispielsweise bei den Millennials tut sich etwas. Biomärkte, vegetarisches und veganes Essen, ökologisch produzierte Kleidung, fair gehandelte Produkte und die Abkehr von Plastik gehören zum guten Ton, allerdings nur bei denen die es sich leisten können. Womit wir wieder bei Wert und Preis angekommen sind.

Was ist produktive Wertschöpfung?

Wir verstehen unter Wertschöpfung im Bruttoinlandsprodukt den Wert von erwirtschafteten Waren und Dienstleistungen zu den aktuellen Preisen. Vorleistungen, also Zukauf werden dabei nicht berücksichtigt.

Was ist eine Kiwi wert, die in Neuseeland für 3 Cent eingekauft, auf ein Schiff verladen und nach Deutschland verschifft wird?

Ein Kilogramm goldene Kiwi kostet im neuseeländischen Supermarkt umgerechnet 0,58 Euro. Das Stück wiegt durchschnittlich 108g und kostet somit etwa 6 Eurocent. Dieselbe Kiwi kostet in Deutschland zwischen 48 und über 70 Cent, also 8- bis 12-mal so viel. Ist der wahre Wert der Kiwi nun 6 Cent oder 48 Cent? Ist die Wertschöpfung durch den Transport gesellschaftlich wertvoll?

Neuseeland produziert neunmal so viele Lebensmittel wie seine Einwohner verbrauchen. Diese Überproduktion, von Lammfleisch bis Kiwi, wird in die ganze Welt exportiert. Kiwis wachsen genauso gut in Italien. Selbst an der südlichen Weinstraße werden sie erfolgreich angebaut. Die 42 Cent Transport- und Lagerkosten sind also primär leere Wertschöpfung ohne irgendeinen gesellschaftlichen Sinn. Sekundär belastet der Transport der

Vitaminbomben in den Schweröl fressenden Ozeanriesen die Umwelt. Er erzeugt Unmengen an CO_2 und verpestet die Luft über den Meeren.

Ein Kilogramm Rindfleisch, in Deutschland produziert, verbraucht bei Intensivhaltung circa 6.000 Liter Wasser, bei Weidehaltung mehr als 12.000 Liter. 1.000 Liter Wasser kosten hierzulande 2,20 Euro. Allein das Wasser zur Fleischproduktion würde also, *wenn es bezahlt werden müsste*, zwischen 13 und 25 Euro pro Kilo Rindfleisch kosten. Bei EDEKA kostet das Kilogramm Rindfleisch in dieser Woche 9,80 Euro. Dafür wird der Händler bezahlt, der Schlachthof, der Transport, der Bauer, das Futtermittel, die Ställe, der Tierarzt, seine Medikamente und so weiter. Die Bilanz von argentinischem Rindfleisch inklusive Transport nach Deutschland aufzustellen, erübrigt sich wohl. Während das Beklagen der Zustände in der Fleischindustrie in aller Munde ist, schlägt sich in unserem Kaufverhalten noch keine deutliche Veränderung nieder.

Was ist also echte Wertschöpfung? wie viele Menschen könnten von der Anbaufläche der 16kg Futtermittel ernährt werden, die ein kg Rindfleisch verbraucht hat?

Wie fördern wir gesellschaftlich sinnvolle Wertschöpfung?
Am 26. Oktober 2017 wurde die damals 37-jährige Jacinda Ardern zur 40. Premierministerin Neuseelands vereidigt. Bereits seit ihrem 17. Lebensjahr ist sie politisch aktiv. Nach eigenen Angaben verfolgt sie eine progressive Politik. Neben Maßnahmen gegen den Klimawandel, konzentriert sie sich unter anderem auf ein reformiertes Steuersystem zugunsten von Familien, eine bessere Förderung ländlicher Regionen und Maßnahmen für bezahlbares Wohnen. Über die Grenzen Neuseelands hinaus bekannt und diskutiert wurden ihre Ansätze unter dem Begriff ‚Wellbeing Budget'. In Wikipedia [55] findet man hierzu:

„Auf dem World Economic Forum kündigte Ardern im Januar 2019 an, dass Neuseeland in seiner Finanzpolitik einen neuen Ansatz verfolgen wolle. Er sieht vor, dass nicht nur der ökonomische Wohlstand, sondern auch das gesellschaftliche Wohlbefinden berücksichtigt wird. In der Praxis sollen die einzelnen Ministerien aufzeigen, wie die staatlichen Ausgaben den Menschen zugutekommen. So sollen zum Beispiel mit jedem Budget zugleich die Zahlen zur Kindesarmut vorgelegt werden. … Im Mai 2019 stellte die neuseeländische Regierung das weltweit erste Wellbeing Budget vor. … Es setzt fünf Schwerpunkte:
- Unterstützung des Übergangs zu einer nachhaltigen emissionsarmen Wirtschaft
- Unterstützung einer florierenden Nation im digitalen Zeitalter
- Erhöhung der Einkommen, Fähigkeiten, Möglichkeiten der indigenen Bevölkerung
- Verringerung der Kinderarmut
- sowie die Unterstützung der psychischen Gesundheit mit einem besonderen Fokus auf junge Menschen".

Die neuseeländische Regierung definiert damit erstmalig das Ziel der Gesellschaft nicht mehr überwiegend monetär. Stattdessen wird das Wohlergehen der Einwohner des Landes als hohe Priorität gesetzt. Wünschen wir uns, dass andere Führer der westlichen Welt ähnlich gute Ideen hervorbringen.

Zum Vergleich: unser deutsches Konjunkturpaket mit Mehrwertsteuersenkung, um die Folgen der Pandemie zu bekämpfen, bewirkt eher das Gegenteil. Der um 3% günstigere Ferrari oder der subventionierte Gang ins Nobelrestaurant sind als Mittel zur Bewältigung struktureller Fehlentwicklung eher ungeeignet.

Bevor wir jedoch ins Jammern abgleiten, was lernen wir daraus?

Dienstleistungen werden auch in Zukunft immer mehr zunehmen. Darin liegt auch Deine Chance.

Schon heute sind zwei Drittel des bundesdeutschen Bruttoinlandsprodukts Dienstleistungen. Von insgesamt 2.900 Milliarden Euro BIP über alle Wirtschaftsbereiche in 2017 waren 2.000 Milliarden Euro Dienstleistungen. Die Fahrzeugproduktion brachte es auf ganze 116 Milliarden, der Maschinenbau auf 103 Milliarden Euro. Das gesamte produzierende Gewerbe zusammen erwirtschaftete mit 890 Milliarden Euro weit weniger als die Hälfte des Dienstleistungssektors.

Die Frage ist nicht OB die Dienstleistung zunimmt, sondern WELCHE.

Wie messen wir die echten Kosten von Produkten?

Einfache Antwort: Durch einen Umwelt-Fußabdruck im gesamten Produktlebenslauf. Wird es gemacht? Nein.

Regierungen weltweit, mit wenigen Ausnahmen, haben sich zur Einhaltung von Klimazielen verpflichtet. Das Klima ist eines der komplexesten Systeme der Natur.

Wenn Du mir nicht sofort zustimmst, dann versetze Dich bitte kurz in die Lage der deutschen Forscherin, die ein Jahr lang in einem winzigen Habitat auf einem Vulkan von Hawaii lebte, um die Situation in einer Raumstation auf dem Mars zu simulieren. Würdest Du Deine Luft auf 10 Quadratmetern gerne mit anderen teilen? Könntest Du Dir ein Jahr ohne Regen vorstellen? Möchtest Du Dein regeneriertes Duschwasser trinken? Eben. Wir reden von einem vollständig geschlossenen Kreislauf. Die Luft, die Du ausatmest, muss erst wieder durch einen Baum bevor sie Dein Nachbar wieder mit Sauerstoff einatmen kann. Der Baum braucht Erde. Die Erde braucht Wasser. Das alles macht unsere Welt umsonst.

Viele Faktoren, die wir kennen, aber auch solche die wir erst erforschen, haben einen Einfluss auf das Weltklima. Wenn wir einschätzen wollen, wie eine Produktion oder Dienstleistung sich auf das Klima auswirkt, müssen wir eine komplette Kette verfolgen. Früher oder später muss jedes Produkt und auch jede Dienstleistung einen messbaren CO_2-Fußabdruck besitzen. Dieser Fußabdruck dokumentiert das Produkt von der Entstehung bis zur Rückführung in die Kreislaufwirtschaft. Er reicht von der Idee eines Produkts als Skizze, über die Prototypen Herstellung, die Fertigung im Produktionswerk, die Montage in einer Baugruppe, die Benutzung über den gesamten Lebenszyklus, die Wartung, die Zerlegung bei der Wiederverwertung, die Entnahme der wertvollen Rohstoffe, bis zur Lagerung oder Vernichtung der unbrauchbaren Reststoffe. Im Englischen hat sich hierfür der Begriff ‚cradle to grave' (bei Nichtverwertbarkeit der Reststoffe) oder ‚cradle to cradle' bei vollständiger Kreislaufwirtschaft durchgesetzt. Nur wenn diese gesamte Wertschöpfungskette konsequent bewertet werden kann, ist klar, was ein Produkt die Gesellschaft kostet. Dementsprechend muss der Preis festgelegt werden. Ein CO_2 Preis ist erst der Anfang. Nur so können wir Produkte gerecht bewerten und damit wegkommen von ‚leerer' oder gar ‚negativer' Wertschöpfung. Dasselbe gilt natürlich auch für Dienstleistungen. Würden wir bereits heute den CO_2 Preis für alle Produkte im gesamten Zyklus verlangen, sähe unsere Welt völlig anders aus. Nur noch Wohlhabende würden auf die Idee kommen, regelmäßig Rindfleisch zu essen. Nutzflächen könnten für Getreide verwendet werden. Die Abholzung des brasilianischen Regenwalds wäre unnötig, weil niemand mehr die Flächen braucht. Kein Handy würde mehr in einer Schublade schlummern, sondern für einen fairen Gegenwert recycelt werden, wenn es eine Kreislaufwirtschaft für die enthaltenen Rohstoffe gäbe. Und bei der

CO2-Bilanz fängt die faire Bewertung der Kosten erst an. Wasser hat nicht den realen Preis. Plastikabfall ist unterbewertet, landet in Massen in Entwicklungsländern und in den Meeren, weil das nichts kostet. Mit der gelben Tonne beruhigen wir unser Gewissen und verseuchen die Welt.

Im Zeitalter der Daten sind solche Bewertungen früher oder später kein Problem mehr. Ich bin mir sicher, schon jetzt arbeiten Entwickler an Softwarelösungen mittels Blockchain oder anderer Technologien, die diese Bewertung und Verfolgung ermöglicht. Solche Technologien bilden den Grundstock für echten Mehrwert in der Zukunft.

Ob Du ein Software-Guru bist und Dich nun diesem Thema widmest, oder eine andere Idee verfolgst: Die Themen liegen massenweise auf der Straße und müssen nur aufgegriffen werden.

Die Liste der zu stellenden Fragen könnte nahezu endlos fortgesetzt werden. Es gibt Hoffnung. Immer mehr junge Menschen stellen die richtigen Fragen. Sie lassen es nicht zu, dass die Gesellschaft sich um die Antworten drückt. Ein Wunder ist das nicht. Heute 20-jährige sind nicht in den Kategorien des Taylorismus gefangen. Sie wollen nicht mehr ihr ganzes Leben lang Baugruppen an ein Auto schrauben, um das Prestigeauto mit einem Stern verbilligt fahren zu können. Sie brauchen kein Auto als Besitz. Wert definieren Sie anders, denn ihr Wertbegriff hat sich erweitert. Eine bildliche Darstellung dieses neuen Wertbegriffs beinhaltet Abbildung 7 auf Seite 250.

Ein Systemwechsel kann nur schrittweise erfolgen. Es wird vielleicht Jahrzehnte dauern, bis sich das System herausschält, das die zukünftigen Herausforderungen meistert. Jeder kleine Schritt einzelner Unternehmen gestaltet diese Zukunft. Auch Du kannst mit einem neuen nachhaltigen Ecosystem Geschäftsmodell beitragen, die kritische Masse für eine menschlichere Wirtschaft zu erreichen. Dann profitierst Du nicht nur von einem Zukunfttrend, sondern Du bist ein mutiger Teil des Abenteuers Zukunft. Um den Mut geht es im letzten Kapitel.

Doch lass uns zunächst noch einmal einen Blick auf die Beziehung zwischen Unternehmen und Gesellschaft werfen. An dieser Nahtstelle wird entschieden, ob das Ecosystem Prinzip wirklich funktioniert. Wenn wir das Zeitalter der hierarchisch organisierten Massenproduktion hinter uns lassen wollen, in dem zu viele Menschen nur Produktionsmittel darstellten, dann darf die Eingangspforte der Unternehmen keine Trennstelle mehr zwischen Leben und Arbeit darstellen. In weiten Teilen der Digitalwirtschaft ist diese Trennstelle bereits verschwunden. Dass durch die Pandemie zwangsweise mehr Menschen im Homeoffice arbeiten, hat uns die Dringlichkeit einer umfassenden Debatte über ein zentrales Thema vor Augen geführt: wie können wir Freizeit und Arbeitszeit, Privatleben und öffentliches Leben so organisieren, dass sie gesellschaftlichen Mehrwert erzeugen? Wie können kleine und große Ecosystems die Gräben zwischen Wirtschaft und Gesellschaft überwinden?

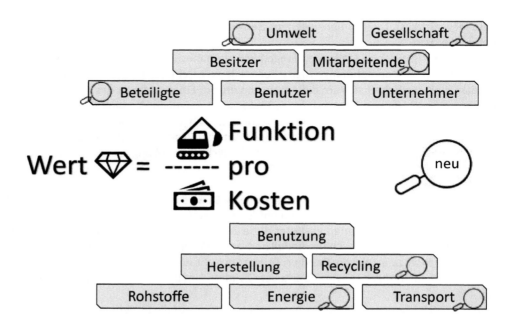

Abbildung 7: Der Wertbegriff erweitert sich

Grenzen überwinden.

Wirtschaft in der Gesellschaft.

Bewerber stellen neue Ansprüche

Wenn heute Bewerber auf Augenhöhe mit Unternehmen über ihre Wünsche und Ziele sprechen, ist das bereits ein gewaltiger Fortschritt.

Personalabteilungen können nicht mehr nur Bewerbungen entgegennehmen, selektieren und Verträge verhandeln. Sie müssen sich etwas einfallen lassen. Um Fachkräfte zu finden, reicht es nicht mehr, bessere Sozialleistungen, eine Kantine oder einen Firmenwagen zu bieten. Die Vorstellungen von Kandidaten sehen mittlerweile vielschichtiger aus. Nach einer Studie der Firma GermanPersonnel [56] wünschen sich 73% der Bewerber bereits in der Stellenanzeige mehr Informationen über Mitarbeitervorteile wie Sportangebote. Die Bewerber beurteilen die Kommunikation der Unternehmen verheerend. 64% der Befragten, die sich gegen eine Bewerbung bei einem Unternehmen ausgesprochen haben, hielten die Informationen in der Stellenbeschreibung für unglaubwürdig. 53% bezweifelten, dass die Informationen auf der Website des Unternehmens glaubwürdig waren. Gibt es ein latentes Vertrauensproblem von jungen Menschen gegenüber Unternehmen?

Überraschen könnte das nicht. Der Kampf um Fachkräfte wird härter, da greifen Unternehmen schon mal nach den Sternen bei der Darstellung ihrer Stärken. Schwächen fallen gerne unter den Tisch. Stellt der Bewerber nicht die richtigen Fragen, kann die Überraschung nach Antritt der Stelle groß sein. Die alltäglichen Nachrichten über Betrug an Kunden und Finanzskandale tun ein Übriges. Das Bild von Unternehmen in der Öffentlichkeit ist schlechter geworden.

Ich glaube trotzdem, dieses Bild ist verzerrt. Dass Skandale zunehmen, steht außer Frage. Es ist nicht akzeptabel. Aber Skandale sind medienwirksam. Nicht medienwirksam sind die tollen Leistungen der kleinen und mittleren Firmen in der Fläche. Das Ingenieurbüro in der saarländischen Kleinstadt, der Architekt auf dem niedersächsischen Dorf, die private Buchhandlung oder die Praxis für Physiotherapie im fränkischen Unterzentrum waren bisher graue Mäuse. Das ändert sich gerade und sie gewinnen an Attraktivität, gerade weil sie dezentral organisiert sind. Sie gelten als vertrauenswürdig, weil man sich persönlich kennt. Lange Zeit waren sie unattraktive Arbeitgeber. Aber wer möchte oder kann sich noch die Mieten in München oder Hamburg leisten? Wenn es nun möglich ist, seinen Kindern in Kleinstädten und auf dem Land eine sichere und attraktive Umgebung zu bieten, und durch moderne Technologien überall seinen Job zu erbringen, schrumpft der Vorteil von Städten auf das Thema Kulturangebote und Shopping zusammen. Der Ruf der großen Produktionsunternehmen leidet seit Jahren. Nach dem Studium wollten Berufsanfänger früher zu BMW oder Daimler. Gute Bezahlung und Aufstiegschancen standen im Mittelpunkt.

Heute heißt der Spitzenreiter im Arbeitgeber-Ranking Google. Der Tech-Riese führt laut arbeitgeber-ranking.de [57] in 15 Kriterien: attraktive Aufgaben, Aufstiegsmöglichkeiten,

attraktiver Standort, Chancengleichheiten, Eigenverantwortung, Karriereperspektiven, Work-Life-Balance, Führungsstil, faires Gehalt, Innovationskraft, Kollegialität, persönliche Entwicklung, Unternehmenserfolg, Weiterbildung und Wertschätzung der Mitarbeiter das Feld an. Im Kriterium Image führt Porsche. Und nur in diesem. Aber wie lange noch?
Das produzierende Unternehmen ist unattraktiver geworden. Es lebe die Dienstleistung.

Wir erleben einen Paradigmenwechsel in der Sicht auf die Unternehmen. Wie sehen die Unternehmen selbst ihre Rolle?

Erinnerst Du Dich an den verbalen Schlagabtausch Anfang 2020 zwischen Joe Kaeser, dem CEO von Siemens, und Luisa Neubauer von Fridays for Future? Die Aktivistin hatte Siemens aufgefordert, keine Signalanlage für das umstrittene Kohlebergwerk des indischen Adani Konzerns in Australien zu liefern. Der Siemens Chef hatte ihre Forderung abgelehnt, aber Neubauer daraufhin einen Sitz im Aufsichtsrat angeboten. Sein Argument: er wolle, dass die Jugend sich beteiligen könne. Luisa Neubauer lehnte das Angebot mit Blick auf die Unvereinbarkeit mit Ihrer Rolle als Klimaaktivistin ab. War das Angebot ein unternehmerischer Trick oder aufrichtiger Versuch von Beteiligung? Für Siemens hätte die Nicht-Lieferung der Signalanlage einen minderen Umsatzausfall zur Folge gehabt. Es wäre aber eine riesige Signalwirkung ausgegangen, von einer Entscheidung nicht zu liefern. Dazu sind die meisten Großkonzerne heute noch nicht bereit. Eher versuchen sie, Lobbyisten zu gewinnen, um hinter den Kulissen etwas zu bewegen. Sie fürchten negative Auswirkungen auf ihr Geschäftsmodell. Sie verteidigen alte Geschäftsmodelle bis der letzte Euro Cash aus ihnen gequetscht ist. Auch das Geschäftsmodell von Siemens ist in Teilen noch eng verbunden mit der ersten und zweiten industriellen Epoche: Mechanisierung auf Basis fossiler Energie plus Elektrifizierung. Den Schritt in die dritte Epoche, das Zeitalter der Daten, haben diese Unternehmen noch vor sich. Wer die besten Kämpfer zur Verteidigung seiner Festung einsetzt, kann keine neuen Länder erobern.

Auch deshalb steht heute Google an der Spitze der attraktivsten Arbeitgeber für junge Menschen in Deutschland. Google hatte keine Festung zu verteidigen. Das Unternehmen ist in das neue Jahrtausend ganz natürlich hineingewachsen. Genauso wie die jungen Menschen die dort gerne arbeiten wollen.

Die oben genannten Entwicklungen lassen sich auf eine einfache Formel bringen: Bewerber gewinnen an Einfluss - Unternehmen sind entweder bereits mit neuen Geschäftsmodellen gerüstet - oder müssen sich unter Zeitdruck verändern, um nicht zu verschwinden. Um sich erfolgreich zu verändern muss die Veränderung höhere Priorität als die Verteidigung haben.

Die ideale Unternehmensgröße und Vernetzung

Mit der Anpassung und Veränderung ist das so eine Sache. Nehmen wir wieder das Beispiel Siemens, oder BMW, oder SAP. Bis in einem 50 - 100 Jahre alten Unternehmen mit mehreren hunderttausend Mitarbeitern eine Transformation geschafft ist, vergehen 5, 10 oder 15 Jahre. Manche Mitarbeiter sind seit 30 - 40 Jahren im Unternehmen und passen sich nicht gerne an veränderte Rahmenbedingungen an. Manche Transformation wird nach 5 Jahren vom nächsten CEO wieder kassiert, weil die angestammte Belegschaft nicht mitzieht. Was folgt daraus?

- Je kleiner und somit anpassungsfähiger ein Unternehmen ist, desto besser kann es sich auf ständig ändernde Rahmenbedingungen einrichten

Schon ab einer Größe von über 250 Mitarbeitern wird dieser Anpassungsprozess schwierig. Daher zerlegen viele Konzerne ihr Geschäft in überschaubare, weitgehend selbstständige Einheiten von nicht mehr als 250 Mitarbeitern. In dieser mittelständischen Struktur lassen sich Entscheidungen besser treffen, da das Führungsteam nahe am Puls des Geschäfts ist. Auch für die lokale Umgebung des Unternehmens entstehen dadurch große Vorteile. Mitarbeiter sind in regionalen Strukturen eingebunden, unterstützen lokale Vereine, engagieren sich in der Kommunalpolitik, bilden Interessengemeinschaften. Das eigenständige mittlere Unternehmen kann diese Aktivitäten aufgrund seiner hohen Entscheidungsbefugnisse unterstützen. Dadurch steigt das Ansehen in der Bevölkerung. Für die Abteilung eines Großkonzerns ist diese breite Vernetzung in regionalen Strukturen schwierig.

- Lokal vernetzte, überschaubare Unternehmen sind weniger krisenanfällig.

Sie bieten mehr Möglichkeiten für Mitarbeiter mit Unternehmergeist, sich selbstständig zu machen. Daraus kann sich ein noch stabileres Netzwerk entwickeln, das wiederum dem Unternehmen und den Selbstständigen nützt. Nicht zuletzt sinkt die unnütze Fahrleistung auf dem Weg zur Arbeit.

Klein ist flexibler, klein und vernetzt ist weniger krisenanfällig.
Klein, im Ecosystem vernetzt und gesellschaftlich eingebunden: das neue Groß?

Wirtschaft und Gesellschaft Hand in Hand: das klingt nicht nach digitalen Zeiten. Es klingt nicht nach Plattformökonomie. Es klingt eher nach einem romantischen ‚Zurück zu den Gründerjahren der Bundesrepublik'. Ein Träumer träumt vom Wirtschaftswunder Mittelstand 2.0?

Ist es nicht vielmehr so: In der Plattformökonomie gilt das Prinzip ‚The Winner takes it all'?
Ja, bisher war das so. Die westlichen und asiatischen Gesellschaften haben digitale Monopole zugelassen, weil sie nicht auf den Wechsel vom fossilen und elektrischen Zeitalter ins Zeitalter der Daten eingerichtet waren. Die Digitalkonzerne haben das ausgenutzt. Es hat ihnen auch niemand verwehrt. Als ich 1999 im Flieger nach Zaragoza einen Mitarbeiter von Google traf, prophezeite er mir, dass sein Unternehmen die Welt verändern werde. Ich kannte das Unternehmen nicht und ahnte noch nicht ansatzweise, was das bedeuten würde. 20 Jahre später kann sich niemand mehr erinnern wie die Welt vor Google aussah. Erst jetzt greifen langsam Regulierungsbestrebungen der Politik. Sie greifen deshalb, weil die Politik erkennt, dass uns Steuern durch die Lappen gehen. In weiteren 20 Jahren wird Google viele andere Geschäftsmodelle haben müssen, als ‚eine über Werbung finanzierte Suchmaschine'. Kein Unternehmen weiß das besser als Google. Und Regierungen rund um den Globus werden wieder im Wettlauf mit den Unternehmen sein, Dinge zu regulieren, an die man bisher gar nicht dachte.

Nein, ich bin überzeugt, dass die heutige Plattform Entwicklung nur eine Vorstufe zum Üben von etwas Größerem ist. Es gibt nicht alle 20 Jahre eine so gravierende Zeitenwende wie wir sie gerade erleben. Technologie verläuft in Sprüngen. Der Sprung den wir gerade noch an seinem Beginn erleben wird zeitlich kurz sein - und in seiner durchschlagenden Wirkung absolut einzigartig. Plattformökonomie der social networks und des Handels ist nur die digitale Vorstufe zur Vernetzung und Automatisierung aller Produktionsmittel, die den Menschen als Produktionsmittel überflüssig macht. Der Mensch muss daher entscheiden was seine zukünftige Rolle ist, bevor übermächtige Konzerne ihm diese Entscheidung – wie bei der Ökonomie privater Daten – abnehmen bevor er es bemerkt hat.

In den nächsten 20 Jahren wird sich mehr verändern als in den letzten 250 Jahren zusammen. Die viel beschworene ‚Singularität', ab der die Technologie den Menschen nicht mehr braucht, weil sie sich selbst entwickeln kann, wird hoffentlich nicht so bald kommen. Der Amerikaner Ray Kurzweil [58] schätzte das Eintreten dieses Ereignisses in seinem Buch aus dem Jahr 2005 ‚Menschheit 2.0 - Die Singularität naht' auf das Jahr 2045. Ich glaube, als amerikanischer Computerpionier dachte er noch in den Kategorien des ausgehenden letzten Jahrhunderts: Immer weiterer, ungebremster technischer Fortschritt. Ob sich die Menschen des 21. Jahrhunderts dieses Szenario gefallen lassen? Da bin ich skeptisch. Sicher, ein zentralistisch geführtes Land wie China kann die Demokratiebewegung in Hongkong noch eine Weile mit Gesetzen und Technologie unterdrücken. Ob es aber langfristig gelingen kann, 1,5 Milliarden Menschen im Riesenreich China allein mit technologischer Stärke zu führen und zu entwickeln wird sich zeigen. Ich bin da skeptisch.

Unternehmen erkennen das Gemeinwohl

Neulich verfolgte ich eine typische Diskussion zum Thema Konkurrenz auf LinkedIn. Sie lief so ab: Tesla Gegner veröffentlicht einen Zeitungsartikel [59] mit dem Inhalt, dass Elon Musk zukünftig partnerschaftlich mit anderen Autoherstellern kooperiere. Man wolle Lizenzen für Software, Antriebssysteme und Batterien zur Verfügung stellen. Dies könne, so das Blatt, die gesamte Autoindustrie verändern. Musks Idee wurde von der Zeitung als brillanter Plan kommentiert. Der Tesla Gegner entlarvte diese Strategie von Musk als vergifteten Apfel. Er erhielt für seinen Post viel Zustimmung von der Seite seiner LinkedIn Gemeinde. Ich sah mich auf den Plan gerufen und kommentierte, dass seit 30 Jahren bekannt sei, dass Kooperation effektiver sei als Konkurrenz. Ich erntete Widerspruch: ohne Konkurrenz würde in Tech-Industrien kein Fortschritt entstehen. Ist das richtig?

Zunächst zu den Fakten. Die US-amerikanischen Professoren David und Roger JOHNSON veröffentlichten Anfang der 1990er eine Metastudie mit einem ganz klaren Ergebnis: Aus 369 ausgewerteten Studien die über den Verlauf von 90 Jahren durchgeführt wurden, und die Auswirkung von Kooperation und Konkurrenz auf die Leistung verglichen, ergab sich mit einer Mehrheit von 87%: Kooperation schlägt Konkurrenz.

Zu einem vergleichbaren Schluss kommt Alfie KOHN im Jahr 1992. Er argumentiert, dass Wettbewerb von Natur aus destruktiv ist und dass Wettbewerbsverhalten kulturell induziert und kontraproduktiv ist und Angst, Selbstsucht, Selbstzweifel und schlechte Kommunikation verursacht. Kooperation ist Konkurrenz überlegen.

Doch tatsächlich ist Konkurrenz ein ständiger Treiber für Verbesserung. Lässt sich dieser Widerspruch auflösen? Ja, und zwar sehr einfach:

- Effizienz ist die Dinge *richtig* tun. Effizienz steigt *auch* durch Wettbewerb.
- Effektivität ist die *richtigen* Dinge tun. Effektivität steigt durch Kooperation.

In einem wunderbaren 10-minütigen Video von Russel Ackoff [60] – nur für Englisch Könner empfohlen - wird dieser Unterschied praktisch so erklärt, dass man ihn nie wieder vergisst.

Wenn wir also zuerst kooperativ im Ecosystem entscheiden was die richtigen Dinge sind, und danach in einer fruchtbaren Zusammenarbeit entscheiden, wie wir sie richtig tun, steigt der Wert des Ergebnisses dramatisch an. Das ist übrigens der methodische Kern aller agilen Methoden und Frameworks. Nicht mehr und nicht weniger.

Es dauerte volle 25 Jahre (!) bis sich die Erkenntnisse von Johnson und Kohn in der Wirtschaft auszuwirken begannen. Christian FELBER leitete mit einer Bewegung der Gemeinwohl-Ökonomie [61] eine Trendwende ein. Heute stehen über 2200 Unternehmen hinter dieser Idee. Auch deutsche Mittelständler, wie der Outdoor-Spezialist Vaude der Unternehmerin Antje von Dewitz, machen die Bewegung immer bekannter.

Was bedeutet Gemeinwohl-Ökonomie?

Sie bezeichnet ein Wirtschaftssystem das Gemeinwohl anstrebt oder fördert. So entsteht ein Veränderungshebel auf wirtschaftlicher, politischer und gesellschaftlicher Ebene. Die große Idee dahinter: Geld ist in unserem heutigen System zum *Ziel* des Wirtschaftens geworden. Das ist eine fatale Vertauschung von Ziel und Mittel. Sie führt in die Irre. Denn Geld sollte nur ein *Mittel* dazu darstellen, um den Zweck, das Gemeinwohl zu erreichen. Stattdessen hat der Kapitalismus heutiger Schule die Erzielung maximalen Gewinns zum alleinigen Zweck erhoben und damit viel Unheil angerichtet: Konzentration und Missbrauch von Macht. Ausschaltung des Wettbewerbs und Kartellbildung. Standortkonkurrenz mit den Folgen der Globalisierung. Ineffiziente Preisbildung die den Wert von Finanztransaktionen höher bewertet als den der Betreuung von Kindern und Alten, als saubere Luft und Umwelt. Die Auswirkungen sind soziale Polarisierung, Hunger, Umweltzerstörung, Sinnverlust und Werteverfall.

Die deutschsprachige Ausgabe des Forbes Magazins schreibt im Juli 2020: Die Zukunft liegt in der Gemeinwohl-Ökonomie. [62]

Wie kann Gemeinwohl-Ökonomie funktionieren?

Das Prinzip ist denkbar einfach. Gemeinwohl-Unternehmen vollziehen Schritt für Schritt den Weg von der Konkurrenz zur Kooperation. Anstatt Wettbewerber zu schädigen oder aufzukaufen, Verbraucher absichtlich irrezuführen, oder viel Geld in Werbung zu stecken um damit die Konkurrenz überflügeln, besinnen sie sich auf die Erkenntnis, dass prinzipiell die Kooperation der Konkurrenz weit überlegen ist, weil effektiver. Sie kooperieren untereinander und sogar auf Branchenebene. Sie entwickeln gemeinsam, stellen Open Source Modelle und Creative Commons Lizenzen zur Verfügung. Sie teilen Ergebnisse in gemeinsamen Produktinformationssystemen. Sie helfen sich gegenseitig in Krisen. Das System dahinter wird von Auditoren überwacht, wie jedes Qualitäts- oder Umweltzertifikat. Zugrunde liegt dem System eine sogenannte Gemeinwohl-Matrix, die den Kriterienkatalog festlegt. Darin gibt es fünf wesentliche Berührungsgruppen: Lieferanten, Eigentümer und Finanzpartner, Mitarbeitende, Kunden und Mitunternehmen, sowie das gesellschaftliche Umfeld. Weiterhin sind vier wesentliche Werte definiert: Menschenwürde, Solidarität und Gerechtigkeit, Ökologische Nachhaltigkeit, sowie Transparenz und Mitentscheiden. In diesen Kriterien kann jedes Unternehmen seine Gemeinwohlbilanz messen und verbessern.

Funktioniert so etwas auch in Deutschland?

Ja, und zwar – mitten im konservativen schwäbischen Ländle. Schauen wir uns die Bilanz und den Nachhaltigkeitsbericht des Outdoor Spezialisten Vaude an. [63]. Dazu heißt es auf der Homepage des Unternehmens[64]: „VAUDE veröffentlicht die zweite Bilanz nach dem neuen Standard 5.0 der GWÖ, der umfassender und strenger geworden ist. VAUDE erreicht eine Bilanzsumme von 631 Punkten auf einer Skala von -3.600 bis +1.000. Hervorzuheben sind dabei insbesondere

- die Unternehmensphilosophie und –Positionierung, die sich sehr stark am Thema Nachhaltigkeit orientieren
- das, trotz geringer Marktmacht, vorbildliche Lieferant*innenmanagement mit strengen ökologischen und sozialen Kriterien und einer Überprüfung durch externe Prüfer. VAUDE erreicht hier einen Leader Status.
- die Investitionen und laufenden Ausgaben in ökologische Verbesserungen und andere Nachhaltigkeitsthemen.
- die etablierte Unternehmenskultur, die auf Wertschätzung und Offenheit beruht und in der auch ökologische Themen fest verankert sind.
- die laufenden Anstrengungen in Richtung Produktverbesserung um von problematischen Chemikalien, die im Outdoorbereich nicht ersetzbar erscheinen, unabhängig zu werden.
- die Wahrnehmung gesellschaftlicher Verantwortung durch die Schaffung von Arbeitsplätzen in der Region, durch gute Kooperation mit NGOs und durch das politische Engagement des Unternehmens.“

Das Ergebnis kann sich sehen lassen: Das zu 100% in Deutschland produzierende und klimaneutrale Unternehmen mit 500 Mitarbeitern in Tettnang-Obereisenbach gewinnt seit Jahren Preise in Serie. Antje von Dewitz kommentiert die Investition in den Standort Deutschland so: „Wir haben uns bewusst dafür entschieden, unsere Produktion am Firmensitz zu stärken und in die neue Manufaktur zu investieren, weil sie für unsere Werte, unsere Wurzeln und für unsere Kernkompetenz steht. Wir sind stolz auf unsere ‚Made in Germany‘ Produkte, die weltweit sehr gefragt sind. Es freut uns auch, dass wir externen Besuchern, die im Rahmen von Betriebsführungen zu uns kommen, als Höhepunkt nun wieder unsere eigene Produktion zeigen können. Das Interesse ist riesig.“

Erleben wir den Beginn einer neuen Ökonomie?

Wenn Technologieriesen sich zunehmend dem gesellschaftlichen Druck ausgesetzt sehen, was folgt daraus für Selbstständige, kleine und mittlere Unternehmen?

Wenn verantwortliche Mittelständler mit Gemeinwohlunternehmen große Erfolge feiern, ist das der Beginn einer neuen Ära der Ökonomie?

Was können gestaltende Angestellte, Gründer, Familienunternehmer tun, um in der Zeitenwende erfolgreich zu sein?

Welche Chancen bieten sich für den deutschen Mittelstand, der in der Welt so hoch angesehen ist, weil er von der Ausbildung über die Finanzierung bis zur Zukunftsfähigkeit so bodenständig ist?

Erinnern wir uns: Das Wirtschaftswunder nach dem Zweiten Weltkrieg entstand auf Trümmern. Viele hatten nichts mehr zu verlieren. Genau: das ist bisher unser Muster - in der Krise sind wir stark. Wer damals den Mut hatte, Dinge selbst in die Hand zu nehmen, wurde in aller Regel für seinen Mut belohnt. Daraus entstand ein beispielloser Aufstieg zu einem der lebenswertesten Länder.

Heute scheint Mut in Vergessenheit geraten zu sein. Wer viel hat, hat auch viel zu verlieren. Mutig ist man in einem der reichsten Länder der Erde eher nicht. Aber wie wäre es, wenn uns bewusst würde, dass wir in 20 Jahren das alles verloren haben könnten? Würden wir dann jetzt mutiger sein?

Digitales Unternehmen.

Aufbau und Transformation.

Transformation gelingt im Gleichschritt.
Wir haben gesehen, welche Faktoren für Niedergang, Umorientierung und Erfolg von Unternehmen verantwortlich sind. Beispiele der Schaffenskraft und auch des Gemeinsinns einzelner Unternehmer sind beeindruckend. Sie zeigen, was prinzipiell möglich ist. Für eine umfassende Transformation unserer Wirtschaft wird das nicht reichen. Dazu müssen detaillierte Masterpläne entworfen, Rahmenbedingungen verbessert und gezielt Anreize gesetzt werden. Das ist Aufgabe der Politik und der Gesetzgebung. Gleichzeitig muss die Gesellschaft - also wir alle - einen Weg zurück zu den geistigen Wurzeln unserer menschlichen Fähigkeiten finden. Das ist Aufgabe von Familie, Schulen, Organisationen und Einzelpersonen. Wenn wir diese Aufgabe im Gleichschritt annehmen, erzeugen wir was wir brauchen:

Digitales Drehmoment.

Der Weg zum digitalen Unternehmen besteht nicht aus der Einführung einzelner digitaler Prozesse. Er ist eine gesamthafte Transformationsaufgabe, die aus folgenden Elementen besteht:
- Inspirieren der Beteiligten zu neuen Ideen und Leistungen
- Entdecken der Kundenträume und Wünsche (detect)
- Entwickeln der Geschäftsmodelle (design)
- Digitalisieren der sinnvollen Elemente (digitize)
- Umsetzen in Produkte und Dienstleistungen (deploy)
- Bauen der Organisation und Prozesse
- Standardisieren der Prozesse und Ausbau der Kompetenzen
- Kontrollieren der Wirksamkeit und Wertschätzung durch Kunden

Das ist der innere Regelkreis des digital fähigen Unternehmens. Dazu kommt der äußere Regelkreis. Die Akteure sind dort die Politik, der Gesetzgeber, die Wirtschaft und die Gesellschaft. Der äußere und der innere Regelkreis müssen aufeinander abgestimmt sein.
Schaffen wir diese Synchronisierung, können wir das nötige digitale Drehmoment erzeugen, und die Transformation - hin zu nachhaltigen Business Ecosystems - im digitalen Zeitalter schaffen.
	Eine Info-Grafik auf der nächsten Seite zeigt wie ein digitales Unternehmen der Zukunft aussehen kann und gibt die Übersicht über den gesamten Themenkomplex.

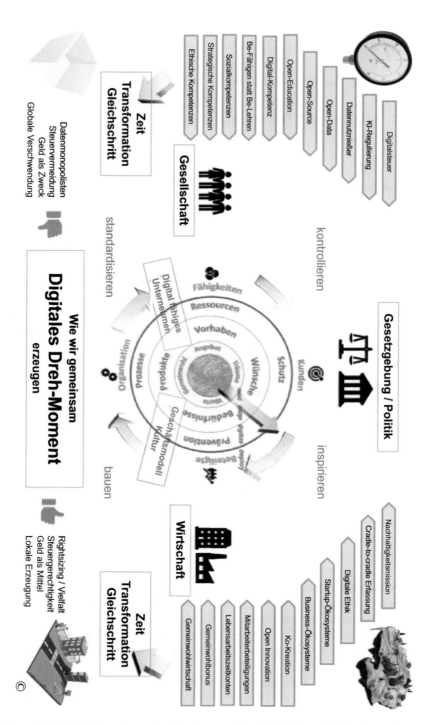

Abbildung 8: Digitales Unternehmen der Zukunft – gesellschaftliche & wirtschaftliche Integration

Mut.

Beginne jetzt.

„Mut ist der Preis, den das Leben verlangt, wenn es Frieden mit
dir schließen soll."
        Amelia Earhart [65]

Verlustangst ist kein guter Ratgeber
Die Generation der Gründer nach dem Zweiten Weltkrieg hatte wenig zu verlieren. Mit ihren Ideen und dem Mut sie zu verwirklichen, bauten sie in den 1950er und `60er Jahren die
Wirtschaft eines der wohlhabendsten Länder der Erde auf. Die Generation Y und Z, die vor
und um die Jahrtausendwende Geborenen, nimmt dieses Erreichte als Status Quo. Sie hat
sehr viel zu verlieren, ist sich dessen aber wahrscheinlich nicht ausreichend bewusst. Aufgewachsen im Überfluss, keine Sorge um Jobs, bei ständigem Fachkräftemangel und nahezu
Vollbeschäftigung, hatten junge Leute besseres zu tun, als ihren Lebenslauf zu optimieren.
Die Jungen wollen lieber die Welt retten als Wissen pauken. Dafür gehen viele auch wieder
auf die Straße, wie damals Ende der `60er und in den `70er Jahren. Auch die `68er wollten
lieber die Welt verändern als Steine schleppen. Sie merkten schnell, wieviel Macht von der
Straße ausgeht. Sie hatten wieder den Mut neu zu denken, anstatt zu verteidigen. Die
Macht im Staate geht heute überwiegend von der späten Baby Boomer Generation der bis
etwa 1965 Geborenen und der Generation X bis 1980 aus. Sie haben auch viel zu verlieren,
wie die Generation Y und Z, mit dem Unterschied, dass sie aus Erfahrung wissen wie viel auf
dem Spiel steht. Das macht Angst, Angst führt zu Verteidigung, Verteidigen ist das Muster
der Älteren. Wer Grenzen überwinden will, muss sie zuerst erkennen. Eine gefühlte und
überwindbare Grenze liegt in typischen Mustern zwischen unterschiedlichen Generationen.
Sie entstehen durch Prägung von außen und somit natürlich. Es ist nachvollziehbar, dass
meine Generation der Baby Boom Wohlstandsverteidiger so reagiert wie heute und in den
letzten 20 Jahren: wir verteidigten ein veraltetes Nachkriegs-Modell Deutschland mit den
Hartz Reformen. Ein wirtschaftlicher Erfolg, der jedoch das alte Modell zementierte und
auch Armut förderte. Wir bekämpfen nun eine Pandemie mit der Schuldenkanone. Unternehmen überleben, ein kurzfristiger Erfolg, aber die Transformation wird wieder verzögert.
Wer versucht die Zeit anzuhalten wird von ihr überrollt.

Wissen wir nicht, dass Verteidigen in der Wirtschaft meist in den Untergang führt?
Das prominenteste Beispiel ist immer noch Kodak. Als das Unternehmen 2012 endgültig
unterging, hatten ehemals 60.000 Beschäftigte ihren Job verloren. Der Erfinder der Digital-
kamera war der Kodak Mitarbeiter Steven Sasson (1975). Aber sein Management hatte zu

lange selbst nicht an die hauseigene Erfindung geglaubt, und das Geschäft mit dem Farbfilm verteidigt. Der Erfinder war von seinem Management angewiesen worden, niemandem von seiner Erfindung zu erzählen. Das ist das Verhalten, aus dem der spätere Untergang entsteht.

Wie könnte Mut bald wieder belohnt werden?

Angst vor Veränderung lässt uns lange an vermeintlich bewährtem Verhalten festhalten, auch wenn es nicht mehr in die Zeit passt. Milliarden überflüssiger Flugkilometer und Millionen Dienstreisen mit geringem Nutzen wurden Unternehmen erst durch die Corona-Krise vor Augen geführt. Die Arbeit im Vertrieb hat sich nun für immer verändert. Nach Corona wird Vertrieb nie wieder zu den alten Mustern zurückkehren[66]. Videokonferenzen und Chatrooms sind das neue Normal. So sparen Unternehmen Kosten und investieren dafür an anderer Stelle. Plattformökonomie ist erfolgreich, weil Menschen sie bequem finden und ihre Technologie in den Händen der Digitalkonzerne konzentriert ist. Doch die Digitalisierung besitzt auch das Potenzial zur Demokratisierung von Wertschöpfung. Im Zeitalter der Industrialisierung wurden teure Maschinenparks von Fabrikanten angeschafft und die produktive Macht war Ihnen automatisch zu Eigen. Im Zeitalter der Digitalisierung kann sich ein neues Geschäftsmodell schon aus einigen Tausend Zeilen Software Quellcode entwickeln und hat damit das Potenzial einer Coco-Cola-Rezeptur im letzten Jahrhundert. Nie war es einfacher die Business Welt zu verändern. Die Schwelle zur Veränderung sinkt immer weiter: mit der Verbreitung von Open-Source Software und sinkenden Kosten für Speicher und Prozessoren.

Die größte Hürde zur Veränderung liegt also nicht mehr in Technologie, sondern in unseren Köpfen. Manifestiert wird diese Hürde, weil es den industriellen Gesellschaften so gut geht wie nie zuvor. Dadurch sinkt der Veränderungsdruck hin zu einer nachhaltigeren, demokratischeren, am Gemeinwohl orientierten Wirtschaft. Wer jedoch erkennt, dass neue Formen der Zusammenarbeit besser in die neue Zeit passen, und sich der Mittel dieser Zeit bedient, könnte schon bald belohnt werden. Digitalkonzerne haben kein Interesse daran, Interessengruppen mit eigener Technologie zu ermöglichen, ihre eigenen Geschäftsmodelle zu entwickeln und damit erfolgreich zu werden. Die *GAFA-Ökonomie* lebt von der Bündelung von Marktmacht. Daher ist Eigeninitiative gefragt, und flankierende politische Unterstützung. Ohne Unternehmertum wird es auch in Zukunft nicht gehen.

In Ecosystemen können Selbstständige und KMUs sich zusammenschließen und damit die Wertschöpfungslogik komplett verändern. Neues Denken und digitale Technologie ermöglicht ihnen, Abhängigkeiten zu reduzieren, Ressourcen zu teilen und zu schonen, den Kunden völlig neue Wertangebote zu machen, lokal zu agieren, fair und transparent zu verhandeln, Transport zu vermeiden, und am Markt schnell und flexibel zu reagieren. *Wie* dieses Unternehmertum aussehen kann, haben wir an einigen Beispielen gesehen.

Umrisse einer neuen Wirtschaftslogik?

Mega-Konzerne der Plattformökonomie wirken als digitale Intermediäre, bündeln massenhaft standardisierte Leistung, drücken diese in den Markt, erzeugen konzentrierten Gewinn in der Hände weniger durch die versuchte Zerstörung anderer Geschäftsmodelle, und hinterlassen ein Dienstleistungsprekariat. Daran ändert auch das soziale Engagement ihrer Gründer nichts. Der Buchhandel hat diesen Angriff überlebt, weil Menschen soziale Wesen sind. Nicht alle ihre Wünsche an Bücher lassen sich mit einem Paket an der Haustür erfüllen.

Partner in Business Ecosystems wirken als Kundenversteher, erfüllen individuelle Wünsche durch flexible Lösungen, werden von Wünschen inspiriert, erzeugen breiten Mehrwert in den Händen vieler durch die erfolgreiche Bündelung verstreuter Expertise, und schaffen faire Entlohnung aller Beteiligten. Sie sind ein Gegenentwurf zur Plattformökonomie. Sie passen besser in eine vernetzte und faire Welt. Vielleicht sehen wir in ihnen bereits Umrisse einer Zeit nach den Plattformen.

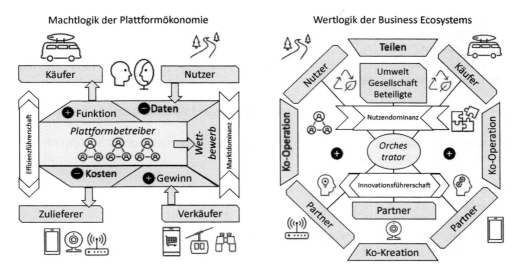

Abbildung 9: Vergleich der Logik von Plattformökonomie und Business Ecosystems

Aufbruch

In einer Zeit, die uns vor Augen führt, wieviel wir zu verlieren haben, und wie schnell der Verlust eintreten kann, ist Angst *vor* Veränderung die schlechtere Option als Mut *zur* Veränderung. Daher wünsche ich mir

- den Mut der Mitarbeitenden in Unternehmen, den Status Quo zu hinterfragen, und frische eigene Ideen zum Wohl aller beizusteuern
- den Mut der Unternehmer, sich zu öffnen für die Einsichten in notwendige Aufgaben der Veränderung
- den Mut der Selbstständigen, ihre Eigenständigkeit zu wahren und ihre Gestaltungskraft mit anderen zu verbinden
- den Mut meiner Interim Manager Kollegen, ihren unverstellten Blick zu behalten und ihre Veränderungskraft für das Richtige einzusetzen
- den Mut aller, sich des *Wertes* von allem bewusst zu sein und ihn nicht mit dem *Preis* zu verwechseln

    und

- Deinen Mut, Dich an der Veränderung zu beteiligen.

Nachwort

Es bewegt sich etwas.
‚Das Leben der Bäume' interessiert uns, nicht nur in Buchform.
>Warum?

Wir erkennen, Bäume haben einen Wert, der über Holz hinausgeht. Sie sind Teile eines riesigen, Nutzen stiftenden Netzwerks.

Der Schock, wie schnell ein Virus unser Leben grundlegend verändern kann, sitzt tief.
>Warum?

Wir spüren, Freizügigkeit hat einen Wert, der über den Ticketpreis von 19,90 Euro für den Ryanair Flug nach Sizilien hinausgeht.

Das Buch ‚Unsere Welt neu denken' von Prof. Maja Göpel erklimmt die Spitze der Sachbuch-Bestsellerliste.
>Warum?

Wir spüren, dass das System aus den Fugen geraten ist. Wollen verstehen. Wir erfahren, dass Preis nicht gleich Wert ist, dass Wertschöpfung auch Schadenschöpfung sein kann.

Innerhalb von 2 Monaten ist Homeoffice nicht mehr die Ausnahme, sondern ein akzeptierter Standard, sind Dienstreisen nicht mehr Standard, sondern Ausnahme.
>Warum?

Unternehmen hinterfragen endlich gezwungenermaßen ihre gewohnten Muster.

Als Interim Manager arbeite ich mit Firmen, die sich weiterentwickeln oder wandeln möchten. Dinge könnten besser laufen, tun es aber aus irgendeinem Grund nicht. Oft sind die Unternehmen schon während meines Einsatzes erstaunt. Sie fragen sich, warum Kennzahlen in kurzer Zeit besser werden, der Umsatz oder Ertrag steigt, sich die Stimmung und die Lage verbessert, Kunden wieder zufriedener werden, obwohl ‚nicht viel' verändert wurde.

In den meisten Fällen ist die Antwort aus der Helikopterperspektive trivial: es war etwas in Ihrem System aus dem Gleichgewicht geraten. Mein Beruf ist es, in kurzer Zeit die Balance herzustellen. Welche Rädchen dazu verstellt werden müssen, ist die Gretchenfrage. Ihre Beantwortung ist nicht trivial, sondern eine Mischung aus Erfahrung und gutem Handwerkszeug. Die Mittel, die ich dazu einsetze, sind immer dieselben. Zuhören, be‚greifen', verstehen, wertschätzen, einbinden, Zusammenhänge herstellen, Vorbild geben, und so weiter. Obwohl die Firmen im Projekt selten in Software, Maschinen oder neue Mitarbeiter investieren, entsteht immer ein zusätzlicher monetärer Wert. Ob in mehr Umsatz, mehr Ertrag pro Umsatz, geringeren Kosten, ganz neuen Produkten und Dienstleistungen, oder schlicht, indem ein Projekt vor dem Scheitern bewahrt wird: In aller Regel ist dieser Wert viel höher als die aufgewendeten Kosten.

Das klingt nach wundersamer Geldvermehrung? Nein, ist es nicht. Es ist ein Wert, der im System schlummerte, den die Firmen aber nicht nutzen konnten. Weil sie es nicht schafften, ihn zu Geld zu machen. Geld ist aber die einzige Wertgröße, die am Jahresende bilanziert wird. Wenn Unternehmen die Werkzeuge und Stellrädchen kennen, die es dafür braucht diesen schlummernden Wert zu schöpfen, können sie diesen Erfolg der Transformation wiederholen. Dafür werden vielfach keine zusätzlichen Ressourcen verbraucht. Fast immer kann die vorhandene Mannschaft mit dem gleichen Aufwand mehr erreichen.

Um herauszufinden, wie das zu erreichen ist, schaue ich mir immer das gesamte Ecosystem des Unternehmens an. Kunden, Partner, Mitarbeiter, Eigentümer, Produkte, Dienstleistungen, Maschinen und Anlagen, Standorte, Prozesse, Strategien, Philosophien. Nach wenigen Tagen bis Wochen entstehen Hypothesen, Fragen, Antworten, Erkenntnisse, Pläne. Schon bei diesem Prozess profitieren die Beteiligten in den Unternehmen, indem sie Neues entdecken, Ideen entwickeln, spannende neue Themen angehen können. Für mich ist es ein großer Lohn, wenn dadurch mehr Interesse, Motivation und Einsatz fürs Unternehmen entsteht. Ich sehe oft, dass Mitarbeiter in Schnittstellenfunktionen umfassendere Kenntnisse des Veränderungsbedarfs im Unternehmen haben, als es für ihre Aufgabe erforderlich ist. Sie denken vielfach unternehmerisch, die Unternehmen wie auch die Mitarbeiter nutzen diese Kompetenzen aber nicht. Es liegt Potenzial in Größenordnung brach.

Für mich ist nach 30 Jahren Berufsleben relativ klar: der Grund dafür liegt im veralteten System: wie wir Aufgaben bis zur Unkenntlichkeit zerteilen und Wert nur nach Geld bemessen. Da ich kein Wirtschaftswissenschaftler und Berater für Regierungen bin, sondern Praktiker und Umsetzer für Unternehmen, interessieren mich nicht so sehr die Theorien, sondern vor allem zeitnah umsetzbare Lösungen. Lösungen, die Einzelne und Gruppen für sich selbst und andere erreichen können. Diese zu erarbeiten macht mir Spaß und ist zu meiner Berufung geworden. Ich habe das große Glück, meinen heutigen Beruf zu lieben. Daraus entspringt der Antrieb die richtigen Dinge anzupacken und dann zügig in pragmatische und tragfähige Lösungen umzusetzen.

Meine große Hoffnung ist, dass auch unsere Politik endlich die richtigen Fragen stellt, Antworten mit der Gesellschaft erarbeitet und die Rahmenbedingungen entsprechend ändert. Das muss sehr schnell gehen. Corona hat bewiesen, dass plötzlich Dinge sehr schnell gehen können, wenn es um Verteidigung unseres aktuellen Lebens geht. Warum nicht auch einmal für die Erhaltung der Werte unseres zukünftigen Lebens?
Dir wünsche ich, dass Du Deine Berufung in Deinem Leben und Beruf findest. Vielleicht darin, Dich selbst an der Veränderung zu beteiligen. Wenn Du möchtest schreib mir gerne Deine Fragen, Erfahrungen oder Ideen an ecosystems@hmexecutive.com .

Uwe Klaus Hotz, im Oktober 2020.

Übersicht wichtiger kognitiver Kompetenzen

Zusammenfassung abweichend vom DQR Qualifikationsrahmen

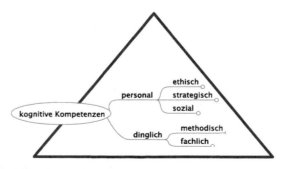

Abbildung 10: Kognitive Kompetenzen

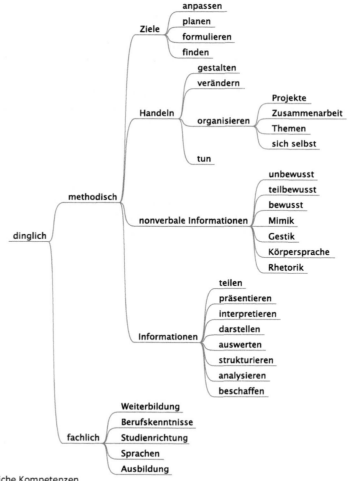

Abbildung 11: dingliche Kompetenzen

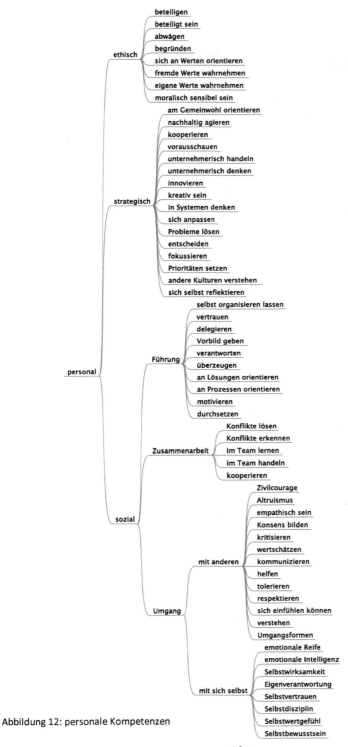

beteiligen
beteiligt sein
abwägen
begründen
sich an Werten orientieren
fremde Werte wahrnehmen
eigene Werte wahrnehmen
moralisch sensibel sein

ethisch

am Gemeinwohl orientieren
nachhaltig agieren
kooperieren
vorausschauen
unternehmerisch handeln
unternehmerisch denken
innovieren
kreativ sein
in Systemen denken
sich anpassen
Probleme lösen
entscheiden
fokussieren
Prioritäten setzen
andere Kulturen verstehen
sich selbst reflektieren

strategisch

personal

selbst organisieren lassen
vertrauen
delegieren
Vorbild geben
verantworten
überzeugen
an Lösungen orientieren
an Prozessen orientieren
motivieren
durchsetzen

Führung

Konflikte lösen
Konflikte erkennen
im Team lernen
im Team handeln
kooperieren

Zusammenarbeit

sozial

Zivilcourage
Altruismus
empathisch sein
Konsens bilden
kritisieren
wertschätzen
kommunizieren
helfen
tolerieren
respektieren
sich einfühlen können
verstehen
Umgangsformen

mit anderen

Umgang

emotionale Reife
emotionale Intelligenz
Selbstwirksamkeit
Eigenverantwortung
Selbstvertrauen
Selbstdisziplin
Selbstwertgefühl
Selbstbewusstsein

mit sich selbst

Abbildung 12: personale Kompetenzen

Anmerkungen

(1)   Danke an Harald Eichsteller, Professor für Internationales Medienmanagement, Dekan der Hochschule der Medien (HdM), Stuttgart, für diesen herrlichen Begriff

(2)   Anteil erneuerbarer Energien im Bahnstrommix der Deutschen Bahn, statista, https://de.statista.com/statistik/daten/studie/259350/umfrage/erneuerbare-energien-im-bahnstrommix-der-deutsche-bahn-ag/ zuletzt abgerufen am 08.10.2020

(3)   Was das Ende des „Privacy Spielt bedeutet, SPIEGEL Netzwelt, https://www.spiegel.de/netzwelt/netzpolitik/privacy-shield-was-das-ende-eugh-urteil-bedeutet-a-f98af556-1606-446e-bbe0-82132bcf87c3 zuletzt abgerufen am 08.10.2020

(4)   Volkswagen schmiedet Aufholplan zu Tesla, Automobilwoche, https://www.automobilwoche.de/article/20200425/BCONLINE/200429936/exklusiv--herbert-diess-spricht-intern-klartext-volkswagen-schmiedet-aufholplan-zu-tesla zuletzt abgerufen am 08.10.2020

(5)   AI can predict if you'll die soon – but we've no idea how it works, NewScientist, https://www.newscientist.com/article/2222907-ai-can-predict-if-youll-die-soon-but-weve-no-idea-how-it-works/ zuletzt abgerufen am 08.10.2020

(6)   Arthur Schopenhauer Studienkreis, http://www.arthur-schopenhauer-studienkreis.de/Bildung/bildung.html zuletzt abgerufen am 08.10.2020

(7)   Mr. Spocks unendliche Weisheiten, Stuttgarter Nachrichten, https://www.stuttgarter-nachrichten.de/inhalt.star-trek-und-die-philosophie-mr-spocks-unendliche-weisheiten.0b0acc4f-9972-4684-955a-14d3a24bf4d2.html zuletzt abgerufen am 08.10.2020

(8)   aus Paul WILSON, Das Buch der Ruhe, Wilhelm Heyne Verlag, München, 1999

(9)   Karl Marx, 1818 - 1883, Politiker, Philosoph, Sozialismus-Theoretiker, Schöpfer des Marxismus, ‚Das Kapital'; aus https://www.zitate.eu/autor/karl-marx-zitate/31394 zuletzt abgerufen am 08.10.2020

(10)   Antoine de Saint-Exupéry, franz. Schriftsteller * 29.06.1900, † 31.07.1944. Aus: Die Stadt in der Wüste

(11)   Irina Rauthmann *1958, dt. Lyrikerin. Aus https://www.aphorismen.de/zitat/46534 zuletzt abgerufen am 08.10.2020

(12)   Mae West, US-amerikanische Filmschauspielerin und Drehbuchautorin * 17. August 1893, † 22. November 1980. Aus https://gutezitate.com/zitat/194811 zuletzt abgerufen am 08.10.2020

(13)   https://sea-shepherd.de/news/kommentare/775-fakten-ueber-buckelwale zuletzt abgerufen am 08.10.2020

(14)   Ambrose Gwinnett Bierce (14) (1842 - 1914), US-amerikanischer Journalist und Satiriker, Quelle: Bierce, Des Teufels Wörterbuch (The Cynic's Word Book), 1906

(15)   Samuel H. „Sam" Altman *22.04.1985, US-amerikanischer Unternehmer, Investor, Programmierer und Blogger, ehemaliger Präsident von Y Combinator und jetzt CEO von OpenAI, Chicago, Illinois, Vereinigte Staaten; aus Stanford's CS183B Course How to Start a Startup — Lecture 2; veröffentlicht in https://medium.com/how-to-start-a-startup/47-quotes-from-sam-altman-on-startup-execution-4fa62de31e8d zuletzt abgerufen am 08.10.2020

(16)   Elfriede Hablé *12.07.1934, österreichische Musikerin und Schriftstellerin aus https://www.zitate.eu/autor/elfriede-hable-zitate/166179 zuletzt abgerufen am 08.10.2020

(17)   aus ‚Ecosystem for Business' von Evert Jan van Hasselt, Pauline Romanesco in https://www.slide-share.net/mobile/everthas/ecosystem-for-business-evert-jan-van-hasselt-pauline-romanesco zuletzt abgerufen am 08.10.2020

(18)   Artikel aus ‚Personalführung' Ausgabe 02/2011 von Anna Dorothee Mischkowski und Prof. Dr. Bruno Klauk; https://www.dgfp.de/hr-wiki/Egomanen_als_Risikofaktoren_im_Unternehmen.pdf zuletzt abgerufen am 08.10.2020

(19)   Die Evolution von Kooperation, http://waldrapp.eu/index.php/de/projekt/newsletter/293-die-evolu-tion-von-kooperation zuletzt abgerufen am 08.10.2020

(20)   Peter Rudl *22.04.1966, dt. Aphoristiker, in https://www.aphorismen.de/zitat/103906 zuletzt abgerufen am 08.10.2020

(21)   Ken Schwaber *17.09.1945, US-amerikanischer Softwareentwickler, https://www.scrum.org, The Home of Scrum

(22)   Murray Gell-Mann, * 15.09.1929 † 24.05.2019, US-amerikanischer Physiker, erhielt 1969 den Nobel-preis für Physik für seine Beiträge und Entdeckungen betreffend der Klassifizierung der Elementarteilchen und deren Wechselwirkungen. Aus dem Transkript eines Vortrags im März 2007 in Monterey, Kalifornien: ‚Beauty and truth in physics', TED TV – Ideas worth spreading; https://www.ted.com/talks/mur-ray_gell_mann_beauty_truth_and_physics/transcript zuletzt abgerufen am 08.10.2020

(23)   Charles Darwin, 1809 - 1882, britischer Naturforscher, wesentlich zur Evolutionstheorie beitragend

(24)   Institut für Mittelstandsforschung Bonn, Gewerbliche Existenzgründungen und Liquidationen https://www.ifm-bonn.org/statistiken/gruendungen-und-unternehmensschliessungen/#accordion=0&tab=1 zu-letzt abgerufen am 08.10.2020

(25)   Die Welt, Was Deutsche Startups wirklich brauchen, https://www.welt.de/finanzen/ar-ticle157607649/Was-deutsche-Start-ups-wirklich-brauchen.html zuletzt abgerufen am 08.10.2020

(26)   FIFA Fußballweltrangliste, https://de.fifa.com/fifa-world-ranking/ranking-table/men/ zuletzt abgeru-fen am 08.10.2020

(27)   Die Welt in Zahlen, https://www.welt-in-zahlen.de/laendervergleich.phtml zuletzt abgerufen am 08.10.2020

(28)   Software-Probleme: VW ID.3 ‚weit entfernt von Marktreife'?, https://www.electrive.net/2020/03/26/software-probleme-vw-id-3-weit-entfernt-von-marktreife/ zuletzt abge-rufen am 08.10.2020

(28a)   International Trade Center der WTO und UN, SME Competitiveness Outlook - Business Ecosystems for the Digital Age https://www.intracen.org/uploadedFiles/intracenorg/Content/Publications/SMECO2018.pdf zuletzt abgerufen am 08.10.2020

(29)   Constanze Kurz *02.03.1974 in Ost-Berlin, deutsche Informatikerin, Sachbuchautorin und Sprecherin des Chaos Computer Clubs, in https://zentara.work/contentzine/blog/marketing-zitate, zuletzt abgerufen am 08.10.2020

(30)   Festo, BionicMotion Robot, https://www.festo.com/group/de/cms/12747.htm zuletzt abgerufen am 08.10.2020

(31)   ARD Planet Wissen, Eisenbahn, https://www.planet-wissen.de/technik/verkehr/geschichte_der_ei-senbahn/index.html zuletzt abgerufen am 08.10.2020

(32)   Abraham Lincoln, 1809-1865, 16. Präsident der USA zwischen 1861 und 1865, ermordet am 15. April 1865, https://www.zitate.eu/autor/abraham-lincoln-zitate/1878 zuletzt abgerufen am 08.10.2020

(33)   Marlene Dietrich * 27.12.1901 † 06.05.1992, deutsch-amerikanische Schauspielerin, https://www.zitate.de/autor/Dietrich%2C+Marlene, zuletzt abgerufen am 08.10.2020

(34)   Lucius Annaeus Seneca, ca. 4 v. Chr. - 65 n. Chr.,   römischer Philosoph, Stoiker, Politiker; Selbsttötung auf Geheiß seines ehem. Schülers Nero (Römischer Kaiser von 54 - 68)

(35)   Friedrich Schiller, *10.11.1759 † 09.05.1805, deutscher Arzt, Dichter, Philosoph und Historiker; aus Fiesco zu Genua, Fiescos Parabel vom Tierstaat

(36)   Friedrich von Schiller; aus: Die Räuber, 1781. 5. Aufzug, 7. Auftritt, Karl Moor

(37)   Samuel H. „Sam" Altman *22.04.1985, Chicago, Illinois, Vereinigte Staaten, US-amerikanischer Unternehmer, Investor, Programmierer und Blogger; ehemaliger Präsident von Y Combinator und aktuell CEO von OpenAI; aus Stanford's CS183B Course How to Start a Startup — Lecture 2; veröffentlicht in https://medium.com/how-to-start-a-startup/65-quotes-from-sam-altman-on-startup-teams-co-founding-and-hiring-5cfadf4dc69e zuletzt abgerufen am 08.10.2020

(38)   Der was andere Kollege, Handelsblatt, https://www.handelsblatt.com/unternehmen/beruf-und-buero/buero-special/autisten-im-beruf-der-etwas-andere-kollege/11547072-all.html, zuletzt abgerufen am 08.08.2020

(39)   Harvey Robbins, Präsident von Robbins & Robbins, praktizierender Wirtschaftspsychologe, trainiert und coacht Teams, um ihre Leistung zu verbessern, https://www.linkedin.com/in/harvey-robbins-aa83b511/, zuletzt abgerufen am 10.10.2020

(40)   Helmut Heinrich Waldemar Schmidt * 23.12.1918 † 10. November 2015, deutscher Politiker der SPD; von 1974 bis 1982 Regierungschef einer sozialliberalen Koalition, fünfter Bundeskanzler der Bundesrepublik Deutschland.

(41)   Bill Coleman, EVP Compensation & Data Operations, payfactors.com, Co-Founder Soundboard Review Services LLC und ex SVP salary.com, US-amerikanischer Unternehmer

(42)   Paul Ekman, *15.02.1934, Professor für Psychologie an der University of California in San Francisco, einer der bekanntesten amerikanischen Psychologen, https://www.paulekman.com/about/paul-ekman/ zuletzt abgerufen am 10.10.2020

(43)   Atlas of Emotions, http://atlasofemotions.org, zuletzt abgerufen am 10.10.2020

(44)   Dirk EILERT, Mimikresonanz, https://mimikresonanz.com/methode/, zuletzt abgerufen am 10.10.2020

(45)   Harvard Negotiation Project, https://www.pon.harvard.edu/category/research_projects/harvard-negotiation-project/, zuletzt abgerufen am 10.10.2020

(46)   Massachusetts Institute of Technology, http://web.mit.edu/sem122/www/characteristics.html, zuletzt abgerufen am 10.10.2020

(47)   Robert-Koch-Institut, Nationaler Pandemieplan Teil 1, https://edoc.rki.de/handle/176904/187, zuletzt abgerufen am 10.10.2020

(48)   Hans-Jürgen Quadbeck-Seeger (*1939), Prof. Dr., deutscher Chemiker, Mitglied der Enquête-Kommission für Gentechnik des Deutschen Bundestages, wurde für sein Engagement mit dem Bundesverdienstkreuz ausgezeichnet, Quelle: Quadbeck-Seeger, Der Wechsel allein ist das Beständige, Wiley-VCH Verlag 2002

(49)   Lara Röhrich, TAG24 Artikel vom 28.04.2020, https://www.tag24.de/stuttgart/stuttgart-wirt-schaft/bestseller-autoren-sagten-wirtschaftscrash-voraus-ist-es-nun-soweit-1487734, zuletzt abgerufen am 10.10.2020

(50)   Norman Mailer, amerikanischer Schriftsteller, (* 31. Januar 1923 in New Jersey; † 10. November 2007 in New York City), https://gutezitate.com/autor/norman-mailer, zuletzt abgerufen am 10.10.2020

(51)   Niccolò Machiavelli, 1469 - 1527, Zitat aus ‚Der Fürst'

(52)   Lucius Annaeus Seneca, ca. 4 v. Chr. - 65 n. Chr., römischer Philosoph, Stoiker, Schriftsteller, Naturfor-scher und Politiker

(53)   Monolog von Stephen Hawking, eigene Transkription aus einem YouTube Video des BBC Earth Lab vom 02.07.2017, https://youtu.be/mQhvNEVRo7w, zuletzt abgerufen am 10.10.2020

(54)   Statistisches Bundesamt, Fachserie 18 Reihe 1.4, Inlandsprodukt, Detaillierte Jahresergebnisse 2019, 3. Juni 2020, korrigiert am 4. Juni 2020, https://www.destatis.de/DE/Themen/Wirtschaft/Volkswirtschaftliche-Gesamtrechnungen-Inlandsprodukt/Publikationen/Downloads-Inlandsprodukt/inlandsprodukt-vorlaeufig-pdf-2180140.pdf?__blob=publicationFile, zuletzt abgerufen am 10.10.2020

(55)   Jacinda Ardern, *26.07.1980, 40. Premierministerin von Neuseeland, https://de.wikipe-dia.org/wiki/Jacinda_Ardern

(56)   https://www.germanpersonnel.de/blog/wissen-sie-was-bewerber-wirklich-wollen/, zuletzt abgerufen am 10.10.2020

(57)   https://www.arbeitgeber-ranking.de/rankings, zuletzt abgerufen am 10.10.2020

(58)   Raymond ‚Ray' Kurzweil, *12.02.1948, US-amerikanischer Autor, Erfinder, Futurist und Director of Engineering bei Google, https://su.org/about/faculty/ray-kurzweil/, zuletzt abgerufen am 10.10.2020

(59)   https://www.inc.com/justin-bariso/elon-musk-quietly-revealed-a-brilliant-plan-that-could-change-auto-industry.html, zuletzt abgerufen am 10.10.2020

(60)   Russell Lincoln Ackoff, * 12. Februar 1919 in Philadelphia; † 29. Oktober 2009 in Paoli (Pennsylvania), amerikanischer Pionier in Operations Research und Systemdenken, https://www.youtube.com/watch?v=MzS5V5-0VsA, zuletzt abgerufen am 10.10.2020

(61)   Gemeinwohl-Ökonomie, https://web.ecogood.org/de/, zuletzt abgerufen am 10.10.2020

(62)   https://www.forbes.at/artikel/die-zukunft-liegt-in-der-gemeinwohloekonomie.html, zuletzt abgeru-fen am 10.10.2020

(63)   Nachhaltigkeitsbericht der Firma Vaude, https://nachhaltigkeitsbericht.vaude.com/gri/csr-stan-dards/gemeinwohloekonomie.php., zuletzt abgerufen am 10.10.2020

(64)   https://nachhaltigkeitsbericht.vaude.com/gri/produkte/Made-in-Germany.php, zuletzt abgerufen am 10.10.2020

(65)   Amelia Earhart, 1898 - 1937, US-amerikanische Flugpionierin und Frauenrechtlerin

(66)   https://www.mckinsey.com/business-functions/marketing-and-sales/our-insights/these-eight-charts-show-how-covid-19-has-changed-b2b-sales-forever , zuletzt abgerufen am 16.10.2020

Zitierte Literatur

ADLOFF et al., 2005, Vom Geben und Nehmen, Zur Soziologie der Reziprozität, Campus Verlag, Frankfurt am Main

BREGMAN, 2020, Im Grunde gut - Eine neue Geschichte der Menschheit, Rowohlt Verlag, Hamburg

DAMMANN, 2007, Narzissten, Egomanen, Psychopathen in der Führungsetage. Fallbeispiele und Lösungswege für ein wirksames Management, Haupt Verlag, Bern

DÖRRIES et al., 2010, Klinische Ethikberatung, Kohlhammer Verlag, Stuttgart

EILERT, 2020, Körpersprache entschlüsseln & verstehen, Die Mimikresonanz-Profibox, Junfermann Verlag, Paderborn

FORD et al., 2019, Der wahre Grund für Reichtum: Erkenntnisse über Erfolg, Gesundheit, Wiedergeburt und innere Kraft, AMRA Verlag, Hanau

FELBER, 2018, Gemeinwohl-Ökonomie, Piper Verlag, München

GASSMANN et al., 2014, The Business Model Navigator. 55 models that will revolutionize your business, Pearson Education Ltd, Harlow,

HACKMAN, 2002, Leading Teams - Setting the stage for great performance, Harvard Business Review Press, Watertown, Massachusetts

HOMBURG et al., 2016, Sales Excellence, Vertriebsmanagement mit System, Springer Gabler, Wiesbaden

JOHNSON, 1991, Cooperation and Competition: Theory and Research, Interaction Book Company

KOHN, 1992, No Contest. The Case against Competition [Why we lose in our race to win], Houghton Mifflin Company, Boston/New York

MAREK, 2010, Unternehmensentwicklung verstehen und gestalten, Springer Gabler, Wiesbaden

MOORE, 1996, The death of competition: Leadership and Strategy in the Age of Business Ecosystems, Harper Business, New York

PRECHT, 2007, Wer bin ich und wenn ja wie viele, Goldmann Verlag, München

ROBBINS et al., 2000, Why teams don't work: what goes wrong and how to make it right,

Berret-Koehler Publishers, San Francisco

SCHMIDT, 2000, Was ich noch sagen wollte, C.H.Beck, München

SCHWABER, Beedle, 2002, Agile Software Development with Scrum, Prentice Hall, New Jersey

TAYLOR, 1913, Die Grundsätze wissenschaftlicher Betriebsführung (The principles of scientific management), übers. von Rudolf Roesler, R.Oldenbourg Verlag, München 1913

WILSON, 1999, Das Buch der Ruhe - Gelassenheit am Arbeitsplatz, Wilhelm Heyne Verlag, München

Bücher zum Weiterdenken

Beck, Don Edward et al., 2006, Spiral Dynamics - mastering values, leadership and change, Blackwell Publishing, Malden, Massachusetts

Christensen, Clayton M., 2011, The innovator's dilemma, Harper Business, New York

Cole, Tim, 2015, Digitale Transformation - Warum die deutsche Wirtschaft gerade die digitale Zukunft verschläft und was jetzt getan werden muss, Verlag Franz Vahlen, München

Eichsteller, Harald et al., 2019, Fit für die Geschäftsführung im Digitalen Zeitalter, Campus Verlag, Frankfurt am Main

Frenay, Robert, 2006, Impuls - Das kommende Zeitalter naturinspirierter System und Technologien, Berlin Verlag, Berlin

Göpel, Maja, 2020, Unsere Welt neu denken - Eine Einladung, Ullstein Buchverlage, Berlin

Hagemann, Jean-Philippe, 2018, Hört auf, Innovationstheater zu spielen! Wie etablierte Unternehmen wirklich radikal innovativ werden, Verlag Franz Vahlen, München

Hinnen, Andri et al., 2018, Reframe it! 42 Werkzeuge und ein Modell, mit denen Sie Komplexität meistern, Murmann Publishers, Hamburg

Keese, Christoph, 2016, Silicon Germany - Wie wir die digitale Transformation schaffen, Albrecht Knaus Verlag, München

Kitchin, Nick, 2002, Leading your people to success by guiding corporate culture change, McGraw-Hill Publishers, London

Laloux, Frederic, 2017, Reinventing organizations - visuell, Verlag Franz Vahlen, München

Lee, Kai-Fu, 2018, AI Superpowers - China, Silicon Valley and the new world order, Haughton Mifflin Harcourt, Boston, New York

Westerman, George et al., 2014, Leading Digital - Turning technology into business transformation, Harvard Business Review Press, Boston

Abbildungsverzeichnis